AF276011

ACCESO GRATIS a la Lectura en la Nube

Para visualizar el libro electrónico en la nube de lectura envíe junto a su nombre y apellidos una fotografía del código de barras situado en la contraportada del libro y otra del ticket de compra a la dirección:

ebooktirant@tirant.com

En un máximo de 72 horas laborables le enviaremos el código de acceso con sus instrucciones.

Traducción automática neuronal en el ámbito de las lenguas romances. Potencial, límites y retos

Cristian Valdez
María Lomeña Galiano
(*Coordinadores*)

Traducción automática neuronal en el ámbito de las lenguas romances. Potencial, límites y retos

tirant humanidades
Valencia, 2025

© Varios autores

© TIRANT LO BLANCH
EDITA: TIRANT LO BLANCH
C/ Artes Gráficas, 14 - 46010 - Valencia
TELFS.: 96/361 00 48 - 50
FAX: 96/369 41 51
Email:tlb@tirant.com
www.tirant.com
Librería virtual: www.tirant.es
Depósito legal: V-3101-2025
ISBN: 978-84-1081-372-4
MAQUETA: Disset Ediciones

Si tiene alguna queja o sugerencia, envíenos un mail a: *atencioncliente@tirant.com*. En caso de no ser atendida su sugerencia, por favor, lea en *www.tirant.net/index.php/empresa/politicas-de-empresa* nuestro procedimiento de quejas.

Responsabilidad Social Corporativa: http://www.tirant.net/Docs/RSCTirant.pdf

Índice

INTRODUCCIÓN 13
   Sistemas de traducción automática neuronal: las lenguas
   romances desde una perspectiva empírica............................ 13
   Cristian Valdez y María Lomeña Galiano

   Referencias bibliográficas... 24

Primera parte
La TAN desde perspectivas técnicas y lingüísticas

Capítulo 1
Recursos i eines per a la traducció automàtica neuronal
per a les llengües romàniques.. 33
Antoni Oliver Gonzàlez

   1 Introducció 33
   2 Les llengües romàniques: classificació, estatus i vitalitat.......... 34
   3 Recursos i eines per a la creació de corpus
   paral·lels i comparables.. 43
   4 Sistemes de TA disponibles per a les llengües romàniques.... 50
   5 Tècniques d'entrenament de sistemes TAN 55
      5.1 Entrenament de sistemes de traducció automàtica
      neuronal...57
      5.2 Ús de llengua pivot..62
      5.3 Ús de corpus sintètics i backtranslation 63
      5.4 Aprenentatge per transferència 65
      5.5 Sistemes multilingües 67
      5.6 Comparació de les tècniques d'entrenament 69
   6 Conclusions...71
   7 Referències bibliogràfiques 72

Capítulo 2
Conceptos clave para entender
el funcionamiento de la traducción automática neuronal.............77
Pere Vergés Boncompte

   1 Introducción 77
   2 Representar la lengua: incrustaciones de palabras y de frases....78

3 Modelos de traducción: arquitectura
y funcionamiento 81
   3.1 Traducción neuronal recurrente 82
   3.2 Traducción neuronal convolucional...................................... 83
   3.3 Redes de codificación-descodificación
   (Encoder-Decoder) 84
4 Métodos de evaluación de los modelos
de traducción automática...87
5 Formas de Interpretar la Traducción Automática Neuronal..... 88
   5.1 Interpretación a posteriori (Post-hoc)................................ 88
   5.2 Interpretación del modelo 89
6 Tratamiento de los datos.. 89
   6.1 Filtrar los datos 90
   6.2 Adaptar el campo de especialización
   de la traducción.. 90
   6.3 Aprender con pocos recursos.. 90
7 Traducción Automática Neuronal para lenguas cercanas.
El caso de las lenguas romance 91
8 Conclusión..96
Glosario 97
9 Referencias bibliográficas...97

Capítulo 3
Sobre algunos criterios terminológicos y textuales para
describir la traducción automática neuronal español-francés 101
Cristian Valdez

1 Introducción 101
2 La TAN entre el español y el francés..................................... 103
   2.1 Enfoque general del estudio de los resultados
   de la TAN.. 103
   2.2 Modelos y principios básicos de la TAN 105
   2.3 Evaluar los resultados de la TAN español-francés........ 106
3 Consideraciones metodológicas preliminares 108
4 Síntesis y puesta en perspectiva
de los resultados.. 109
   4.1 Omisión y repetición de términos, ¿dos consecuen-
   cias de la generalización?... 109
   4.2 Variación terminológica: coherencia versus
   uniformización 113

4.3 La importancia del marco de referencia en la evaluación de la coherencia interna 118

5 Conclusión 123

6 Referencias bibliográficas 125

Segunda parte
La integración de la TAN en contextos de formación

Capítulo 4
Estudio producto-procesual acerca del *modus operandi* de traductores en formación a la hora de poseditar textos humorísticos 133

Miguel Tolosa Igualada

1 Introducción 133

2 Estado de la cuestión 136

3 Objetivos 139

4 Diseño experimental 140

    4.1 Método 140

    4.2 Universo experimental 141

    4.3 Tareas experimentales 142

    4.4 Condiciones de ejecución de la experimentación e instrumentos para la recogida de datos 144

    4.5 Material de partida 145

5 Resultados obtenidos 151

    5.1 Texto traducido por DeepL 151

    5.2 ¿Detectaron los elementos humorísticos? ¿Los poseditaron? ¿Con qué objetivo? 159

    5.3 "Panard-chéologie". Un análisis producto-procesual 160

    5.4 Proceso ejecutivo general 164

6 Discusión 168

    6.1 Los 12 escenarios 169

    6.2 Algunas implicaciones pedagógicas 176

7 Consideraciones finales 177

8 Referencias bibliográficas 180

Capítulo 5
Traduction automatique et post-édition à l'université : analyse des compétences préalables des traducteur·ice·s en formation 185

Theo Eyckermans y Juan Jiménez-Salcedo

1 Introduction 185
2 État de la question 187
3 Méthodologie 191
4 Résultats de l'étude 195
5 Discussion 201
6 Conclusion 205
7 Bibliographie 206

Capítulo 6
Evaluación de la calidad de la traducción humana versus
posedición de textos museísticos en traductores nóveles
(francés-español) 211
Beatriz Sánchez Cárdenas

1 Introducción 211
2 La enseñanza de TAN y PE en España 213
3 Marco teórico y objeto de estudio 216
    3.1 La traducción de textos museísticos 216
    3.2 Traducción de colocaciones verbo-nominales 219
4 Metodología: Estudio comparativo en contexto educativo 221
    4.1 Análisis cuantitativo y cualitativo de traducciones
        museísticas 221
    4.2 Estudio de caso: Materiales y recogida de datos 224
    4.3 Análisis de combinatoria léxica e idiomaticidad
        en la traducción de estructuras verbo-nominales 228
    4.4 Interpretación de resultados 233
5 Conclusiones 234
6 Referencias bibliográficas 237
    Anexo 1. Tipología de errores 240
    Anexo 2. Estrategias de traducción 241

Tercera parte
La TAN en interacción con otras herramientas

Capítulo 7
El contexto en la traducción automática neuronal
de los términos compuestos 247
Melania Cabezas-García y Pilar León-Araúz

1 Introducción 247
2 La traducción de los términos compuestos 249

3 Materiales y métodos 252
4 Resultados 258
    4.1 TAN de términos compuestos sin contexto 258
    4.2 TAN de términos compuestos con contexto 268
5 Conclusiones 274
6 Referencias bibliográficas 275

Capítulo 8
Traduction neuronale français-italien en contexte institutionnel :
outils et stratégies au service d'une traduction inclusive 279
Ilaria Cennamo y Michela Tonti

    1 Introduction 279
    2 Le langage inclusif selon l'UE 281
        2.1 Le langage inclusif en France : synopsis 283
        2.2 Le langage inclusif en Italie : synopsis 285
    3 Traduction automatique et langage inclusif 287
    4 eTranslation et l'inclusivité 289
        4.1 eTranslation et les noms de métier : analyse
        traductologique de la non-inclusivité............................ 291
        4.2 E-Mimic et la post-édition de l'inclusivité 302
    5 les stratégies de pré-édition : l'apport de E-MIMIC 305
        5.1 Un aperçu de la pré-édition 306
        5.2 La prédiction de E-MIMIC à la confluence
        de l'annotation et de la pré-édition 307
        5.3 Des exemples de reformulation intralinguistique qui
        parviennent à corriger la pré-édition de eTransla-
        tion avec une approche interlinguistique...................... 309
        5.4 Des exemples de reformulation intralinguistique qui
        ne parviennent pas à corriger la pré-édition
        de *eTranslation* 311
    6 Conclusions et perspectives 314
    7 Références bibliographiques 315

Capítulo 9
ChatGPT y estudiantes de traducción: ¿combinación ganadora
o desastre artificial? Estudio exploratorio de la calidad de textos
poseditados de castellano a francés por estudiantes de Máster
a partir de ChatGPT 323
Loïc de Faria Pires

    1 Introducción 323

1.1 ChatGPT en la actualidad 323
1.2 Uso por los estudiantes 324
2 Marco teórico 327
2.1 ChatGPT y traducción automática neuronal (TAN) 327
2.2 TAN y contenidos literarios ES-FR 329
3 Objetivos 331
4 Metodología 331
4.1 Participantes y condiciones del estudio 331
4.2 Descripción y división del texto 333
4.3 Método de análisis 335
5 Recuperación de la TA en bruto de ChatGPT 337
6 Resultados 339
6.1 Resultados cuantitativos (ChatGPT y posedición) 339
6.2 Análisis cualitativo (ChatGPT y posedición) 343
7 Discusión de los resultados 352
8 Conclusiones 354
9 Referencias bibliográficas 357

Capítulo 10
Traducción neuronal entre el italiano y el español: estado
y avance de ChatGPT como traductor y su comparación
con DeepL 363
Rubén González Vallejo

1 Introducción 363
2 La traducción automática y la Inteligencia Artificial (IA) 366
3 Estudios sobre la traducción con ChatGPT 367
4 Sobre las métricas de evaluación y los estudios
con ChatGPT 369
5 Metodología 371
6 Análisis 373
7 Limitaciones y conclusiones 381
8 Referencias bibliográficas 382
Anexo I 387

INTRODUCCIÓN

SISTEMAS DE TRADUCCIÓN AUTOMÁTICA NEURONAL: LAS LENGUAS ROMANCES DESDE UNA PERSPECTIVA EMPÍRICA

Cristian Valdez
cristian.valdez@u-paris.fr
Université Paris Cité

María Lomeña Galiano
maria.lomena@univ-rennes2.fr
Université Rennes 2

La traducción ha sido, desde tiempos remotos, una actividad esencial para el intercambio de ideas entre comunidades lingüísticas. En comparación, la búsqueda de soluciones tecnológicas que permitan automatizar este proceso ha surgido mucho más recientemente. Además, en los últimos años, tanto la sociedad civil como la comunidad científica se han visto impactadas por el deslumbrante progreso observado en este campo de estudio. Sin embargo, cabe destacar que, contrariamente a lo que podría pensarse si se toman en cuenta los últimos avances, el interés por la posibilidad de generar una traducción automática (TA, en adelante) cuenta con ya varias décadas: la primera demostración de "traducción electrónica" fue realizada, de hecho, en los años 50 del siglo pasado.

Si se restringe la atención a los sistemas de traducción automática que se han generalizado de manera masiva entre el público general, los cambios se han sucedido a una gran velocidad desde el fin de los años 90. Los primeros motores de TA gratuitos en línea, que aparecen justamente en esa época, se fundamentaban en una traducción basada en reglas (*rule-based Machine Translation,* Kenny, 2022: 35). Esquemáticamente, la traducción se realizaba a partir de una serie de reglas definidas por lingüistas experimentados acerca de la combinatoria de palabras en las lenguas implicadas o sobre las correspondencias entre ciertos lexemas o locuciones de la lengua fuente respecto de la lengua meta. Dichos sistemas de TA, cuya puesta en marcha era lenta y costosa, fueron reemplazados rápidamente por otros que se fundamentaban en el análisis de datos (*data-driven machine translation*). Este enfoque se adoptó principalmente en lo que se conoce como la traducción automática basada en ejemplos o la traducción automática estadística (*statistical machine translation*). Estos últimos modelos ocuparon el escenario internacional, por lo menos hasta 2016, fecha en la que la traducción automática neuronal (TAN, en adelante) acaparó la atención (cfr. Kenny, 2022; Poibeau, 2019: 117). Dichos motores, basados en algoritmos de inteligencia artificial, recurren a neuronas artificiales que, inspiradas de la estructura del cerebro humano, se entrenan con vastos corpus de datos paralelos con el fin de construir modelos de traducción. Las representaciones de las palabras de una lengua aprendidas por el sistema vehiculan información extremadamente rica que se expresa bajo la forma de vectores que toman en cuenta todo el cotexto de aparición de cada uno de los segmentos (Pérez-Ortiz *et al.,* 2022: 142). Así, este último tipo de TA significó un "nuevo salto cualitativo", si empleamos las palabras de Poibeau (2019: 28), sobre todo a raíz de la fluidez de los resultados obtenidos automáticamente y de una mejor resolución en el tratamiento de palabras polisémicas y de fenómenos de concordancia a nivel de la frase (Kenny, 2022: 43). La tecnología subyacente a la TAN, es decir las redes neuronales artificiales, también se han empleado más recientemente para sacar a la luz sistemas de inteligencia artificial generativa. Si bien estos últimos también se han empleado para realizar traducciones automáticas, existe una diferencia entre los motores de TAN iniciales y los sistemas de inteligencia artificial generativa: los primeros se entrenaron específicamente para aprender modelos de traducción, mientras que los segundos funcionan a partir del cálculo probabilístico de secuencias de palabras. En este volumen, las contribuciones se concentran esencialmente en los motores de TAN, sin excluir por ello el análisis de la interacción de dichos modelos con otras herramientas informáticas o, incluso, el análisis de los resultados de la inteligencia artificial generativa para la traducción automática.

Desde que se generalizó su uso, los sistemas de TAN se han abordado en un número de publicaciones científicas en constante aumento (cfr. Stahlberg, 2020: 344). En el ámbito de la traductología, la TAN se ha estudiado en relación con muchas dimensiones, tales como las siguientes: la descripción de su arquitectura, funcionamiento y proceso de aprendizaje (Pérez-Ortiz et al. 2022; Zimina-Poirot *et al.*, 2020 i.a.), la comparación con otros métodos y modelos de TA (Bentivogli et al. 2016; Poibeau, 2019; Sánchez-Gijón et al. 2019; Toral y Sánchez-Cartagena, 2017 i.a.), la comparación de los resultados respecto de textos originales o con traducciones humanas (Briva-Iglesias, 2021; Kenny, 2022; Loock, 2018 i.a.), la identificación de fuentes de problemas y tipologías de errores (Esperança-Rodier y Becker, 2018; Grass, 2022; Koehn y Knowles, 2017 i.a.), la evaluación de la calidad y la posedición de resultados (Barbin, 2022; Rossi y Carré, 2022; O'Brien, 2022; Way, 2018 i.a.), los efectos en el mercado de la traducción y en la profesión del/de la traductor/a (Fiorini, 2022; Mion, 2022; Rossi y Chevrot, 2019; Tremblay, 2021: Yvon, 2019 i.a.), los desafíos para la didáctica de las lenguas y de la traducción profesional (Bourdais y Guichon, 2020; Loock et al. 2022; Moorkens, 2018; Tomaszkiewicz, 2018; Zimina-Poirot y Gledhil, 2019 i.a.).

Si bien las dimensiones examinadas y las perspectivas adoptadas son múltiples, huelga subrayar que, debido a las sinergias propias de la investigación académica contemporánea y a la accesibilidad de cierto tipo de datos, el inglés tiene un lugar preponderante entre los idiomas estudiados en la gran mayoría de las publicaciones. Sin embargo, los resultados de la TAN y, en consecuencia, de los estudios basados en tales datos dependen del par de lenguas utilizadas (cfr. Pérez-Ortiz *et al.*, 2022). Por tanto, es necesario diversificar las fuentes de información integrando una mayor variedad de combinaciones lingüísticas. El presente volumen pretende hacer una contribución en esta dirección, centrando la atención en la TAN entre lenguas romances.

Son numerosas las razones que llevan a seleccionar esta área lingüística. Por un lado, de manera general, la cuestión de la traducción entre lenguas romances en su conjunto es un "territorio muy poco transitado por la Traductología contemporánea" (Martínez Pleguezuelos y Sánchez Iglesias, 2021: 9), por lo que se justifica abordarla explícitamente en un trabajo monográfico. Por el otro, más específicamente en cuanto a la TAN, las especificidades que revisten a priori las lenguas tipológicamente cercanas en el contexto de la TA son fuente de interrogantes. Debido a la arquitectura de los motores de TAN, al parecer se vuelve más fácil identificar equivalencias de traducción cuando la lengua de origen y la lengua de destino admiten una "división en palabras relativamente similar" (Poibeau, 2019: 137). Otras dimensiones como una sintaxis similar y la existencia de palabras comunes entre las lenguas de trabajo parecerían constituir criterios adicionales para evaluar la incidencia de la distancia entre las lenguas implicadas (cfr. Sun et al. 2021). En este mismo sentido, el interés por las lenguas romances se hace visible, por ejemplo, en el informe elaborado por los expertos del grupo de trabajo "Traduction et science ouverte" (Fiorini *et al.,* 2020). Este grupo, que se propone abordar el estudio de las herramientas de TA, postula la necesidad de examinar los resultados del TAN de determinadas combinaciones lingüísticas, dentro de las cuales las lenguas romances ocupan un lugar considerable (ibidem: 15-16).

Si bien ya existen publicaciones sobre la TAN entre lenguas romances (Vergés Boncompte y Costa-Jussà, 2020; Cases Berbel y Nieto García, 2021; Minervini, 2021, 2023, Oliver, 2020; Rueda Álvarez y Álvarez Méndez, 2022; Sánchez Ramos y Cerasela Nodis, 2022; Valdez, 2023, Valdez y Lomeña Galiano 2021 i.a.), el presente volumen tiene como objetivo reunir resultados de análisis sistemáticos de datos empíricos. En definitiva, se trata de contribuir al desarrollo de una traductología de corpus (Laviosa, 2002; Loock, 2016) aplicada al estudio de la TAN entre lenguas romances y a su enseñanza. Desde este enfoque, en este monográfico, se le ha dado prioridad al análisis de corpus construidos *ad hoc* o al metaanálisis de los resultados expuestos en la literatura. Los diferentes capítulos, que exponen descripciones tanto cuantitativas como cualitativas, apuntan a examinar cuestiones de corte lingüístico, didáctico o tecnológico.

Los capítulos que componen este volumen se organizan en tres partes: la primera parte está destinada a la descripción del funcionamiento y los resultados de la TAN desde perspectivas técnicas y lingüísticas (capítulos 1, 2 y 3); la segunda parte aborda el tema desde los desafíos que plantea la TAN en contextos formativos (capítulos 4, 5 y 6); la tercera parte ilustra la sinergia entre la TAN y otras herramientas (capítulos 7, 8, 9 y 10).

La primera parte titulada "La TAN desde perspectivas técnicas y lingüísticas" se inicia con el capítulo de Antoni Oliver Gonzàlez (Universitat Oberta de Catalunya) "Recursos i eines per a la traducció automàtica neuronal per a les llengües romàniques". Tras una breve presentación de las lenguas romances habladas en Europa, el autor hace una introducción a las herramientas y recursos lingüísticos existentes para la constitución de corpus paralelos y comparables. Presenta, además, motores de TAN disponibles para lenguas romances, tales como Apertium, Google Translate, DeepL o Microsoft Bing, OpusMT o Softcatalà. Antoni Oliver Gonzàlez acaba el capítulo con una explicación clara de las técnicas de entrenamiento posibles (lenguas pivote, corpus sintéticos y *backtranslation*) para mejorar la calidad de la traducción automática entre lenguas con pocos recursos.

También se aborda la cuestión de las lenguas con pocos recursos en la propuesta de Pere Vergés Boncompte (University of California, Irvine y Barcelona Supercomputer Center). En su capítulo, titulado "Conceptos clave para entender el funcionamiento de la traducción automática neuronal", se describen las nociones básicas para, desde el punto de vista del tratamiento automático del lenguaje, entender el funcionamiento y la arquitectura de los motores de TAN. Así, se comenta el proceso necesario de tratamiento de los textos antes de que puedan ser utilizados para entrenar una red neuronal, describiendo distintos modelos de redes neuronales y su evolución a lo largo del tiempo. Por último, se da cuenta de algunos trabajos anteriores en los que se aplican diferentes técnicas para mejorar el funcionamiento de los modelos en el contexto de la traducción entre lenguas romances. La perspectiva técnica que se propone en este capítulo pretende ayudar a una mejor comprensión de los resultados que se detallan en el resto del volumen, a la vez que se presentan algunas nociones básicas que permitirán orientar la búsqueda de información complementaria a aquellas personas interesadas por el campo del tratamiento automático del lenguaje.

El siguiente capítulo es de autoría de Cristian Valdez (Université Paris Cité), y lleva por título "Sobre algunos criterios terminológicos y textuales para describir la traducción automática neuronal español-francés". En él, el autor compara los resultados obtenidos por medio de los motores de TAN de DeepL y de Systran Pure Neural Server en el marco de la traducción de textos técnicos sobre las criptomonedas. La evaluación de los resultados, que se fundamenta en una anotación manual de las traducciones automáticas, se organiza en torno a dos ejes principalmente: por un lado, la gestión de la terminología; por el otro, la coherencia interna de los textos traducidos. Tanto respecto de uno como de otro aspecto, los resultados de los motores de TAN manifiestan fallos que impiden la coherencia terminológica o la coherencia interna de las traducciones, si bien existen diferencias según el tipo de motor empleado (p. ej. mayor uniformidad terminológica en el caso de DeepL) y el tipo de referenciación (p. ej. mayor cantidad de errores en el caso de la referenciación extrafrástica). El cálculo de la frecuencia de diferentes tipos de fallos le permite al investigador mostrar que uno de los mayores desafíos a la hora de realizar una posedición de los resultados no se encuentra tanto en la cantidad de manipulaciones necesarias (ya que en algunos casos los errores son poco frecuentes), sino más bien en el esfuerzo que la tarea podría engendrar (ya que detectar algunos errores implica un análisis fino del texto fuente y del texto meta). Dichos resultados podrían así alimentar la reflexión en cuanto a las estrategias más adaptadas para sacar mayor provecho de los motores de TAN para la traducción español-francés.

La segunda parte del volumen, "La integración de la TAN en contextos de formación", se dedica a la posedición dentro de un marco en el que la traducción, además de producto, se concibe como un proceso cognitivo. Esta parte comienza con el capítulo titulado "Estudio producto-procesual acerca del modus operandi de traductores en formación a la hora de poseditar textos humorísticos" de Miguel Tolosa Igualada (Universidad de Alicante). Este estudio empírico analiza cómo estudiantes de traducción intervienen en el proceso de posedición de una crónica humorística en francés traducida automáticamente al español. Para ello, el autor diseñó un estudio cuyos datos fueron obtenidos gracias a la grabación de las pantallas de los estudiantes con ZD Screen Recorder y a las respuestas que estos últimos proporcionaron en un cuestionario *ex post facto*. Se identificaron 12 formas de actuar por parte de los estudiantes para abordar las particularidades de la traducción y posedición del humor, lo que permite hacer una reflexión sobre las competencias necesarias para abordar los desafíos de la posedición y de su posible didactización.

El capítulo "Traduction automatique et post-édition à l'université : analyse des compétences préalables des traducteur·ice·s en formation", de Theo Eyckermans (Vrije Universiteit Brussel / Université de Mons) y Juan Jiménez-Salcedo (Université de Mons), analiza cómo los estudiantes de Máster en traducción de la universidad belga transfieren los conocimientos y competencias adquiridas en su formación a la hora de poseditar un texto. Con este fin, los autores se basaron tanto en datos recogidos mediante las grabaciones de las pantallas de los estudiantes durante la tarea de posedición como en los datos recogidos mediante entrevistas retrospectivas sobre la tarea. Esto les permitió observar primero y contextualizar después las decisiones tomadas por los estudiantes durante el ejercicio. El estudio revela que los estudiantes recurren a los conocimientos adquiridos previamente en terminología o documentación, entre otros, a la hora de llevar a cabo una tarea de posedición.

Beatriz Sánchez Cárdenas (Universidad de Granada) es la autora de la contribución "Evaluación de la calidad de la traducción humana versus posedición de textos museísticos en traductores nóveles (francés-español)". La autora analiza datos empíricos recogidos en el marco de una formación de estudiantes de último curso de Traducción e Interpretación, con el fin de evaluar la eficacia de dos estrategias de traducción diferentes: la traducción automática seguida de posedición (TA + PE) frente a la traducción humana. Los resultados muestran que la TA + PE, aunque es más eficaz para resolver ciertos problemas específicos, no supera en calidad a la traducción humana y es más susceptible de introducir calcos lingüísticos. La investigadora detecta un uso insuficiente de las herramientas de documentación y, más específicamente, de los corpus, lo que subraya la necesidad de mejorar la enseñanza de estas herramientas en los programas de formación. Con este trabajo, se destaca la necesidad de actualizar los currículos para incluir formación específica en posedición, alineada con las recomendaciones del marco EMT (*European Masters in Translation*) y las exigencias del mercado laboral, para favorecer así una mayor integración de la tecnología en la formación de traductores.

La tercera parte del volumen, denominada "La TAN en interacción con otras herramientas", comienza con el capítulo "Traducir los términos compuestos: corpus y traducción automática neuronal" a cargo de Melania Cabezas-García y Pilar León-Aráuz (Universidad de Granada). Las investigadoras presentan un estudio que busca responder a la escasa atención que ha recibido la traducción de términos compuestos en el campo de la TAN entre lenguas romances. Para ello, comparan el rendimiento de Google Translate y de DeepL para la traducción francés-español, haciendo variar tanto el número y el tipo de formantes, como la inclusión o no de contexto al utilizar el motor de TAN. Con el fin de evaluar los resultados de la TAN, las autoras recurren a un corpus de energía eólica en francés para la extracción de términos, que se validan consiguientemente por medio de un corpus comparable en español y de Google Scholar. Además de ilustrar la utilidad de los corpus para la evaluación de los resultados de la TAN, las autoras muestran que los motores de TAN constituyen una herramienta valiosa para la traducción de términos compuestos, si bien los errores para la traducción francés-español persisten y son de diferente naturaleza y magnitud. Los resultados que se sintetizan en este capítulo pueden entonces orientar la puesta en marcha de una estrategia de post-edición de términos compuestos.

El capítulo de Ilaria Cennamo (Università di Torino) y Michela Tonti (Università degli studi di Bergamo) lleva por título "Traduction neuronale français<>italien en contexte institutionnel : outils et stratégies au service d'une traduction inclusive". En esta contribución se ponen de relieve las carencias en inclusividad lingüística en traducciones institucionales europeas realizadas de forma automática. Las autoras proponen combinar el uso de la herramienta E-MIMIC con el motor de TAN desarrollado por la Comisión Europea, eTranslation. E-MIMIC permite realizar una reformulación intralingüística de textos en las fases de la pre- y post-edición y contribuye así a que las propuestas de traducción automáticas sean más inclusivas.

Loïc de Faria Pires (Université de Mons) presenta el capítulo "Chat-GPT y estudiantes de traducción: ¿combinación ganadora o desastre artificial? Estudio exploratorio de la calidad de textos poseditados de castellano a francés por estudiantes de máster a partir de ChatGPT". Volvemos aquí a un estudio en contexto formativo pero que centra la atención en otras herramientas de inteligencia artificial basada en redes neuronales, más específicamente ChatGPT, uno de los modelos de lenguaje más generalizados de inteligencia artificial generativa. El autor expone los resultados de un estudio exploratorio sobre la traducción automática realizada por ChatGPT de un texto literario y su posedición llevada a cabo por estudiantes. En concreto, el estudio presenta el análisis tanto de la traducción en bruto que ofrece ChatGPT como de las versiones poseditadas de los estudiantes. Dicho análisis se realiza en dos partes: en primer lugar, dos evaluadores externos estudian la calidad de los textos a partir de tres parámetros (fidelidad, fluidez, rasgos literarios); en segundo lugar, se analizan los errores. Los resultados indican que el proceso de postedición permite determinar si la posedición del resultado bruto de este motor que usa un modelo de lengua de gran escala, mejora la versión inicial.

El volumen se cierra con el capítulo "Traducción neuronal entre el italiano y el español: estado y avance de ChatGPT como traductor y su comparación con DeepL" de Rubén González Vallejo (Universidad de Málaga). El investigador compara las traducciones realizadas por el motor de TAN DeepL y por el modelo de inteligencia artificial generativa ChatGPT, ya que ambos sistemas, basados en redes neuronales y algoritmos de aprendizaje profundo, se utilizan frecuentemente en la traducción de textos de diversas lenguas. En esta investigación, se comparan los resultados de traducciones del italiano al español utilizando la métrica VERTa que, si bien fue originalmente diseñada para evaluar traducciones entre inglés y español (Comelles y Atserias, 2016), puede ser extendida a otros idiomas. Dicha métrica permite evaluar aspectos léxicos, morfológicos y semánticos, y permite adoptar para ello una perspectiva cualitativa. El corpus empleado en este estudio, compuesto por artículos del portal de noticias Voxeurop, permitió revelar que, si bien las traducciones de ChatGPT y DeepL son generalmente muy similares, DeepL muestra una mayor estabilidad en sus resultados. Además, puesto que se comparó las traducciones automáticas de ambos sistemas con las traducciones humanas disponibles en el portal Voxeurop, se confirma el interés de completar los resultados de métricas automáticas con análisis cualitativos que tomen en cuenta aspectos estilísticos y mecanismos lingüísticos que podrían no reflejarse en los vectores matemáticos utilizados por los motores de traducción o los sistemas de evaluación. En este sentido, el capítulo también explora algunos de los aspectos traductológicos relevantes para una evaluación manual de los resultados generados por ambos sistemas de inteligencia artificial.

Los avances recientes en el campo de la TA han sido como un seísmo que ha sacudido parte de los cimientos de numerosos campos de actividad. Profesionales de la industria de la lengua, docentes, investigadores y estudiantes constatan que su práctica ha cambiado radicalmente y, como puede verse en el presente volumen, muchos de ellos han aceptado el reto de analizar los resultados de los sistemas de TAN. En este contexto, el salto cualitativo que han significado los motores de TAN lleva a imaginar un nuevo ecosistema en que se integran estas herramientas al servicio de la traducción humana. El presente monográfico responde al objetivo general de captar una imagen panorámica de dicho ecosistema, de los avances en el estudio de la TAN entre lenguas romances. Se propone así una fotografía de las preocupaciones, de las metodologías adoptadas y de los resultados obtenidos en un momento dado desde esta línea de investigación.

La evolución constante y acelerada en el campo de la inteligencia artificial amenaza con cuestionar rápidamente los datos que aquí se presentan. Piénsese, por ejemplo, en los modelos de TAN multilingües que, cuando se inició la edición del presente volumen, estaban menos extendidos que en el momento en que realmente se publican y ven la luz los estudios. Ya lo comentaba Candel-Mora (2021: 38) cuando en su trabajo titulado *Futuro pasado de las tecnologías de la lengua para la traducción: visiones, tendencias, realidad* usaba los términos "obsolescencia" o "caducidad" para hacer alusión a las dificultades que conlleva abordar cuestiones traductológicas y tecnológicas. Ahora bien, después de asumir estos límites, queda por verificar si este periodo de efusivo interés, esta «primavera de la inteligencia artificial» (*cf.* Torrijos y Sánchez, 2024), se extenderá todavía más o si, al contrario, por alguna razón técnica o socioeconómica se dejarán de lado estas cuestiones, inaugurando, como en otras épocas de la historia, un nuevo invierno. Dicho de otro modo, el tiempo dirá si se trata de un nuevo efecto de moda o si el cambio continuará de manera exponencial dando lugar a nuevos cuestionamientos.

Este monográfico propone un primer acercamiento a la TAN entre lenguas romances, que abre la vía a otros trabajos que podrán completar las conclusiones que aquí se presentan siguiendo, por lo menos, tres direcciones. En primer lugar, a pesar de la voluntad de integrar todas las lenguas romances, el portugués y el rumano han quedado fuera del alcance de este monográfico, por lo que existe una dirección muy concreta para poder completarlo. En segundo lugar, muchos de los estudios detallan investigaciones que, por abordar herramientas de reciente aparición, se encuentran en un estadio inicial, y que convendría completar por medio del análisis de conjuntos de datos más variados, amplios y de mayor representatividad. Por último, al haber adoptado un enfoque empírico de corte técnico, lingüístico y/o didáctico de los resultados de la TAN, el presente volumen podrá dar seguimiento a otros trabajos de corte social, centrados en los usuarios, en la ergonomía de las herramientas de TAN y en el impacto psicosocial de dichos motores. En este sentido, se apunta a que la lectura de estas contribuciones permita a estudiantes, académicos y profesionales del campo avanzar en la comprensión de la TAN y desarrollar nuevas propuestas que cuestionen su optimización y rendimiento como herramienta de la traducción humana, así como sus consecuencias sociales desde enfoques más críticos.

REFERENCIAS BIBLIOGRÁFICAS

BARBIN, F., "Neural MT and Human Post-editing: A Method to Improve Editorial Quality", en C. EXPÓSITO CASTRO, M. del M. OGEA POZO, & F. RODRÍGUEZ RODRÍGUEZ (Eds.), *Theory and practice of translation as a vehicle for knowledge transfer / Théorie et pratique de la traduction comme véhicule de transfert des connaissances*, Sevilla, Editorial Universidad de Sevilla, 2022, pp. 15-36

BENTIVOGLI, L., BISAZZA, A., CETTOLO, M., & FEDERICO, M., "Neural versus phrase-based machine translation quality: A case study", *EMNLP 2016 - Conference on Empirical Methods in Natural Language Processing, Proceedings*, 2016, 257–267. https://doi.org/10.18653/v1/d16-1025

BOURDAIS, A., & GUICHON, N., "Représentations et usages du traducteur en ligne par les lycéens", *Alsic*, Vol. 23, n° 1, 2020. http://journals.openedition.org/alsic/4533

BRIVA-IGLESIAS, V., "Traducción humana vs. traducción automática: análisis contrastivo e implicaciones para la aplicación de la traducción automática en traducción jurídica", *Mutatis Mutandis. Revista Latinoamericana de Traducción,* 14(2), 2021, 571–600. https://doi.org/10.17533/udea.mut.v14n2a14

CANDEL-MORA, M. A. (2021), "Futuro pasado de las tecnologías de la lengua para la traducción: visiones, tendencias, realidad", en C. VARGAS-SIERRA & A. B. MARTÍNEZ-LÓPEZ (Eds.), *Investigación traductológica en la enseñanza y práctica profesional de la traducción y la interpretación,* Granada, Comares, 2021, pp. 37–48.

CASES BERBEL, E., & NIETO GARCÍA, P., "Traducción de DeepL de los sujetos nulos de un texto literario español hacia lenguas románicas pro drop y no pro drop", *CLINA,* 7(2), 2021, 41–59.

COMELLES, E. & ATSERIAS, J., "Through the Eyes of VERTa", *Procesamiento del Lenguaje Natural,* 57, 2016, 181-184. http://journal.sepln.org/sepln/ojs/ojs/index.php/pln/article/view/5357

ESPERANÇA-RODIER, E., & BECKER, N., "Comparaison de systèmes de traduction automatique, probabiliste et neuronal, par analyse d'erreurs", 4ème Journée "Traitement Automatique Des Langues et Intelligence Artificielle" - TALIA 2018 Journée de La Plate-Forme Intelligence Artificielle (PFIA, 2018), 2018.

FIORINI, S., "L'intelligence artificielle au défi du multilinguisme : usages et perspectives de la traduction automatique neuronale dans la communication scientifique", *I2D - Information, Données & Documents,* n° 1(1), 2022, 73–76. https://doi.org/10.3917/i2d.221.0073

FIORINI, S., BARBIN, F., GARNIER-RIZET, M., HERNÁNDEZ MORIN, K., HUMPHREYS, F., JOSSELIN-LERAY, A., KÜBLER, N., LOOCK, R., MARTIKAINEN, H., NOMINÉ, J.-F., PLAG, C., ROSSI, C., & YVON, F., *Rapport du groupe de travail Traductions et science ouverte,* 2020. https://hal-lara.archives-ouvertes.fr/OUVRIR-LA-SCIENCE/hal-03640511

GRASS, T., "L'erreur n'est pas humaine", *Traduire,* 246, 2022, 10–23. https://doi.org/10.4000/traduire.2763

KENNY, D., "Human and machine translation", en D. KENNY (Ed.), *Machine translation for everyone: Empowering users in the age of artificial intelligence,* Language Science Press, Berlín, 2022, 23–50.

KOEHN, P., & KNOWLES, R., "Six Challenges for Neural Machine Translation", *Proceedings of the First Workshop on Neural Machine Translation*, 2017, 28–39.

LAVIOSA, S., *Corpus-Based Translation Studies : Theory, Findings, Applications*, Amsterdam / New York, Rodopi, 2002.

LOOCK, R., *Traductologie de corpus*, Villeneuve d'Ascq, Presses universitaires du Septentrion, 2016.

LOOCK, R., "Traduction automatique et usage linguistique : Une analyse de traductions anglais-français réunies en corpus", *Meta (Canada)*, 63(3), 2018, 786–806. https://doi.org/10.7202/1060173ar

LOOCK, R., LECHAUGUETTE, S., & HOLT, B., "Dealing with the 'Elephant in the Classroom': Developing Language Students' Machine Translation Literacy", *Australian Journal of Applied Linguistics*, 5(3), 2022, 118–134. https://doi.org/10.29140/ajal.v5n3.53si2

MARTÍNEZ PLEGUEZUELOS, A. J., & SÁNCHEZ IGLESIAS, J. J., "El español desde/hacia las lenguas románicas", *CLINA Revista Interdisciplinaria de Traducción Interpretación y Comunicación Intercultural*, 7(2), 2021, 9–14. https://doi.org/10.14201/clina202172914

MINERVINI, R., "La traducción automática del género (español-italiano): análisis de ejemplos traducidos con DeepL y Google Traductor", *Rivista Internazionale Di Tecnica Della Traduzione / International Journal of Translation*, 23, 2021, 105–127. https://doi.org/10.13137/2421-6763/33237

MINERVINI, R., "La traducción automática español-italiano del turismo enogastronómico: un estudio de caso", *Cuadernos de Lingüística Hispánica*, 2023(42), 2023, 20–39. https://doi.org/10.19053/0121053X.n42.2023.16000

MION, E. A., "Un dialogue de sourds", *Traduire*, 246, 2022, 46–54. https://doi.org/10.4000/traduire.2814

MOORKENS, J., "What to expect from Neural Machine Translation: a practical in-class translation evaluation exercise", *Interpreter and Translator Trainer*, 12(4), 2018, 375–387. https://doi.org/10.1080/1750399X.2018.1501639

O'BRIEN, S., "How to deal with errors in machine translation: Post-editing", en D. KENNY (Ed.), *Machine for everyone: Empowering users in the age of artificial intelligence*, Language Science Press, Berlín, 2022, 105–120.

OLIVER, A., "Traducción automática para las lenguas románicas de la península ibérica", *Studia Romanica et Anglica Zagrabiensia*, 65, 2020, 367–375. https://doi.org/10.17234/sraz.65.45

PÉREZ-ORTIZ, J. A., FORCADA, M. L., & SÁNCHEZ-MARTÍNEZ, F. (2022). "How neural machine translation works", en D. KENNY (Ed.), *Machine for everyone: Empowering users in the age of artificial intelligence*, Language Science Press, Berlín, 2022, pp. 141–164.

POIBEAU, T., *Babel 2.0 : où va la traduction automatique ?*, París, Odile Jacob, 2019.

ROSSI, C., & CARRÉ, A., "How to choose a suitable neural machine translation solution: Evaluation of MT quality", en D. KENNY (Ed.), *Machine for everyone: Empowering users in the age of artificial intelligence*, Language Science Press, Berlín, 2022, pp. 51–79.

ROSSI, C., & CHEVROT, J.-P., "Uses and perceptions of machine translation at the European Commission", *JoSTrans The Journal of Specialised Translation*, 31, 2019.

RUEDA ÁLVAREZ, J. del C., & ÁLVAREZ MÉNDEZ, D. D., "El uso de traductores automáticos para la traducción técnica italiano-español", *Ciencia Latina Revista Científica Multidisciplinar*, 6(4), 2022, 4642–4657. https://doi.org/10.37811/cl_rcm.v6i4.2963

SÁNCHEZ RAMOS, M. del M., & CERASELA NODIS, R., "Los sistemas de traducción automática (TA) en los servicios públicos: el caso de la traducción jurídico-administrativa (francés-español)", *Onomázein. Revista de Lingüística, Filología y Traducción*, 56, 2022.

TOMASZKIEWICZ, T. (2018), "Traduction automatique dans la formation des traducteurs : une analyse expérimentale de la post-édition", *Studia Romanica Posnaniensia*, 45(4), 2018, 75–89. https://doi.org/10.14746/strop.2018.454.005

TORAL, A., & SÁNCHEZ-CARTAGENA, V. M., "A Multifaceted Evaluation of Neural versus Phrase-Based Machine Translation for 9 Language Directions", *Proceedings of the 15th Conference of the European Chapter of the Association for Computational Linguistics*, 1(I), 2017, 1063–1073.

TORRIJOS, C., & SÁNCHEZ, J. C., *La primavera de la inteligencia artificial. Imaginación, creatividad y lenguaje en una nueva era tecnológica* (3a edición), Madrid, Los libros de la catarata, 2024.

SÁNCHEZ-GIJÓN, P., MOORKENS, J., & WAY, A., "Post-editing neural machine translation versus translation memory segments", *Machine Translation*, 33(1–2), 2019, 31–59. https://doi.org/10.1007/s10590-019-09232-x

STAHLBERG, F., "Neural Machine Translation: A Review", *Journal of Artificial Intelligence Research*, 69, 2020, 343–418.

SUN, H., WANG, R., UTIYAMA, M., MARIE, B., CHEN, K., SUMITA, E., & ZHAO, T., "Unsupervised Neural Machine Translation for Similar and Distant Language Pairs: An Empirical Study", *ACM Transactions on Asian and Low-Resource Language Information Processing*, 20(1), 2021. https://doi.org/10.1145/3418059

TREMBLAY, C., "La traduction automatique dans le contexte des institutions européennes - Essai de traduction automatique comparée", en J.-C. BEACCO, J. C. HERRERAS, & C. TREMBLAY (Eds.), *Traduction automatique et usages sociaux des langues. Quelles conséquences pour la diversité linguistique?*, Observatoire européen du plurilinguisme, 2021, pp. 143–166.

VALDEZ, C., & LOMEÑA GALIANO, M., "Exploration de la traduction automatique neuronale espagnol-français. Pour une Traductologie de corpus appliquée à l'analyse des outils de traduction", *Traduction et Langues*, 20(1), 2021, 85–111.

VALDEZ, C., "Vers une approche discursive de la traduction automatique neuronale espagnol-français de textes techniques", *Équivalences*, 50(1–2), 2023, 199–233.

VERGÉS BONCOMPTE, P., & COSTA-JUSSÀ, M. R., "Multilingual Neural Machine Translation: Case-study for Catalan, Spanish and Portuguese Romance Languages", *5th Conference on Machine Translation, WMT 2020 - Proceedings*, 2020, 447–450.

WAY, A., "Quality Expectations of Machine Translation", en J. MOORKENS, S. CASTILHO, F. GASPARI, & S. DOHERTY (Eds.), *Translation Quality Assessment: From Principles to Practice*, Springer International Publishing, 2018, pp. 159-178. https://doi.org/10.1007/978-3-319-91241-7_8

YVON, F., "Les deux voies de la traduction automatique", *Hermes, La Revue,* 3(85), 2019, 62–68.

ZIMINA-POIROT, M., BALLIER, N., & YUNÈS, J.-B., "Approches quantitative de l'analyse des prédictions en traduction automatique neuronale (TAN)", *JADT 2020 : 15es Journées Internationales d'Analyse Statistique Des Données Textuelles,* 2020.

ZIMINA-POIROT, M., & GLEDHILL, C., "L'impact de la traduction automatique sur les pratiques langagières et professionnelles des apprentis-traducteurs : entre apports en efficacité et menaces pour la diversité des discours", en J.-C. BEACCO, J. C. HERRERAS, & C. TREMBLAY (Eds.), *Traduction automatique et usages sociaux des langues. Quelles conséquences pour la diversité linguistique ?,* Observatoire européen du plurilinguisme, 2021, pp. 63–81.

Primera parte
La TAN desde perspectivas técnicas y lingüísticas

Capítulo 1
Recursos i eines per a la traducció automàtica neuronal per a les llengües romàniques

Antoni Oliver Gonzàlez
aoliverg@uoc.edu
Universitat Oberta de Catalunya

1 INTRODUCCIÓ

Les llengües romàniques proporcionen un escenari excepcional per a la investigació en tècniques d'entrenament de sistemes de traducció automàtica neuronal (TAN). Es tracta d'un conjunt de llengües prou ampli que presenten similituds importants en l'àmbit lingüístic, però diferències molt notables pel que fa al nombre de parlants i situació d'oficialitat. Entre aquestes llengües trobem llengües oficials a escala internacional, estatal o regional i fins i tot llengües que no gaudeixen de cap mena d'oficialitat. Això comporta diferències abismals entre la quantitat de recursos lingüístics disponibles i molt especialment pel que fa a la quantitat de corpus paral·lels. També hi ha una diferència molt important pel que respecta a la quantitat i tipus de sistemes de traducció automàtica (TA) disponibles per a parells de llengües que incloguin llengües romàniques.

En aquest capítol s'ofereix una panoràmica sobre la situació de les llengües romàniques pel que fa a les eines i recursos lingüístics en relació amb la traducció automàtica neuronal. Posteriorment, es presenten els sistemes de traducció automàtica disponibles que incloguin parells de llengües romàniques i s'avalua la qualitat d'alguns d'aquests sistemes mitjançant mètriques automàtiques. El capítol continua amb l'explicació d'algunes tècniques que permeten disposar de sistemes de traducció automàtica per a parells de llengües amb pocs recursos: l'ús de llengua pivot, l'ús de corpus sintètics, *backtranslation*, aprenentatge per transferència (*transfer learning*) i sistemes multilingües. Es presenten casos pràctics i valors de mètriques d'avaluació automàtica per al parell espanyol-occità.

Hi ha estudis previs sobre la traducció automàtica entre algunes llengües romàniques, tot i que no tenim coneixement sobre cap altra aportació que intenti fer una panoràmica general. Per exemple en la *shared task Similar Language Translation* celebrada en la conferència EMLP 2020 hi havia una tasca de traducció automàtica entre l'espanyol i el català i entre l'espanyol i el portuguès. D'aquesta *shared task* es pot destacar la contribució de Vergés Boncompte i Costa-Jussà (2020), on s'exploren diverses tècniques d'entrenament, algunes de les quals també s'explicaran en aquest capítol. També cal destacar la *Shared Task Translation into Low-Resource Languages of Spain* en la conferència WMT 24 que se centra en la traducció entre l'espanyol i l'asturià, aragonès i aranès.

2 LES LLENGÜES ROMÀNIQUES: CLASSIFICACIÓ, ESTATUS I VITALITAT

En aquesta secció presentarem una enumeració i classificació de les llengües romàniques. Per a acotar una mica l'abast d'aquesta enumeració considerarem només llengües parlades a Europa actualment, és a dir, llengües vives. La consideració de llengua, variant o dialecte sovint porta polèmica, de vegades amb motivació lingüística i moltes altres vegades per consideracions sociològiques o polítiques. En l'enumeració que oferim només inclourem llengües que disposin de codi ISO (sigui de dues lletres o de tres lletres). L'objectiu d'aquesta secció és observar la gran varietat de llengües romàniques i la gran disparitat pel que fa al nombre de parlants. També presentarem el grau d'oficialitat en tres nivells: oficialitat internacional (OI) en el cas que la llengua sigui oficial en les Nacions Unides o la Unió Europea; oficialitat nacional (ON) en el cas que la llengua sigui oficial en tot un estat i oficialitat regional (OR) si la llengua és oficial en alguna regió, comunitat autònoma o comarca. També presentem el codi ISO de dues i tres lletres, en cas que la llengua en disposi. Per últim, també presentem el nombre orientatiu de parlants de la llengua[1]. Aquest nombre de parlants inclou els parlants a Europa i fora d'Europa. Totes aquestes dades es veuen reflectides a la taula 1, que presenta les llengües romàniques classificades per subfamílies[2]. A la taula hem inclòs el nom de la llengua en català i en anglès. La inclusió del nom en anglès s'ha fet per temes pràctics, ja que facilita la consulta d'algunes fonts, com les que veurem una mica més endavant en aquesta mateixa secció.

Nom (cat)	Nom (eng)	Oficialitat	ISO 639-1	ISO 639-3	Nombre parlants
Llengües Iberoromàniques					
Aragonès	Aragonese		an	arg	8.500
Asturià	Asturian		ast	ast	605.000
Castellà	Spanish	OI	es	spa	480.000.000
Gallec	Galician	OR	gl	glg	4.000.000
Mirandés	Mirandese	OR	mwl	mwl	15.000
Portugués	Portuguese	OI	pt	por	221.000.000
Llengües occitanoromàniques					
Català	Catalan	ON	ca	cat	10.000.000
Occità	Occitan	OR	oc	oci	2.000.000

1   Dades obtingudes de la Vikipèdia.
2   http://paisdelletres.blogspot.com/2014/09/classificacio-de-les-llengues-romaniques.html

Nom (cat)	Nom (eng)	Oficialitat	ISO 639-1	ISO 639-3	Nombre parlants
Llengües gal·loromàniques					
Francoprovençal o arpità	Arpitan			frp	227.000
Francès	French	OI	fr	fra	77.000.000
Normand	Guernésiais		nrf	nrf	100.000
Picard	Picard		pcd	pcd	700.000
Való	Walloon		wa	wln	1.000.000
Llengües retorromàniques					
Romanx, grisó, rètic	Romansh	ON	rm	roh	40.000
Ladí	Ladin			lld	35.000
Friülès, friülà, furlà	Friulian			fur	600.000
Llengües gal·loitalianes					
Emilià, romanyol	Emilian, Romagnol			eml, egl, rgn	4.400.000
Lígur, monegasc, genovès	Ligurian	ON		lij	3.900.000
Lombard	Lombard			lmo	3.900.000
Piemontès	Piedmontese			pms	3.000.000
Vènet, venecià	Venetian			vec	2.200.000

Nom (cat)	Nom (eng)	Oficialitat	ISO 639-1	ISO 639-3	Nombre parlants
Llengües italorromàniques (centre i sud)					
Cors, gal·lurès	Corsican		co	cos	225.000
Italià	Italian	OI	it	ita	70.000.000
Napolità	Napoletano - Calabrese			nap	nap	4.700.000
Sicilià	Sicilian			scn	4.700.000
Llengües balcorromàniques					
Istriot	Istriot			ist	1.000
Romanès, moldau, dracoro-manès	Romanian	OI	ro	ron	28.000.000
Megleno-romanès, meglenita	Megleno			ruq	5.000
Aromanès, macedoro-manès	Aromanian			rup	250.000
Sard					
Sard	Sardinian		sc	srd	1.850.000

Taula 1. Grau d'oficialitat i nombre de parlants de les llengües romàniques vives parlades a Europa

El català està inclòs en les llengües amb oficialitat nacional, ja que és llengua oficial al Principat d'Andorra. L'occità, per la seva banda, gaudeix d'una oficialitat regional, ja que una de les seves variants, l'aranès, és oficial a tota la comunitat autònoma de Catalunya. De la taula 1 també sorprèn que algunes llengües amb molt pocs parlants tinguin algun reconeixement d'oficialitat, sigui nacional o regional i, en canvi, altres amb un nombre molt més elevat de parlants no gaudeixin de cap mena d'oficialitat. Per exemple, el romanx, amb uns 40.000 parlants, és oficial a escala nacional, ja que és una de les quatre llengües oficials de Suïssa. Al seu torn, el mirandès, amb només 15.000 parlants té un cert grau d'oficialitat a les comarques on es parla, tot i que no es tracta d'una oficialitat plena. En canvi, l'emilià, amb més de 4 milions de parlants, no gaudeix de cap reconeixement d'oficialitat. Sobre aquesta llengua, no queda clara la unitat de l'emilià-romanyol com a una única llengua, de manera que el codi ISO eml es considera obsolet i s'han assignat uns nous codis a l'emilià (egl) i al romanyol (rgn).

A la taula 1 hem inclòs el sard com a una única llengua, tot i que segons la norma ISO 639 es tracta d'una macrollengua amb quatre variants reconegudes per la norma que tenen el seu propi codi: codi src per al Sasserès (Sassarese); codi sdn per al Gal·lurès (Gallurese); codi srd per al Logudorès (Logudorese) i codi sro per al Campidanès (Campidanese).

A la taula 2 podem observar la vitalitat de cada una de les llengües atorgada per Ethnologue.[3] La classificació es basa en quatre nivells:

- Institucional (I): és una llengua que es fa servir per alguna institució i rep suport d'aquesta institució. Totes les llengües que gaudeixen d'algun grau d'oficialitat es classifiquen en aquest nivell.

- Estable (S: *stable*): la llengua no rep suport de cap institució formal, però es fa servir amb normalitat en l'entorn familiar i comunitari. Els infants l'aprenen i la fan servir.

- Amenaçada (En: *endangered*): ja no és una llengua que els infants l'aprenguin i la facin servir.

3   https://www.ethnologue.com/

- Extingida (Ex): la llengua no es fa servir i ningú manté un sentiment d'identitat ètnica amb la llengua.

Aquesta classificació és una simplificació en quatre nivells dels tretze nivells que compon el *Expanded Graded Intergenerational Disruption Scale*[4] (EGIDS): 0-Internacional; 1-Nacional; 2-Regional; 3-Comunicatiu; 4-Educacional; 5-En desenvolupament; 6a-Vigorós; 6b-Amenaçat; 7-Devaluat o en perill; 8a-Moribund; 8b-Gairebé extint; 9-Dorment i 10-Extint.

15 de les 30 llengües que apareixen a la taula 2, és a dir, el 50%, estan classificades com a amenaçades.

Nom	Ethnologue Language Vitality	Ethnologue Digital Language Support	NLP taxonomy
Llengües Iberoromàniques			
Aragonès	En	A	1
Asturià	En	A	1
Castellà	I	T	5
Gallec	I	V	3
Mirandés	I	A	1
Portugués	I	T	4
Llengües occitanoromàniques			
Català	I	T	4
Occità	En	A	1
Llengües gal·loromàniques			

4   Es pot trobar una explicació detallada a https://ca.wikipedia.org/wiki/Escala_EGIDS

Nom	Ethnologue Language Vitality	Ethnologue Digital Language Support	NLP taxonomy
Francoprovençal o arpità	En	A	1
Francès	I	T	5
Normand	En	S	-
Picard	En	E	1
Való	En	A	1
Llengües retorromàniques			
Romanx, grisó, rètic	I	A	1
Ladí	En	E	0
Friülès, friülà, furlà	En	A	1
Llengües gal·loitalianes			
Emilià, romanyol	En	E	1
Lígur, monegasc, genovès	I	A	1
Lombard	S	E	1
Piemontès	En	E	1
Vènet, venecià	S	A	1
Llengües italorromàniques (centre i sud)			
Cors, gal·lurès	En	A	1
Italià	I	T	4
Napolità	S	A	1
Sicilià	S	A	1

Nom	Ethnologue Language Vitality	Ethnologue Digital Language Support	NLP taxonomy
Llengües balcorromàniques			
Istriot	En	E	-
Romanès, moldau, dracoro-manès	I	T	3
Meglenoro-manès, megle-nita	En	E	-
Aromanès, mace-doromanès	I	A	1
Sard			
Sard	En	A (sro) E (sdn, src, sdc)	1

Taula 2. Vitalitat i suport digital de les llengües segons Ethnologue i posició a la taxonomia PLN

Ethnologue també ofereix una classificació de les llengües segons el suport digital del qual gaudeixen. Aquesta classificació per a les llengües romàniques es pot observar també a la taula 2 i consta de cinc nivells:

· Nul (S: *still*): la llengua no mostra cap signe de suport digital.

· Emergent (E): la llengua disposa d'algun contingut en format digital i/o de les eines necessàries per codificar-la digitalment.

· Ascendent (A): la llengua disposa d'eines de correcció ortogràfica i/o sistemes de traducció automàtica.

· Vital (V): la llengua compta amb diverses eines incloses en les categories anteriors i a més d'alguna eina de processament de la parla.

- Pròspera (T: *thriving*): la llengua compta amb totes les eines dels nivells anteriors i també d'assistents virtuals.

Només 1 de les 30 llengües de la taula 2 està classificada amb suport nul (el normand), però 7 (el 23.3%) com a emergents. Ara bé, 6 llengües (el 20%) estan classificades en la categoria més alta, com a pròsperes.

Joshi et al. (2020) proposen una taxonomia basada en el nombre de recursos lingüístics que existeixen per a una llengua i en el nombre de projectes de recerca en l'àrea del Processament del Llenguatge Natural en què la llengua està present. Sobre recursos lingüístics, en consideren dos tipus: els recursos no etiquetats, com per exemple corpus de textos en format digital o presència en la web; i els recursos etiquetats, que poden ser corpus amb informació addicional (morfosintàctica, semàntica, etc.) i els recursos associats per crear aquests corpus. Aquesta taxonomia[5], que també es pot observar a la taula 2 per a les llengües romàniques, té 6 nivells:[6]

- Nivell 0 - *Les deixades enrere*: són llengües encara ignorades per les tecnologies del llenguatge. Només 1 de les llengües romàniques (el ladí) està en aquest nivell. N'hi ha tres més, el normand, istriot i meglenoromanès, que no apareixen en la classificació i que, per tant, les podem considerar en aquest nivell.

- Nivell 1 - *Les agafades pels pèls*: són llengües que tenen alguns recursos sense etiquetar i que és possible que estiguin en una posició millor en els pròxims anys. De les 30 llengües de la taula 2, n'hi ha 19 (el 63%) que estan en aquest nivell.

---

5   La taxonomia completa es pot descarregar de https://microsoft.github.io/ linguisticdiversity/assets/lang2tax.txt

6   Els autors en anglès fan servir aquestes denominacions: 0 - The Left Behinds; 1 - The Scraping-bys; 2 - The Hopefuls; 3 - The Rising Stars; 4 - The Underdogs i 5 - The Winners.)

- Nivell 2 - *Les aspirants*: són llengües que disposen d'un conjunt reduït de dades etiquetades. Cap de les llengües del nostre estudi es classifica en aquest nivell.

- Nivell 3 - *Les grans promeses:* són llengües que tenen una presència destacable a la web i compten amb una comunitat cultural en línia molt activa; no disposen, però, de suficients recursos etiquetats. El gallec i el romanès estan classificades en aquest nivell.

- Nivell 4 - *Les subcampiones*: disposen d'una gran quantitat de dades no etiquetades però de menys dades etiquetades que les llengües del nivell següent. Hi ha recerca activa en tecnologies del llenguatge per a aquestes llengües i tenen possibilitats reals de passar al següent nivell. El portuguès, català i italià estan classificades en aquest nivell.

- Nivell 5 - *Les grans guanyadores*: tenen una presència en línia dominant i hi ha hagut una inversió massiva tant industrial com governamental en el desenvolupament de recursos i tecnologies per a aquestes llengües. De les llengües del nostre estudi només l'espanyol i el francès estan incloses en aquest nivell.

3 RECURSOS I EINES PER A LA CREACIÓ DE CORPUS PARAL·LELS I COMPARABLES

Un altre aspecte que ens interessarà de les llengües sota estudi és la quantitat de recursos lingüístics en la forma de corpus paral·lels o de fonts de textos per a poder compilar corpus monolingües o paral·lels. A la taula 3 podem observar algunes dades interessants.

OPUS Corpus[7] (Tiedemann, 2012) és un lloc web que ofereix una recopilació de corpus paral·lels disponibles lliurement per a moltíssimes combinacions de llengües. A la taula 3 oferim el nombre aproximat de

---

7   https://opus.nlpl.eu/

segments paral·lels entre l'anglès i les llengües romàniques sota estudi. Hem triat l'anglès com a llengua de referència, tot i que no és romànica, perquè per a moltes de les llengües és amb l'anglès amb la que compten amb més segments paral·lels. Com podem veure, només 7 llengües (el castellà, gallec, portuguès, català, francès, italià i romanès) disposen de més de 10 milions de segments paral·lels amb l'anglès. Dues llengües més, l'asturià i l'occità, disposen de més d'1 milió de segments. Tres llengües (el normand, picard i meglenoromanès) ni tan sols apareixen en aquesta col·lecció.

El corpus FLORES-200[8] (Costa-Jussà *et al.*, 2022) és una extensió del corpus FLORES-101 (Goyal *et al.*, 2022) per passar de les 101 llengües a 204. Aquest corpus consisteix en 3.001 oracions extretes de la Wikipedia anglesa que cobreixen diversos temes i dominis. Aquest corpus es divideix en tres fragments: *dev* (1.012 oracions), *devtest* (1.012 oracions) i *test* (992 oracions). El conjunt de *test* no està disponible públicament. Les oracions han estat traduïdes per traductors professionals a les llengües d'arribada. Com podem observar a la taula 3, la majoria de les llengües d'aquest estudi disposen de corpus FLORES-200, a excepció de cinc: mirandès, francoprovençal, normand, picard i meglenoromanès. Les dades d'aquest corpus es poden obtenir de l'evolució i millora d'aquest corpus, que s'anomena Flores+.[9]

Nom	OPUS (en) segments	FLORES 200	% of websites	Wikipedia
Llengües Iberoromàniques				
Aragonès	200K	X	<0,1	+10K
Asturià	4,1M	X	<0,1	+100K

8   https://github.com/facebookresearch/flores/
9   https://github.com/openlanguagedata/flores

Nom	OPUS (en) segments	FLORES 200	% of websites	Wikipedia
Castellà	920M	X	5,1	+1M
Gallec	16,2M	X	<0,1	+100K
Mirandés	48,2K		<0,1	+1K
Portugués	1,9M	X	2,6	+1M
Llengües occitanoromàniques				
Català	33,8M	X	0,1	+100K
Occità	2,4M	X	<0,1	+10K
Llengües gal·loromàniques				
Francoprovençal o arpità	1,2K		-	+1K
Francès	786,2M	X	4,3	+1M
Normand			-	+1K
Picard			<0,1	+1K
Való	0,2M		-	+10K
Llengües retorromàniques				
Romanx, grisó, rètic	57K		<0,1	+1K
Ladí	71		<0,1	+100K
Friülès, friülà, furlà	41,8K	X	<0,1	+1K
Llengües gal·loitalianes				
Emilià, romanyol	84		-	+10K
Lígur, monegasc, genovès	27,4K	X	-	+10K
Lombard	63,4K	X	-	+10K
Piemontès	0,3K		-	+10K

Nom	OPUS (en) segments	FLORES 200	% of websites	Wikipedia
Vènet, venecià	1,5K	X	-	+10K
Llengües italorromàniques (centre i sud)				
Cors, gal·lurès	3,5K		<0,1	+1K
Italià	338M	X	2,0	+1M
Napolità	8		-	+10K
Sicilià	4,7K	X	<0,1	+10K
Llengües balcorromàniques				
Istriot			0,5	-
Romanès, moldau, dracoromanès	112,5M	X	0,5	+100K
Meglenoromanès, meglenita			-	-
Aromanès, macedo-romanès	0,5K		-	+1K
Sard				
Sard	8,3K	X	-	+1K

Taula 3. Corpus paral·lels i algunes fonts per a la creació de corpus monolingües

Internet és una font molt important per a l'obtenció de textos. Es poden trobar llocs web en moltíssimes llengües i a més, en molts casos, es tracta de llocs web multilingües que permeten obtenir els mateixos textos en diverses llengües i alinear-los automàticament per a obtenir corpus paral·lels. A la taula 3 presentem el percentatge aproximat de contingut d'Internet per a les llengües sota estudi[10]. S'estima que el

10   Dades obtingudes de https://w3techs.com/technologies/overview/content_language. Aquestes dades s'actualitzen diàriament i poden diferir de

54,4% del contingut disponible en pàgines web està en anglès. La segona llengua amb més presència és l'espanyol, amb un 5,1%. Les restants llengües romàniques amb més d'un 1% de presència són el francès (4,3%), portuguès (2,6%) i italià (2%). El 40% (12 en total) de les llengües considerades en aquest estudi ni tan sols disposen d'estadístiques de presència a Internet.

És possible que alguns dels llocs web disponibles per les nostres llengües d'interès siguin multilingües i que els textos estiguin disponibles en diverses llengües. En aquests casos és possible dur a terme un procés d'alineació automàtica de documents. Hi ha diverses eines disponibles per a dur a terme aquesta tasca, entre les que podem destacar Hunalign[11] (Varga *et al.*, 2005). Abans de dur a terme l'alineació automàtica caldrà dur a terme alguns passos previs: descàrrega del lloc web, conversió a text i segmentació, és a dir, divisió dels textos en oracions. Un cop fet això, podrem posar en marxa el procés d'alineació automàtica, que ens proporcionarà els segments en les dues llengües amb un índex numèric que ens donarà una idea de la qualitat de l'alineació. Tenint en compte aquest índex podrem obtenir corpus paral·lels de gran qualitat. Hi ha disponibles diverses eines que permeten descarregar llocs webs[12], convertir-los a text[13] i alinear-los[14]. Cal destacar també l'eina Bitextor[15] que permet automatitzar tot el procés de descàrrega, conversió i alineació.

les presentades a la taula.

11   https://github.com/danielvarga/hunalign

12   Com per exemple MTUOC-web-downloader (https://github.com/mtuoc/MTUOC-web-downloader)

13   Com per exemple MTUOC-any2text (https://github.com/mtuoc/MTUOC-any2text)

14   Com per exemple MTUOC-aligner (https://github.com/mtuoc/MTUOC-aligner)

15   https://github.com/bitextor/bitextor

La Wikipedia[16] és una excel·lent font de coneixement que està disponible per a una gran quantitat de llengües. Per aquest motiu és una font idònia per a la creació de corpus monolingües. També és possible compilar corpus paral·lels a partir de la Wikipedia (Schwenk *et al.*, 2021). Un mateix article de la Wikipedia pot estar en moltes llengües i hi ha un índex interlingüístic que indica en quines altres llengües està un determinat article i proporciona un enllaç per a anar directament a l'article en l'altra llengua. En aquest punt és important recordar que els mateixos articles en diferents llengües no tenen perquè ser traduccions uns dels altres, tot i que en alguns casos o en alguns fragments de l'article, puguin ser-ho. Cada article en cada llengua es redacta de manera independent, però en alguns casos l'editor de l'article pren com a referència l'article equivalent en una altra llengua que coneix i decideix traduir-lo en part o totalment. Sigui com sigui, com que els mateixos articles en diferents llengües parlen del mateix tema, hi ha una probabilitat relativament alta que algunes oracions siguin equivalents de traducció. Com s'explica en l'article citat, hi ha tècniques que permeten trobar segment que són equivalents de traducció en corpus no paral·lels. Aquestes tècniques acostumen a rebre el nom en anglès de *translated segment mining*[17] (Artetxe i Schwenk, 2019). Pel que fa a les llengües romàniques sota estudi, només dues, l'istriot i el meglenoromanès, no disposen de versió de la Wikipedia. Només 4 llengües, el castellà, portuguès, francès i italià, disposen de més d'1 milió d'articles en les seves versions de Wikipedia. En total, el 26,6% de les llengües sota estudi tenen versions de la Wikipedia amb més de 100.000 articles, i el 63,3% amb més de 10.000 articles. La Wikipedia esdevé, doncs, un recurs de gran valor per a les llengües romàniques sota estudi.

Una eina bàsica de processament del llenguatge que és molt necessària per a la cerca a Internet de textos en una determinada llengua

---

16   https://www.wikipedia.org/

17   https://www.sbert.net/examples/applications/parallel-sentence-mining/

són els denominats identificadors automàtics de llengua. Aquestes eines són capaces de determinar en quina llengua està escrit un text. Entre aquestes eines es pot destacar fastText[18], que és una llibreria per a la classificació de textos que, entre altres tasques, permet dur a terme identificació de llengua. Aquesta eina proporciona un model capaç d'identificar 176 llengües. Moltes de les llengües d'aquest estudi estan entre les llengües presents a aquest model. Les llengües no incloses són: francoprovençal, normand, picard, ladí, friülès, lígur, cors, istriot, meglenoromanès, aromanès i sard. fastText permet, però, entrenar els teus propis models de detecció, de manera que no és difícil entrenar un model que inclogui les llengües restants, sempre que disposem de prou textos per fer l'entrenament. Per a dur a terme aquest entrenament es poden fer servir els articles de la Wikipèdia, de manera que podrem entrenar models de detecció per a totes les llengües amb prou articles (*cf.* taula 3). Quan s'entrena un model, és important posar una mostra representativa de totes les llengües requerides i que totes elles tinguin un volum de textos comparable. Si no és així, és possible que el model de detecció de llengua entrenat tingui tendència a classificar les llengües com a aquelles llengües que han disposat de més textos per a l'entrenament. Això s'accentua quan la tasca d'identificació de llengua es fa sobre textos curts, com poden ser segments únics. Hi ha altres eines d'identificació de llengua disponibles, entre les que podem destacar *Compact Language Detector 2 (CLD2)*,[19] que destaca per la seva capacitat de detectar més d'una llengua en un mateix document i d'indicar els fragments que estan escrits en cada una d'aquestes llengües. CLD2 és capaç de detectar 83 llengües en total, amb les següents romàniques: català, francès, gallec, italià, portuguès, romanès i espanyol.

18   https://fasttext.cc/
19   https://github.com/CLD2Owners/cld2

4 SISTEMES DE TA DISPONIBLES PER A LES LLENGÜES ROMÀNIQUES

Els sistemes de traducció automàtica es poden classificar en dos grans grups:

D'una banda, sistemes basats en regles, que són sistemes que es desenvolupen, és a dir, un equip de lingüistes i programadors escriuen regles, diccionaris i programes que són capaços de traduir oracions en una llengua de partida a una altra llengua d'arribada. Un exemple de sistema d'aquest grup són els anomenats sistemes de transferència sintàctica. En aquests sistemes, l'oració en la llengua de partida s'analitza sintàcticament, sigui de manera profunda o superficial. Aquesta anàlisi es transfereix a una estructura sintàctica en la llengua d'arribada aplicant un conjunt de regles. Finalment, les paraules en la llengua de partida es tradueixen a la llengua d'arribada i es posen en la forma morfològica que els correspongui.

D'una altra banda, sistemes basats en corpus, que són sistemes que s'entrenen, és a dir, que "aprenen" a traduir a partir d'un conjunt d'oracions en una determinada llengua de partida i les traduccions corresponents a una determinada llengua d'arribada, el que es coneix com a corpus paral·lel. Un cop entrenat, el sistema resultant és capaç de traduir noves oracions, encara que no estiguin al corpus d'entrenament. Hi ha dues tècniques dins d'aquest grup: els sistemes estadístics i els sistemes neuronals. Els sistemes neuronals estan assolint uns nivells de qualitat sense precedents i en aquest capítol ens centrarem en aquest tipus.

- Entre els sistemes basats en regles i amb una metodologia de transferència sintàctica superficial destaca el sistema Apertium[20] (Forcada, 2019; Forcada *et al.,* 2011), que és un sistema disponible per a molts parells de llengües i que tant els programes com les dades lingüístiques es distribueixen sota una llicència lliure. Com

---

20   https://apertium.org/

passa amb tots els sistemes basats en regles, la qualitat de la traducció pot arribar a ser molt bona per a llengües properes. Actualment, Apertium disposa de versions estables i funcionals per a 51 parells de llengües i n'hi ha diversos parells més en estadis inicials de desenvolupament. Els següents sistemes estan disponibles entre les llengües romàniques sota estudi:

- aragonès → català i espanyol
- català → aragonès, francès, italià, occità, aranès, portuguès, romanès, sard, espanyol
- gallec → portuguès, espanyol
- italià → català, sard, espanyol
- occità → francès, català, espanyol
- aranès → català, espanyol
- gascó → francès
- portuguès → català, gallec, espanyol
- romanès → català, espanyol
- espanyol → aragonès, asturià, català, francès, gallec, italià, occità, aranès, portuguès
- francoprovençal → francès (en un estadi molt inicial de desenvolupament)

Pel que fa als sistemes neuronals disponibles per a les llengües romàniques, ens fixarem primer en els sistemes que ofereixen els grans proveïdors tecnològics: Google Translate[21], DeepL[22] i Microsoft Bing[23]. Google Translate i Microsoft Bing inclouen les mateixes llengües romà-

21   https://translate.google.com/
22   https://www.deepl.com/
23   https://www.bing.com/translator

niques: català, espanyol, francès, gallec, italià, portuguès i romanès. En DeepL no estan disponibles ni el català ni el gallec.

A més dels sistemes dels grans proveïdors, existeixen altres iniciatives que proporcionen motors neuronals per a diverses llengües, incloses les romàniques d'aquest estudi. Entre aquestes iniciatives podem destacar una relacionada amb la col·lecció de corpus paral·lels OPUS, OpusMT[24] (Tiedemann i Thottingal, 2020; Tiedemann *et al.*, 2022), que proporciona eines i recursos per a posar en marxa serveis de traducció automàtica neuronal. A més, aquest projecte ofereix models preentrenats i plenament operatius per a milers de parells de llengües. Els models d'OpusMT també estan disponibles a HuggingFace[25] (Wolf *et al.*, 2019), fet que facilita molt la integració d'aquests sistemes. De les llengües del nostre estudi, les següents tenen algun model de traducció a OpusMT: aragonès, espanyol, gallec, mirandès, portuguès, català, occità, francoprovençal, francès, való, friülès, lígur, lombard, vènet, italià, napolità, sicilià i romanès.

Softcatalà[26] és una associació sense ànim de lucre que té com a objectiu fomentar l'ús del català a la informàtica, Internet i les tecnologies. Aquesta associació ofereix motors neuronals[27] lliures entre el català i diverses llengües en les dues direccions. Si ens centrem en les llengües romàniques, ofereix els següents parells: francès ↔ català, gallec ↔ català, italià ↔ català, occità ↔ català, portuguès ↔ català i espanyol ↔ català. A més dels motors, disponibles tant per consulta web com per descàrrega, ofereixen també les eines i corpus d'entrenament.

En el que queda d'aquesta secció i en la resta de seccions on explicarem diverses tècniques d'entrenament, ens interessa tenir una idea aproximada de la qualitat que ofereixen els sistemes que estem esmen-

24   https://github.com/Helsinki-NLP/Opus-MT
25   https://huggingface.co/Helsinki-NLP
26   https://www.softcatala.org/traductor/
27   https://github.com/Softcatala/nmt-models

tant i una idea de la qualitat que es pot obtenir amb les diferents tècniques d'entrenament que explicarem en les properes seccions. Centrarem l'estudi de la qualitat considerant que ens interessa disposar d'un sistema espanyol-occità, que és un parell de llengües amb molt pocs recursos, però disposem de recursos suficients per a l'espanyol-francès i l'espanyol-català. Per avaluar els sistemes disponibles farem servir una sèrie de mètriques automàtiques implementades a l'eina Sacrebleu[28] (Post, 2018). Aquestes mètriques es calculen comparant el resultat de la traducció feta amb el sistema a avaluar amb una o més traduccions de referència. Les mètriques que farem servir en aquest capítol són:

- BLEU (*Bilingual Evaluation Underscore*) (Papineni *et al.,* 2002) és una de les primeres mètriques d'avaluació per a sistemes de traducció automàtica i que encara es fa servir habitualment. BLEU permet treballar amb més d'una traducció de referència, però el més habitual és fer-ne servir només una. BLEU té una gran dependència de l'eina de *token*ització emprada. Com més alt és el valor de BLEU, millor és la qualitat.

- TER (*Translation Edit Rate*) (Snover *et al.,* 2006) mesura la quantitat d'accions d'edició (insercions, esborrats, substitucions d'una paraula i canvis de seqüències de paraules) que un posteditor humà hauria de fer per transformar el resultat de la traducció automàtica perquè sigui igual que la traducció de referència. Com més alt és el valor de TER, més baixa és la qualitat.

- chrF (Popović, 2015) fa servir l'*F-score* (puntuació-F o mesura-F) d'*n*-grames de caràcters. Aquesta mètrica presenta els següents avantatges: els resultats no depenen de la *token*ització i presenta una bona correlació amb l'avaluació humana. Com més alt és el chrF més alta és la qualitat.

---

28   https://github.com/mjpost/sacrebleu

El corpus que fem servir per a l'avaluació és el FLORES 200 (*cf.* secció 3), que està disponible per a totes aquestes llengües.

	Apertium spa-fra	Apertium spa-cat	Apertium spa-oci
BLEU	13.7	21.8	13.1
TER	78.5	68.4	77.3
chrF	46.8	53.3	46.1

Taula 4. Mètriques automàtiques d'avaluació per a diversos parells del sistema Apertium

	Google T spa-fra	Google spa-cat
BLEU	33.0	23.3
TER	57.6	66.1
chrF	60.2	54.1

Taula 5. Mètriques automàtiques d'avaluació per diversos parells de Google Translate

	spa-fra[29]	spa-cat[30]	multilingual[31] spa-fra	multilingual[22] spa-cat	multilingual[22] spa-oci
BLEU	24.3	22.3	16.9	18.1	4.8
TER	67.5	67.9	85.9	84.0	97.5
chrF	55.6	53.2	49.5	49.5	35.4

Taula 6. Mètriques automàtiques d'avaluació per a alguns parells disponibles a OpusMT

A la taula 4 podem observar els valors de les mètriques automàtiques d'avaluació per a diversos parells de llengües disponibles a Apertium. Els sistemes espanyol-francès i espanyol-occità assoleixen valors molt similars, mentre que el sistema espanyol-català assoleix resultats significativament superiors. Recordem que Apertium és un sistema basat en

29   Model opus-mt-es-fr
30   Mode opus-mt-es-ca
31   Model opus-2019-12-04

regles i que aquestes diferències de qualitat es deuen al fet que el sistema espanyol-català està en un estadi de desenvolupament molt més avançat.

En canvi, si observem la taula 5, veiem que el sistema Google Translate espanyol-francès assoleix valors substancialment millors que el parell espanyol-català. Google Translate és un sistema neuronal i ara sí que els resultats de qualitat tenen a veure amb la quantitat de recursos disponibles.

A la taula 6 observem els valors de les mètriques d'avaluació per a diversos motors del projecte OpusMT. Com podem veure, els resultats per al parell espanyol-català no multilingüe són molt similars als assolits per Google Translate. En canvi, el sistema espanyol-francès no multilingüe assoleix resultats significativament inferiors als de Google Translate. El parell espanyol-occità només està disponible en un model multilingüe (*cf.* secció 5.4), però assoleix valors de qualitat força baixos. Aquest model multilingüe també ofereix els parells espanyol-francès i espanyol-català, però assoleixen valors de qualitat significativament inferiors als de les versions no multilingües.

5 TÈCNIQUES D'ENTRENAMENT DE SISTEMES TAN

En aquesta secció es presenten algunes de les tècniques d'entrenament de sistemes de TA que poden ser interessants per aplicar a les llengües romàniques. La part teòrica de les tècniques es presenten de manera breu i entenedora. En les explicacions de les tècniques parlem de la llengua de partida (llengua L1), la d'arribada (L2), i d'altres llengües que puguin intervenir en l'entrenament (L3, L4...Ln).

També es presenten exemples d'aplicació d'aquestes tècniques, que es concretaran en quatre de les llengües romàniques considerades en aquest capítol: espanyol, francès, català i occità. L'objectiu simulat serà disposar d'un sistema de traducció automàtica neuronal espanyol-occità (o occità-espanyol en alguns casos), un parell de llengües amb molt pocs recursos. En canvi, els parells espanyol-francès i espanyol-català són parells amb molts recursos. Per als experiments que presentarem en aquesta secció farem servir el corpus CCMatrix[32] (Schwenk *et al.*, 2023). Aquest corpus s'ha desenvolupat a partir de la descàrrega massiva de textos disponibles a Internet. Els textos han passat per un procés d'identificació automàtica de llengua i de segmentació. Un cop es disposa de tots els segments en una llengua es comparen amb tots els segments en una altra llengua per cercar possibles segments paral·lels. En aquest procés no es té en compte la informació del document de procedència dels segments. Per a dur a terme aquesta comparació es fan servir els índexs de similitud proporcionats pels *embeddings* de LASER[33] (Artetxe i Schwenk, 2019) i es calcula un *margin score* que permet determinar si dos segments en dues llengües són equivalents de traducció o no. Aquesta metodologia permet obtenir corpus paral·lels de gran mida per a molts parells de llengües. Sovint, però, i molt especialment per a llengües amb menys recursos, aquest corpus conté molts errors: alguns dels segments no estan en la llengua esperada i alguns parells de segments no són equivalents de traducció. Per evitar els possibles efectes negatius d'aquests errors hem dut a terme un procés de filtratge amb l'eina MTUOC-PCorpus-rescorer[34] (Oliver i Álvarez, 2023). Aquesta eina porta a terme dues accions: reverifica automàticament la llengua dels segments fent servir fastText[35] i comprova si els segments paral·lels són realment equivalents de traducció fent servir Sentence Transformers[36]. A la taula 7 podem observar la mida dels corpus CCMatrix pels parells de llengües dels experiments, tant el valor en brut com un cop filtrats amb MTUOC-PCorpus-rescorer. Els valors filtrats s'ofereixen per dos models

32   https://github.com/facebookresearch/LASER/tree/main/tasks/CCMatrix
33   https://github.com/facebookresearch/LASER
34   https://github.com/aoliverg/MTUOC-PCorpus-rescorer
35   https://fasttext.cc/docs/en/language-identification.html
36   https://www.sbert.net

de detecció de llengua: el model per defecte de fastText (lid.176.bin) i un model entrenat específicament per als experiments, en el que totes les llengües sota estudi estan igualment representades. Com podem observar, per als parells amb més recursos és molt important entrenar un model de detecció de llengua propi. Per a l'espanyol-occità, passem de tenir 22.333 segments a 133.412 després del filtratge. Això també confirma que per a parells de llengües amb pocs recursos el corpus CCMatrix conté molts errors. En l'entrenament dels sistemes farem servir la versió filtrada amb el nou model de detecció de llengua entrenat.

corpus	brut	rescored lid.176.bin	rescored nou model
CCMatrix spa-fra	285.936.865	159.686.606	159.919.579
CCMatrix spa-cat	65.369.659	29.095.436	32.795.207
CCMatrix spa-oci	925.448	22.333	133.412

Taula 7. Mida dels corpus CCMatrix per als parells de llengües dels experiments. Valors en brut i després del filtratge amb dos models de detecció de llengua.

5.1 Entrenament de sistemes de traducció automàtica neuronal

En aquesta secció expliquem els passos genèrics per a l'entrenament d'un sistema de traducció automàtica neuronal quan fem servir un únic corpus paral·lel. És el cas habitual per a parell de llengües amb molts recursos, com podrien ser l'espanyol-francès i l'espanyol-català.

Donat que estem parlant de motors neuronals cal entendre una mica com s'entrenen i com funcionen aquests motors. Es poden trobar introduccions molt detallades i ben explicades a Forcada (2017) i a Pérez-Ortiz, Forcada i Sánchez-Martínez (2022). Aquí només recordarem que les xarxes neuronals estan compostes per unes unitats que s'anomenen neurones artificials. Una neurona artificial és una funció matemàtica que rep una o més entrades. Cadascuna d'aquestes entrades reben un valor de ponderació. La neurona té associada una funció d'activació determinada que serà la que calculi el valor de sortida. L'entrenament de la xarxa neuronal consisteix a trobar els valors òptims d'aquestes ponderacions per fer l'acció desitjada, en el nostre cas, traduir. Per entrenar les xarxes neuronals cal representar les oracions d'entrada numèricament. Per això es representen les paraules de la llengua mitjançant vectors amb moltes dimensions, els anomenats *word embeddings*. Per tant, els sistemes neuronals no treballen directament amb paraules, sinó amb unes representacions vectorials de les paraules. Això és molt important, donat que totes les paraules que el sistema pugui traduir hauran de tenir un vector propi. I quan parlem de paraules, ens referim a formes, és a dir, a totes i cada una de les variants morfològiques d'una paraula. Per tant, un sistema neuronal hauria de tenir un gran nombre de vectors per representar totes les formes de totes les paraules d'una llengua que vulguem traduir. Si el nombre de paraules i, per tant, vectors, és massa elevat, el sistema necessitarà una gran potència computacional i serà poc eficient. Per aquest motiu, tal com veurem una mica més endavant en aquesta mateixa secció, els sistemes neuronals treballen amb *subparaules*.

Abans d'entrenar el sistema de traducció neuronal caldrà dur a terme el preprocessament del corpus paral·lel. A continuació presentem els passos genèrics de preprocessament de corpus aplicats a una oració d'exemple:

> Cap a finals de 2017, Siminoff va aparèixer a la Cadena de Televisió de compres QVC (www.qvc.com).[37]

Cal tenir en compte, però, que alguns d'aquests passos són opcionals.

- Neteja de corpus: és un pas opcional però recomanable. La neteja pot consistir en diferents accions com per exemple: eliminació de les etiquetes HMTL/XML, corregir possibles errors de codificació

---

37   Oració extreta del corpus Flores+ i modificada lleugerament per il·lustrar millor els exemples

de caràcters, comprovar que no hi hagi segments buits, normalit-
zar apòstrofs, reemplaçar les entitats HTML pels seus caràcters co-
rresponents, etc. Després d'aquest pas l'oració d'exemple quedaria
(s'ha canviat l'entitat HTML ó per ó):

> Cap a finals de 2017, Siminoff va aparèixer a la Cadena de Televisió
> de compres QVC (www.qvc.com) .

- *Tokenització*: és un procés opcional si es fa servir SentencePiece
(que veurem de seguida en aquesta secció) per al càlcul de les uni-
tats subparaula. La *tokenització* consisteix a dividir els segments en
unitats lèxiques, és a dir, en paraules, expressions numèriques i sig-
nes de puntuació. Després d'aquest pas l'oració d'exemple quedaria
(els signes de puntuació i els parèntesi s'han separat per espais):

> *Cap a finals de 2017 , Siminoff va aparèixer a la Cadena de Televisió de*
> *compres QVC (www.qvc.com) .*

- Truecasing: també és un procés opcional si es fan servir unitats sub-
paraula. El procés consisteix a assignar a cada *token* les majúscules
i minúscules com li correspongui, independentment de la posició
d'aquest *token* a l'oració o de l'estil de capitalització de l'oració. Per
dur a terme aquesta operació primer cal entrenar un model a par-
tir de diccionaris i el corpus d'entrenament. El procés de truecasing
només té sentit dur-lo a terme si la llengua fa servir un alfabet que
diferencïi entre lletres majúscules i minúscules. Els alfabets que fan
aquesta distinció són l'armeni, ciríl·lic, grec i llatí. Després d'aquest
pas l'oració d'exemple quedaria (la majúscula inicial passa a minús-
cula, el cognom Siminoff i la sigla QVC es mantenen en majúscules,
però Cadena i Televisió passa a minúscules):

> cap a finals de 2017 , Siminoff va aparèixer a la cadena de televisió
> de compres QVC (www.qvc.com) .

- Tractament d'expressions numèriques: donat que hi ha un nom-
bre infinit d'expressions numèriques és impossible aprendre la
traducció de cada una d'aquestes expressions, tot i que la traduc-

ció sigui l'expressió numèrica original. El tractament més habitual en sistemes neuronals és separar cada un dels components de l'expressió numèrica per espais, de manera que el nombre de símbols total es redueix als deu números i alguns signes de puntuació. Un cop traduïda l'expressió numèrica, s'eliminen els espais entre les xifres. Després d'aquest pas l'oració d'exemple quedaria (s'han separat per espais les xifres de l'any):

> cap a finals de 2 0 1 7 , Siminoff va aparèixer a la cadena de televisió de compres QVC (www.qvc.com).

- Tractament d'emails i URLs: aquestes unitats acostumen a substituir-se per codis per evitar traduir-les. Després d'aquest pas l'oració d'exemple podria quedar (si fem servir el codi @URL@ per les URLs:

> *cap a finals de 2 0 1 7 , Siminoff va aparèixer a la cadena de televisió de compres QVC (@URL@).*

- Càlcul i aplicació de les subparaules: com s'ha explicat abans l'ús de subparaules és necessari en traducció automàtica neuronal per evitar els problemes relacionats amb la restricció de la mida del vocabulari. Quan s'aplica aquest càlcul, que té una primera fase d'entrenament i una segona d'aplicació, les paraules més freqüents tindran una unitat pròpia, però les menys freqüents es dividiran en fragments més freqüents. Aquests fragments de paraules són les anomenades subparaules. Hi ha diversos algorismes per treballar amb subparaules, entre els que podem destacar subword-nmt[38] (Sennrich, Haddow i Birch, 2015) i SentencePiece[39] (Kudo i Richardson, 2019). Aquest darrer algorisme, a més de fer el processament de subparaules pot actuar també com a *token*itzador i de*token*itzador no supervisat i pot fer-se servir fins i tot sense el procés de truecasing. A continuació mostrem com podria

---

38   https://github.com/rsennrich/subword-nmt
39   https://github.com/google/sentencepiece

quedar l'oració d'exemple. En aquest cas a l'oració d'entrada prèviament només hem aplica el pas de tractament de URLs. Cal tenir en compte que el resultat dependrà del model de SentencePiece emprat i que hem inidicat que volem els símbols d'inici i final d'oració (<s> i </s>)

<s> _Cap _a _finals _de _ 2017 , _Sim ino ff _va _aparèixer _a _la _C ad ena _de _Tel ev is ió _de _compres _Q V C _(@URL@). </s>

- Divisió del corpus en els fragments d'entrenament (*train*), validació (*val*) i avaluació (*eval*). Habitualment es reserven entre 1.000 i 5.000 segments per al corpus de validació i una quantitat similar per al corpus d'avaluació. La resta de segments es fan servir al fragment d'entrenament. L'entrenament d'un motor neuronal pot allargar-se indefinidament, però arriba un moment en què la qualitat del sistema no millora i que fins i tot pugui arribar a empitjorar. El que s'acostuma a fer és avaluar el model cada certs passos d'entrenament, traduint la part corresponent a la llengua de partida del corpus de validació i calculant una o més mètriques comparant aquesta traducció amb la part corresponent a la llengua d'arribada. Així, si el sistema no millora en uns quants passos d'entrenament més es deté l'entrenament. D'aquesta manera es pot evitar l'efecte anomenat "overfitting", és a dir, el sobreajustament del sistema al corpus d'entrenament que fa que no pugui generalitzar bé i traduir bé oracions que no estiguin a corpus d'entrenament. Al nombre de passos de validació que es duen a terme abans de parar l'entrenament se li anomena "patience", paciència; i al fet de parar l'entrenament un cop superada la paciència se li anomena "early stopping" El corpus d'avaluació es fa servir per avaluar el sistema un cop finalitzat l'entrenament.

A la taula 8 podem observar els valors de les mètriques d'avaluació per als motors entrenats amb els corpus de la taula 7, corresponents al corpus un cop dut a terme el rescoring amb el nou model de detecció de llengua i seleccionat els 20 milions millors segments segons aquest rescoring. Com podem observar, els valors d'aquestes mètriques per als parells espanyol-francès i espanyol-català són millors que els obtinguts amb el sistema de transferència Apertium (taula 4), però pitjors que els corresponents al parell espanyol-occità. Aquests motors entrenats queden per sota de Google Translate (taula 5), però per sobre dels models d'OpusMT (taula 6), exceptuant la mètrica chrF per a l'espanyol-occità.

	spa-fra	spa-cat	spa-oci
BLEU	25.5	22.7	7.1
TER	65.4	67.5	88.9
chrF	55.9	53.8	32.6

Taula 8. Avaluació dels sistemes neuronals entrenats amb els passos genèrics d'entrenament pels parells de llengües sota estudi

5.2 Ús de llengua pivot

L'ús de llengua pivot (Wu i Wang, 2009) es pot fer servir en el cas que vulguem disposar d'un sistema de traducció automàtica neuronal per al parell L1-L2 i que disposem d'un sistema de traducció automàtica L1-L3 i d'un sistema L3-L2. La traducció es faria primer de L1 a L3 i després de L3 a L2. La llengua L3 rep el nom de llengua pivot.

El nostre exemple seria, volem un sistema de traducció automàtica entre l'espanyol i l'occità i disposem d'un sistema de traducció espanyol-català i un de català-occità. Podem simular aquesta situació fent servir Apertium. Aquest sistema disposa del parell espanyol-occità, però podem suposar que no el té per fer l'experiment, i dels parells espanyol-català i català-occità. Això ens permet simular i avaluar l'ús del català com a llengua pivot.

	Apertium spa-oci	Apertium spa-cat	Apertium cat-oci	Pivot spa-cat-oci
BLEU	13.1	21.8	11.3	6.8

| TER | 77.3 | 68.4 | 75.1 | 87.5 |
| chrF | 46.1 | 53.3 | 44.5 | 39.7 |

Taula 9. Avaluació de l'ús del català com a llengua pivot en un sistema espanyol-occità.

A la taula 9 podem veure el resultat de l'avaluació de l'ús del català com a llengua pivot en un sistema espanyol-occità fent servir Apertium. A tall de comparativa, oferim també els valors d'avaluació dels sistemes Apertium espanyol-occità, espanyol-català i català-occità. Com es pot observar, el fet de fer servir una llengua pivot assoleix nivells de qualitat molt per sota de la qualitat dels sistemes participants. El sistema Apertium existent per a l'espanyol-occità assoleix una qualitat molt superior al de l'assolida fent servir el català com a llengua pivot.

Aquesta tècnica també es pot fer servir si no disposem dels sistemes de traducció necessaris, però sí dels corpus paral·lels necessaris per a entrenar aquests sistemes, és a dir, disposem d'un corpus paral·lel L1-L3 per a entrenar un sistema L1-L3 i d'un corpus paral·lel L3-L2 per entrenar un sistema L3-L2.

5.3 Ús de corpus sintètics i backtranslation

L'ús de corpus sintètics es pot considerar un cas especial d'ús de llengua pivot. Suposem que necessitem un sistema de traducció automàtica entre L1 i L2 i disposem d'un corpus monolingüe de la llengua L1 i d'un sistema de traducció automàtica entre L1 i L2. El que podem fer és traduir el corpus L1 a L2 amb el sistema de traducció automàtica, de manera que obtenim un corpus paral·lel sintètic entre L1 i L2. Ara fem servir aquest corpus sintètic per entrenar un sistema L1-L2. Aquesta configuració té un sostre de qualitat que seria la qualitat del sistema de TA L1-L2 disponible.

Per simular aquesta estratègia traduïm la part espanyola del corpus de 20 milions de segments espanyol-català a l'occità amb Apertium.

D'aquesta manera obtenim un corpus sintètic espanyol-occità, on la part occitana s'ha obtingut mitjançant traducció automàtica.

	Apertium spa-oci	Neuronal sintètic spa-oci
BLEU	13.1	13.0
TER	77.3	77.6
chrF	46.1	46.1

Taula 10. Mètriques d'avaluació per al parell espanyol-occità d'Apertium i del sistema neuronal entrenat amb un corpus sintètic.

A la taula 10 podem observar els valors de les mètriques d'avaluació per a Apertium i el sistema neuronal entrenat amb el corpus sintètic. Com es pot veure, els valors de les mètriques d'avaluació són pràcticament idèntics per a Apertium i per al sistema neuronal que fa servir el corpus sintètic. El sistema neuronal, doncs, ha après a traduir com Apertium. La qualitat del sistema amb què construïm el corpus sintètic és un sostre que no podrà superar el sistema neuronal.

Una configuració més eficient seria la denominada *backtranslation* (Sennrich *et al.*, 2016) on també es fa servir un sistema de traducció automàtica per crear corpus sintètic, però en aquest cas la part generada amb traducció automàtica és la corresponent a la llengua de partida. En aquest cas, en el corpus paral·lel d'entrenament la part de la llengua d'arribada conté oracions reals de la llengua, que, per tant, són suposadament correctes. En canvi, en la part corresponent a la llengua de partida, les oracions provenen de traducció automàtica i poden contenir errors. Però tot el que el sistema aprengui d'aquests errors s'espera que no es faci servir, ja que quan traduïm amb el sistema entrenat, les oracions de partida seran suposadament oracions correctes.

La tècnica de *backtranslation* es fa servir per augmentar un corpus paral·lel real de mida reduïda. En l'exemple que mostrem a continuació hem entrenat un sistema occità-espanyol amb el corpus paral·lel disponible (*cf.* taula 7) que és de mida petita, però augmentem aquest corpus amb *backtranslation*, fent servir el mateix corpus sintètic espanyol-occità que l'emprat anteriorment, però ara fent-los servir en la direcció occità-espanyol (recordem que la part espanyola està formada per oracions reals, mentre que l'occitana prové de traducció automàtica).

	neural base oci-spa	backtranslation oci-spa	Apertium
BLEU	8.5	15.3	14.6
TER	86.6	75.7	72.1
chrF	31.9	45.2	46.1

Taula 11. Mètriques d'avaluació per al parell occità-espanyol: sistema neuronal base, sistema amb backtranslation i Apertium.

A la taula 11 oferim els resultats de les mètriques d'avaluació. El sistema neuronal base és l'entrenat amb el corpus espanyol-occità de la taula 7 (fent-lo servir en la direcció occità-espanyol). Després oferim els valors del sistema que fa servir backtranslation i els obtinguts per Apertium. Com podem observar, el sistema entrenat amb backtranslation assoleix uns valors molt millors que el sistema bàsic, i significativament millors també als assolits per Apertium.

La tècnica de backtranslation es pot anar fent d'una manera interactiva, entrenant dos sistemes de manera alternativa. D'aquesta manera es van entrenant sistemes en les dues direccions que es fan servir per dur a terme el procés de backtranslation dels corpus. En cada pas iteratiu la qualitat dels sistemes va millorant lleugerament i per tant la qualitat de la traducció del procés de backtranslation també.

5.4 Aprenentatge per transferència

L'aprenentatge per transferència (*transfer learning*) consisteix a aprendre part del coneixement necessari mitjançant els recursos d'un altre parell de llengües amb més recursos. En el nostre exemple, volem entrenar un sistema entre l'espanyol i l'occità, que és un parell amb molt pocs recursos. Podem fer servir un altre parell amb més recursos, per exemple l'espanyol-francès, per aprendre part del coneixement. De forma genèrica considerem que volem entrenar un sistema L1-L2 (espanyol-occità o occità-espanyol) que té pocs recursos. Però que hi ha una de les llengües que té molts recursos amb una tercera llengua L3 (per exemple el francès). Hi ha dues possibles situacions sobre els dos parells de llengües que intervenen en el procés:

- L2 comuna: els dos parells de llengües comparteixin la llengua d'arribada (Zoph *et al.*, 2016). En aquest cas tindríem el parell amb pocs recursos, el model fill (*child model*), L1-L2 (occità-espanyol, on L1 seria occità i L2 espanyol) i el parell de llengües amb molts recursos, el model pare (*parent model*), L3-L2, francès-espanyol, on l'L3 seria el francès). Entrenaríem primer un sistema L3-L2 (francès-espanyol) i a partir del model entrenat entrenaríem el sistema L1-L2 (occità-espanyol). En aquest cas, com veiem, la llengua comuna dels dos parells és la llengua d'arribada (espanyol).

- L1 comuna: els dos parells de llengües comparteixin la llengua de partida (Kocmi i Bojar, 2018). En aquest cas tindríem el parell amb pocs recursos, el model fill (*child model*), L1-L2 (espanyol-occità, on L1 seria espanyol i L2 occità) i el parell de llengües amb molts recursos, el model pare (*parent model*), L1-L3 (espanyol-francès, on l'L3 seria el francès). Entrenaríem primer un sistema L1-L3 (espanyol-francès) i a partir del model entrenat entrenaríem el sistema L1-L2 (espanyol-occità). En aquest cas, com veiem, la llengua comuna dels dos parells és la llengua de partida (espanyol).

Kocmi i Bojar (2018) van encara més enllà i experimenten amb aprenentatge per transferència per a parells de llengües que no comparteixen ni la llengua de partida ni la llengua d'arribada.

Com a part experimental entrenarem sistemes amb les dues configuracions esmentades, un occità-espanyol i un espanyol-occità, fent servir els corpus de la taula 7 i invertint l'ordre de les llengües en els casos necessaris. Els resultats dels experiments es poden observar a la taula 12. S'ha pogut comprovar, com ja afirmaven Kocmi i Bojar (2018), que la configuració que assoleix millores més notables és la que té la

L2 comuna, en el nostre experiment, el sistema occità-espanyol. El sistema neuronal base assoleix un BLEU de 8.5 i amb l'ús d'aprenentatge per transferència s'enfila fins als al 10.1 (amb una millora d'1.6). Aquests valors queden per sota, però d'Apertium (14.9) i del sistema que fa ús de backtranslation (15.3). La configuració de transferència amb la L1 comuna, és a dir, el sistema spa-oci, no aconsegueix millorar els 7.1 de BLEU del sistema neuronal base, assolint 6.8 de BLEU (un decrement de 0,3). En canvi, si ens fixem en els valors de chrF2, aquest sistema de transferència assoleix els 33.9 punts en front dels 32.6 del neuronal base (una millora de 1.3 punts).

	L2 comuna oci-spa	L1 comuna spa-oci
BLEU	10.1	6.8
TER	79.5	89.0
chrF	36.6	33.9

Taula 12. Mètriques d'avaluació per als sistemes de transferència amb l'L2 comuna (occità-espanyol) i l'L1 comuna (espanyol-occità).

5.5 Sistemes multilingües

Els sistemes multilingües són capaços de traduir cap a i des de diverses llengües. La idea és que aquí també es produeixi una transferència de coneixement entre les diferents llengües.

Un dels primers sistemes multilingües (Dong *et al.,* 2015) podia traduir des d'una sola llengua cap a diverses llengües. Posteriorment Firat, Cho i Bengio (2016) van experimentar amb sistemes capaços de traduir des de diverses llengües cap a diverses llengües.

L'entrenament de sistemes multilingües pot ser una bona solució en el cas que vulguem un sistema entre les llengües L1 i L2 i que aquest parell de llengües disposi de pocs recursos. Si disposem de prou recursos per a altres parells de llengües, per exemple, L1-L3, L2-L4 i L5-L6, podrem entrenar un sistema multilingüe.

En general, per entrenar sistemes multilingües s'introdueixen unes marques en els segments corresponents a la llengua de partida dels corpus paral·lels d'entrenament i validació, que indica cap a quina llengua està traduït aquest segment. Per exemple, els segments de partida del corpus L1-L2 podrien portar la marca <toL2>[40], els de L1-L3 la marca <toL3>, els del corpus L2-L4 la marca <toL4>, els del L3-L2 la marca <toL2> i els del corpus L5-L6 la marca <toL6>. Fixem-nos que no és necessari indicar a la marca la llengua de partida, i que tant els segments del corpus L1-L2 com els del corpus L3-L2 tenen la marca <toL2>.

Un cop entrenat el sistema, podrem traduir cap a una determinada llengua afegint al segment a traduir la marca corresponent a la llengua d'arribada desitjada. Per exemple, si volem traduir cap a L3 posaríem a l'inici del segment a traduir la marca <toL3>.

Els sistemes entrenats d'aquesta manera són capaços també de traduir entre parells de llengües pels que no es disposa de cap segment paral·lel. En l'exemple esmentat podria traduir entre L2 i L6, per exemple. A aquest fenomen s'anomena *zero-shot* translation.

Com a part pràctica hem entrenat un sistema multilingüe que inclou les següents llengües: espanyol, francès, català i occità. Per entrenar el sistema hem fet servir corpus de les següents combinacions: francès-occità, espanyol-occità, espanyol-català, francès-català, francès-occità, espanyol-francès i català-occità. El nostre objectiu és disposar d'un sistema espanyol-occità, però l'entrenament ens portarà a tenir més sistemes disponibles: català-occità, francès-occità, espanyol-català, francès-català, occità-català, espanyol-francès, català-francès i occità-francès. Fixem-nos que no disposarem de cap sistema amb la llengua d'arribada l'espanyol, ja que no tenim cap corpus amb aquesta llengua d'arribada. En cas d'haver volgut disposar també d'aquests sistemes, podríem haver invertit l'ordre de les llengües dels corpus disponibles amb l'espanyol. A

---

40   O qualsevol altra marca similar: <2L2>, >>toL2<<, etc.

la taula 13 podem veure els valors de les mètriques d'avaluació automàtiques per a tots aquests sistemes.

	spa-oci	cat-oci	fra-oci	spa-cat	fra-cat	oci-cat	spa-fra	cat-fra	oci-fra
BLEU	11.8	17.9	20.1	20.9	26.9	13.5	21.9	14.8	12.2
TER	77.4	65.9	64.1	69.1	60.1	73.8	68.7	73.1	43.6
chrF	43.9	49.3	51.6	52.9	56.0	45.5	53.4	45.7	74.7

Taula 13. Resultats d'avaluació del motor multilingüe per a tots els parells disponibles.

Si comparem els resultats obtinguts amb el sistema multilingües amb els obtinguts amb els sistemes neuronals entrenats amb els corpus disponibles (taula 8), observem com pel parell espanyol-occità hem passat d'un BLEU de 7.1 a un BLEU d'11.8, tot i que encara es queda per sota als valors de BLEU assolits per Apertium (13.1, taula 4). Per a un parell amb molt pocs recursos el sistema multilingüe assoleix, doncs, unes millores molt notables. Si ens fixem ara en un parell de llengües amb més recursos, com pot ser l'espanyol-català, el sistema multilingüe assoleix uns valors inferiors (20.9) als del sistema neuronal no multilingüe (22.7, taula 8) i que Apertium (21.8, taula 4). En canvi, per al parell espanyol-francès, que també té molts recursos, assoleix un BLEU superior (21.9) que el d'Apertium (13.9, taula 4), però lleugerament inferior al del sistema neuronal no multilingüe (25.5, taula 8).

5.6 Comparació de les tècniques d'entrenament

En aquesta secció presentem una comparació de totes les tècniques d'entrenament presentades en aquest capítol.

A la taula 14 podem observar una comparació de les mètriques d'avaluació per a les tècniques d'entrenament presentades en aquest capítol aplicades al parell de llengües espanyol-occità. També presentem, com a referència, els valors d'aquestes mètriques per al sistema Apertium. En aquesta taula s'ha afegit un càlcul de significació estadística de la diferència amb el sistema considerat com a sistema de referència (*baseline*). En les mesures on la p sigui inferior a 0.05, que estan marcades amb *, es pot considerar que la diferència amb el valor del sistema de referència és significatiu.

System	BLEU ($\mu \pm$ 95% CI)	TER ($\mu \pm$ 95% CI)	chrF2 ($\mu \pm$ 95% CI)
Baseline: Marian	7.1 (7.1 ± 0.3)	88.9 (88.9 ± 1.0)	32.6 (32.6 ± 0.4)
Pivot (cat)	6.8 (6.8 ± 0.4)	87.5 (87.5 ± 0.6)	39.7 (39.7 ± 0.4)
	(p = 0.0709)	(p = 0.0050)*	(p = 0.0010)*
Sintètic	13.0 (13.0 ± 0.4)	77.6 (77.6 ± 0.7)	46.1 (46.1 ± 0.4)
	(p = 0.0010)*	(p = 0.0010)*	(p = 0.0010)*
Transfer spa-fra spa-oci	6.8 (6.8 ± 0.3)	89.0 (89.0 ± 0.8)	33.9 (33.9 ± 0.4)
	(p = 0.0450)*	(p = 0.3756)	(p = 0.0010)*
Multilingüe	11.8 (11.7 ± 0.5)	77.4 (77.4 ± 0.6)	43.9 (43.9 ± 0.4)
	(p = 0.0010)*	(p = 0.0010)*	(p = 0.0010)*
Apertium	13.1 (13.0 ± 0.4)	77.3 (77.3 ± 0.7)	46.1 (46.1 ± 0.4)
	(p = 0.0010)*	(p = 0.0010)*	(p = 0.0010)*

Taula 14. Comparació de les tècniques d'entrenament presentades per al parell espanyol-occità

En la taula 14 podem observar que per al parell espanyol-occità el sistema Apertium assoleix millors resultats per a totes les mètriques automàtiques emprades i que tots els resultats són significativament millors que el del sistema Marian entrenat. També el sistema que fa servir Apertium però amb llengua pivot el català, assoleix millors resultats per a TER i chrF2, amb diferències significatives, però pitjors resultats de BLEU, però amb una diferència no significativa. De la taula també podem destacar que el sistema multilingüe assoleix millores significatives en totes les mesures respecte el sistema Marian base.

6 CONCLUSIONS

En aquest capítol hem vist diverses tècniques d'entrenament de sistemes de traducció automàtica que es poden fer servir per a disposar de sistemes neuronals per a totes les llengües romàniques. Com hem vist, en aquesta família de llengües n'hi ha unes quantes que gaudeixen de molts recursos i eines tecnològiques, mentre que n'hi ha altres amb molt pocs recursos i pràcticament sense cap eina de suport. Hem vist diverses tècniques, com el *transfer learning* i els sistemes multilingües, que permeten aprendre part del coneixement necessari per entrenar un sistema a partir d'un altre o altres parells de llengües que gaudeixin de més recursos. Aquestes tècniques, i d'altres que puguin aparèixer en els pròxims anys, poden fer que en un futur pròxim totes les llengües romàniques gaudeixin de sistemes de traducció automàtica neuronal.

En aquestes conclusions m'atreveixo a proposar un esborrany de full de ruta per a aquelles llengües romàniques amb menys recursos, amb l'objectiu de facilitar la creació de sistemes de traducció automàtica neuronal.

Un primer pas seria potenciar la generació de contingut digital en aquesta llengua. És bona idea començar per generar la versió del corpus FLORES-200, ja que pot facilitar la inclusió de la llengua en experiments de recerca en tecnologies del llenguatge. Un altre bon punt de partida és fomentar la publicació de contingut en la Wikipedia, en cas que la llengua disposi de versió de Wikipedia, i en cas contrari, crear la versió corresponent a la llengua. El foment de publicació d'articles a la Wikipedia es pot fer mitjançant l'organització de Wikimaratons o la concessió de premis i ajuts a persones o organitzacions que introdueixin contingut. És bona idea proposar que el contingut es generi a partir de la traducció d'articles en altres llengües, de manera que sigui possible crear memòries de traducció o corpus paral·lels. Qualsevol altre contingut que es publiqui a Internet en la llengua, sigui contingut monolingüe o multilingüe pot ser també de gran utilitat. En aquest sentit, es pot potenciar mitjançant concursos la publicació de blogs o subvencionar la publicació de notícies en la llengua en diaris digitals. El desenvolupament d'eines d'ajuda a la generació de contingut en la llengua, com pot ser un bon corrector ortogràfic o gramatical, pot ser un catalitzador perquè els usuaris amb un nivell mitjà en la llengua s'atreveixin a generar contingut.

Un cop es disposi de prou contingut en format digital és convenient entrenar un model de detecció de llengua que permeti explorar altres llocs web susceptibles de tenir contingut en aquesta llengua.

Amb les eines i recursos esmentats, es podrà recopilar contingut monolingüe i multilingüe en aquesta llengua. Aplicant tècniques d'alineació automàtica de documents sobre el contingut multilingüe, es podran generar corpus paral·lels. Això permetrà desenvolupar un primer sistema de traducció automàtica operatiu, que facilitarà la generació de nou contingut. El nou contingut generat permetrà fer nous entrenaments del sistema i d'aquesta manera disposar de nous sistemes que ofereixin més qualitat.

Tot i que el més important perquè no desaparegui una llengua és que hi hagi parlants que la facin servir, les tecnologies del llenguatge i concretament la traducció automàtica, poden donar un impuls important a la generació de contingut en aquesta llengua. Aquest augment del contingut disponible pot fomentar, en primer lloc, un ús passiu de la llengua que passi amb el temps a un ús més actiu i, per tant, a la revitalització d'aquesta llengua.

7 REFERÈNCIES BIBLIOGRÀFIQUES

ARTETXE, M., & SCHWENK, H., "Massively multilingual sentence embeddings for zero-shot cross-lingual transfer and beyond", *Transactions of the Association for Computational Linguistics*, 7, 2019, 597-610.

COSTA-JUSSÀ, M. R.; CROSS, J.; ÇELEBI, O., ELBAYAD, M.; HEAFIELD, K.; HEFFERNAN, K.; KALBASSI, E.; LAM, J.; LICHT, D.; MAILLARD, J.; SUN, A.; WANG, S.; WENZEK, G.; YOUNGBLOOD, A.; AKULA, B.; BARRAULT, L.;

MEJIA GONZALEZ, G.; HANSANTI, P.; HOFFMAN, J.; JARRETT, S.; SADA-GOPAN, K. R.; ROWE, D.; SPRUIT, S.; TRAN, C.; ANDREWS, P.; AYAN, N. F.; BHOSALE, S.; EDUNOV, S.; FAN, A.; GAO, C.; GOSWAMI, V.; GUZMÁN, F.; KOEHN, P.; MOURACHKO, A.; ROPERS, C.; SALEEM, S.; SCHWENK, H.; WANG, J. "No Language Left Behind: Scaling Human-Centered Machine Translation", *arXiv preprint*, 2022. https://arxiv.org/abs/2207.04672

DABRE, R.; NAKAGAWA, T.; KAZAWA, H., "An empirical study of language relatedness for transfer learning in Neural Machine Translation", en Proceedings of the 31st Pacific Asia Conference on Language, Information and Computation, 2017, 282-286.

DONG, D.; WU, H.; HE, W.; YU, D.; WANG, H., "Multi-task learning for multiple language translation", en *Proceedings of the 53rd Annual Meeting of the Association for Computational Linguistics and the 7th International Joint Conference on Natural Language Processing* (Volume 1: Long Papers), Association for Computational Linguistics, Beijing, China, 2015, 1723–1732.

FIRAT, O.; CHO, K.; BENGIO, Y., "Multi-way, Multilingual Neural Machine Translation with a Shared Attention Mechanism", en *Proceedings of the 5th Annual Conference of the North American Chapter of the Association for Computational Linguistics: Human Language Technologies* (HLT-NAACL 2016), 2016, 866-875.

FORCADA, M. L., "Apertium: traducció automàtica de codi obert per a les llengües romàniques", *Linguamática*, 1(1), 2009, 13-23.

FORCADA, M. L., "Making sense of neural machine translation", *Translation Spaces*, 6(2), 2017, 291-309.

FORCADA, M. L.; GINESTÍ-ROSELL, M.; NORDFALK, J.; O'REGAN, J.; ORTIZ-ROJAS, S.; PÉREZ-ORTIZ, J. A.; SÁNCHEZ-MARTÍNEZ, F.; RAMÍREZ-SÁNCHEZ, G.; TYERS, F. M., "Apertium: a free/open-source platform for rule-based machine translation", *Machine Translation,* 25, 2011, 127-144.

GOYAL, N.; GAO, C.; CHAUDHARY, V.; CHEN, P. J.; WENZEK, G.; JU, D.; KRISHNAN, S.; RANZATO, M. A.; GUZMÁN, F.; FAN, A., "The FLORES-101 evaluation benchmark for low-resource and multilingual machine translation", *Transactions of the Association for Computational Linguistics*, 10, 2022, 522-538.

JOHNSON, M.; SCHUSTER, M.; LE, Q. V.; KRIKUN, M.; WU, Y.; CHEN, Z.; THORAT, N.; VIÉGAS, F.; WATTENBERG, M.; CORRADO, G.; HUGHES, M.; DEAN, J., "Google's multilingual neural machine translation system: Enabling zero-shot translation", *Transactions of the Association for Computational Linguistics*, 5, 2017, 339-351.

KOCMI, T.; BOJAR, O., "Trivial Transfer Learning for Low-Resource Neural Machine Translation", en *Proceedings of the Third Conference on Machine Translation* (WMT), Volume 1: Research Papers, 2018, 244–252.

NGUYEN, T. Q.; CHIANG, D., "Transfer learning across low-resource, related languages for Neural Machine Translation", en *Proceedings of the Eighth International Joint Conference on Natural Language Processing* (Volume 2: Short Papers), 2017, 296-301.

OLIVER, A.; ÁLVAREZ, S., "Filtering and rescoring the CCMatrix for Neural Machine Translation", en *Proceedings of the 24th Annual Conference of the European Association for Machine Translation,* 2023, 39-45.

PÉREZ-ORTIZ, J. A.; FORCADA, M. L.; SÁNCHEZ-MARTÍNEZ, F., "How neural machine translation works", en KENNY, D. (Ed.), *Machine translation for everyone: Empowering users in the age of artificial intelligence,* Translation and Multilingual Natural Language Processing, 18, Language Science Press, Berlín, 2022. pp. 141-164. DOI: 10.5281/zenodo.6653406.

POST, M., "A Call for Clarity in Reporting BLEU Scores", en *Proceedings of the Third Conference on Machine Translation: Research Papers*, 2018, 186-191.

JOSHI, P.; SANTY, S.; BUDHIRAJA, A.; BALI, K.; CHOUDHURY, M., "*The State and Fate of Linguistic Diversity and Inclusion in the NLP World*", en *Proceedings of the 58th Annual Meeting of the Association for Computational Linguistics*, 2020. DOI: 10.18653/v1/2020.acl-main.560.

SENNIRICH, R.; HADDOW, B.; BIRCH, A., "*Improving* Neural Machine Translation Models with Monolingual Data", en *Proceedings of the 54th Annual Meeting of the Association for Computational Linguistics*, 2016, 86-96.

SCHWENK, H.; CHAUDHARY, V.; SUN, S.; GONG, H.; GUZMÁN, F., "WikiMatrix: Mining 135M Parallel Sentences in 1620 Language Pairs from Wikipedia", en *Proceedings of the 16th Conference of the European Chapter of the Association for Computational Linguistics: Main Volume*, abril 2021, 1351-1361.

SCHWENK, H.; WENZEK, G.; EDUNOV, S.; GRAVE, E.; JOULIN, A.; FAN, A., "CC-Matrix: Mining billions of high-quality parallel sentences on the web", en *Proceedings of the 59th Annual Meeting of the Association for Computational*

Linguistics and the 11th International Joint Conference on Natural Language Processing (Volume 1: Long Papers), Association for Computational Linguistics, 2021, 6490–6500.

TIEDEMANN, J., "Parallel Data, Tools and Interfaces in OPUS", en *Proceedings of the 8th International Conference on Language Resources and Evaluation* (LREC'2012), 2012.

TIEDEMANN, J.; THOTTINGAL, S., "OPUS-MT—Building open translation services for the World", en *Proceedings of the 22nd Annual Conference of the European Association for Machine Translation*, 2020.

TIEDEMANN, J.; AULAMO, M.; BAKSHANDAEVA, D.; BOGGIA, M.; GRÖN-ROOS, S. A.; NIEMINEN, T.; VIRPIOJA, S., "Democratizing Machine Translation with OPUS-MT", *arXiv preprint*, 2022. Disponible en: arXiv:2212.01936.

VARGA, D.; NÉMETH, L.; HALÁCSY, P.; KORNAI, A.; TRÓN, V.; NAGY, V., "Parallel corpora for medium density languages", en *Proceedings of the RANLP*, 2005, 590-596.

VERGÉS BONCOMPTE, P.; COSTA-JUSSÀ, M. R., "Multilingual Neural Machine Translation: Case-study for Catalan, Spanish and Portuguese Romance Languages", en *Proceedings of the Fifth Conference on Machine Translation*, 2020, 447–450.

WU, H.; WANG, H., "Revisiting pivot language approach for machine translation", en *Proceedings of the Joint Conference of the 47th Annual Meeting of the ACL and the 4th International Joint Conference on Natural Language Processing of the AFNLP*, 2009, 154-162.

WOLF, T.; DEBUT, L.; SANH, V.; CHAUMOND, J.; DELANGUE, C.; MOI, A.; RUSH, A. M., "Huggingface's transformers: State-of-the-art natural language processing", *arXiv preprint*, 2019. Disponible en: arXiv:1910.03771.

ZOPH, B.; YURET, D.; MAY, J.; KNIGHT, K., "Transfer learning for low-resource neural machine translation", en *Proceedings of the 2016 Conference on Empirical Methods in Natural Language Processing*, Austin, Texas, 2016, pp. 1568-1575.

Capítulo 2
Conceptos clave para entender el funcionamiento de la traducción automática neuronal

Pere Vergés Boncompte
pvergesb@uci.edu
University of California, Irvine / Barcelona Supercomputing Center

1 INTRODUCCIÓN

La traducción automática (TA) pertenece al área del procesamiento del lenguaje natural y tiene como objetivo desarrollar tecnologías que permitan llevar a cabo automáticamente el proceso de transferencia de una lengua a otra. En los últimos diez años el campo de la TA ha experimentado cambios significativos gracias a la llegada de nuevos paradigmas, en particular, la Traducción Automática Neuronal (TAN). Mediante el uso de redes neuronales, la TAN ha superado el rendimiento de los modelos anteriores basados en estadística clásica (Otter *et al.,* 2021). En este capítulo, exponemos algunas de las nociones fundamentales que permiten comprender la TAN y describiremos cómo han evolucionado las arquitecturas utilizadas para crear los modelos de traducción. Para ello, nos basaremos únicamente en la traducción de textos escritos. En la primera sección se explica cómo se representa la lengua para que pueda ser procesada por los modelos de traducción automática. Luego, en la segunda sección, se introducen diferentes modelos de traducción y sus arquitecturas. En la tercera sección se comentan los diferentes métodos de evaluación de los modelos de traducción. En la cuarta sección se detalla cómo interpretar los modelos de traducción neuronal. En la quinta sección se explica cómo tratar los datos. Por último, en la sexta sección, se aborda la traducción entre lenguas cercanas, en concreto el caso de las lenguas romances.

2 REPRESENTAR LA LENGUA: INCRUSTACIONES DE PALABRAS Y DE FRASES

Para poder crear modelos de traducción automática, es necesario someter un conjunto extremadamente amplio de datos a un tratamiento previo. Dicho proceso implica la creación de una representación lingüística que dicho modelo utilizará para aprender. Para que los modelos de TA sean capaces de aprender y traducir de manera adecuada existen dos formas más comunes de representar la lengua: las incrustaciones de palabras y las incrustaciones de frases.

La técnica de incrustación (*embedding*) de palabras consiste en el uso de vectores de números reales que representan el significado de las palabras de una lengua determinada. Dicho de otro modo, esta técnica permite capturar el significado de las palabras de una lengua y lo representa en vectores de un tamaño determinado. Dicho vector generalmente es mucho más pequeño que el tamaño del vocabulario del idioma en cuestión y crea representaciones de tamaño estandarizado de las palabras, ya que muchos modelos neuronales requieren que todos los vectores que representan palabras o frases sean del mismo tamaño. Estas incrustaciones se almacenan en una matriz, en la que cada fila corresponde a una palabra del vocabulario y las columnas constituyen la representación distribuida de cada palabra mediante vectores numéricos que capturan un rasgo (semántico, sintáctico, morfológico) particular de la palabra. En el ejemplo que presentamos a continuación, podemos observar cómo las palabras "perro" y "perrito" son representadas utilizando una serie de valores. Estos valores variarán dependiendo de la palabra que se esté incrustando. En este caso, al tratarse de palabras con una morfología y significado muy similares, la incrustación es también muy parecida.

perro ->

0.1	-0.7	0.3	-0.2	0.5	0.3

perrito ->

0.1	-0.8	0.2	-0.2	0.65	0.2

Este tipo de representación ayuda a los modelos a identificar similitudes entre las palabras del vocabulario, puesto que palabras similares tendrán una representación en vector matemáticamente cercana.

Las matrices que contienen las representaciones del vocabulario de la lengua en cuestión se van creando conforme se está entrenando el modelo, puesto que durante el entrenamiento se van añadiendo más datos al modelo. Esto contribuye a mejorar las representaciones, ya que la distribución de valores en la matriz crea relaciones entre las palabras. De esta manera, la representación de las palabras "perro" y "perrito" será similar entre sí, pero diferente en comparación con la representación de la palabra "casa". La incrustación se lleva a cabo durante la fase de retropropagación (*backpropagation*) del modelo, utilizando lo que se denomina un optimizador de descenso de gradiente (ver el glosario al final del capítulo).

Más recientemente, se ha logrado un gran avance en la forma de representar la lengua gracias a la introducción de incrustaciones de palabras contextualizadas. Este tipo de incrustación ha demostrado una gran sensibilidad a la información sintáctica (Yun et al.,2020). Esto se consigue gracias a que en las incrustaciones contextualizadas se tiene en cuenta la relación de la palabra con el resto de la frase, algo que no sucede con las incrustaciones de palabras no contextualizadas. Estas incrustaciones no solo dependen de la palabra en sí misma, sino que también toman en cuenta el contexto en el que esta última aparece. Por ejemplo, si se desea crear la incrustación de la palabra "perro" en la siguiente frase "El perro es más grande que el gato", se considerarán las otras palabras, como "grande" o "gato", ya que establecen una relación sintáctica particular con la palabra en cuestión. Este tipo de incrustaciones no se genera utilizando matrices, sino modelos neuronales secuenciales – se presentan estos modelos más adelante en este capítulo. Existen diferentes métodos, tales como: Word2Vec (Mikolov, 2013), que representa las palabras como un vector continuo que captura las relaciones semánticas; Fasttext (Bojanowski *et al.,* 2016), que es una adaptación de Word2Vec (Mikolov, 2013) que toma en cuenta información morfológica de la palabra ya que, para la representación, se emplean grupos de letras consecutivas de una longitud determinada; BERT(-Devlin et al, 2019), que se fundamenta en la arquitectura Transformer que codifica y decodifica el texto, lo que ayuda a capturar información contextual – más adelante se presenta esta arquitectura. Los métodos de incrustaciones de palabras citados sirven de fundamento a muchos otros, tales como RoBERTa (Liu, *et al.,* 2020) que es una modificación de BERT (Devlin et al, 2019) en tanto que hace algunas modificaciones de los tamaños de los vectores, pero mayormente es un modelo que ha estado entrenado con muchos más datos para poder generalizar mejor.

En cuanto a la incrustación de frases, una de las primeras formas de abordarla fue mediante el uso de incrustaciones recurrentes, las cuales generan una representación semántica de las palabras en la frase. Con esta técnica, se crea una matriz con la incrustación de cada palabra y, a partir de esta matriz, se genera luego la incrustación final de la frase. Esta incrustación final se obtiene agregando las incrustaciones de cada palabra en la representación final, lo que permite crear un único vector de valores. Sin embargo, el problema de este tipo de representación es que la longitud del vector que representa la frase debe ser igual a la de las palabras individuales. Esto significa que una frase almacena la misma cantidad de información que una palabra, cuando en realidad se debería poder representar mucha más información. Por lo tanto, para la traducción automática, este tipo de incrustación no es pertinente. En cambio, para tareas como el análisis de sentimientos de una frase, que consiste en predecir qué emoción se expresa en dicha frase (positiva, negativa, neutra, etc.), esta representación es suficiente.

Una alternativa para incrustar frases completas es el uso de convoluciones (Jiao *et al.,* 2018), lo que permite encontrar una representación mediante vectores y solucionar el problema de la dimensionalidad (la longitud de los vectores). En esta técnica, se emplea un modelo convolucional que utiliza n-gramas para representar las frases. La combinación de estas dos técnicas hace que los n-gramas puedan capturar la información en las frases que son próximas y las convoluciones aplican filtros de modo más general para extraer las características globales. La combinación de extraer los datos de la frase usando estos tipos de filtros permite resolver el problema de la dimensionalidad. Además de estos métodos, existen propuestas adicionales para incrustar frases, tales como el uso de *self-attention* (Vaswani *et al.,* 2017) que se explica más adelante, redes de relaciones (*relation networks*) (Wang *et al.,* 2023) o redes neuronales recurrentes (Plangui *et al.,* 2016), que también se detalla más adelante en el capítulo. Estos enfoques presentan diferentes ventajas y desventajas en términos de rendimiento y complejidad del modelo, y la elección dependerá de la tarea específica a la que se apliquen.

3 MODELOS DE TRADUCCIÓN: ARQUITECTURA Y FUNCIONAMIENTO

En esta sección, comentaremos diferentes modelos utilizados en la TAN, proporcionando una explicación detallada de su arquitectura y funcionamiento. Estos modelos se basan en redes neuronales, cuyo funcionamiento implica una serie de etapas. Los datos utilizados para entrenar los modelos de traducción son generalmente textos paralelos, es decir, textos en un idioma y sus traducciones correspondientes.

En primer lugar, se realiza un preprocesamiento de los datos de las lenguas involucradas para crear la incrustación de las palabras o frases, lo que significa asignar valores numéricos que representen a cada palabra o frase. Estos valores numéricos se introducen en una red neuronal, es decir, un conjunto de neuronas artificiales organizadas en capas que están conectadas entre sí. Cada capa de la red neuronal contiene una serie de neuronas que se relacionan mediante conexiones con neuronas de diferentes capas. Cada neurona tiene valores que representan su estado de inactividad o de activación, los cuales se activan y desactivan durante el proceso de entrenamiento, indicando así su respuesta a los estímulos recibidos. A continuación, se llevan a cabo una serie de operaciones matemáticas en la red neuronal, tales como la multiplicación de matrices, entre otras. Estas operaciones permiten procesar la información y realizar las transformaciones necesarias para la traducción. Durante este proceso, la red neuronal aprende a capturar patrones y relaciones entre las palabras de entrada (en la lengua fuente) y las palabras de salida (en la lengua de destino). Finalmente, el modelo traduce la frase inicial gracias al procesamiento realizado en la red neuronal. La salida bruta del modelo es una secuencia de palabras o frases en la lengua de destino.

3.1 Traducción neuronal recurrente

La traducción neuronal recurrente, como su nombre indica, utiliza redes neuronales que se repiten. Estas redes están compuestas por neuronas que toman en cuenta no solo la entrada actual (el segmento que se procesa), sino también la salida anterior (el segmento que se acaba de procesar). Esto permite "recordar" información relevante de las palabras anteriores y utilizarla en la generación de la traducción. De esta manera, se utiliza la información y el contexto de toda la frase para generar traducciones precisas. Además de procesar cada palabra teniendo en cuenta el contexto previo, las redes neuronales recurrentes también tienen la capacidad de producir secuencias de salida. Esto significa que pueden generar secuencias de palabras en respuesta a su entrada, lo cual es especialmente útil en la traducción automática, puesto que el modelo no solo tiene que entender el significado de la frase original, sino que también tiene que generar una secuencia de palabras que corresponda a su traducción en un idioma diferente manteniendo la coherencia. Las unidades recurrentes más comúnmente utilizadas en la TAN son las unidades LSTM (Long Short-Term Memory) (Hochreiter *et al.,* 1997) y las unidades GRU (Gated Recurrent Unit) (Cho *et al.,* 2014), debido a su capacidad de relación de dependencias a largo plazo y su eficiencia en el procesamiento de secuencias largas, lo cual es necesario a la hora de mantener el contexto en texto largos.

3.2 Traducción neuronal convolucional

Las redes neuronales convolucionales se utilizan para extraer características de los textos mediante el uso de filtros convolucionales. Estos filtros actúan como ventanas deslizantes que se mueven a lo largo del texto, agrupando palabras. La arquitectura del modelo está compuesta por diferentes capas convolucionales, que corresponden a los distintos niveles de neuronas por los que pasa el texto. En estas arquitecturas, se aplican filtros de diferentes tamaños (en términos de la cantidad de palabras agrupadas) para evaluar las relaciones en diferentes capas. Cada capa evalúa así diferentes patrones y características del texto. Las redes convolucionales utilizan, además, la retropropagación para ajustar los pesos de las conexiones entre neuronas en función del valor obtenido en la salida comparado con el valor deseado. De esta manera, se minimiza el error en las predicciones generadas por el modelo usando una función de pérdida (*loss function*). Se ajustan así los pesos de las conexiones para minimizar dicho error, en general usando algoritmos de optimización como el descenso de gradiente.

Las redes convolucionales presentan varias ventajas sobre las redes recurrentes. En primer lugar, su arquitectura es más paralelizable, lo que permite realizar cálculos en diferentes máquinas de manera simultánea y disminuir por consiguiente el tiempo de computación. Además, su estructura jerárquica de capas facilita la conexión directa entre palabras distantes en el texto (incluso si no están en la misma frase), lo que agiliza el aprendizaje del modelo. Si bien las redes neuronales convolucionales son ampliamente utilizadas en problemas de visión por computador, su aplicación no se limita a estos casos. Estas redes son especialmente útiles para reducir el número de parámetros de la red, lo que resulta beneficioso para disminuir la dimensionalidad de los datos (representados usando vectores).

3.3 Redes de codificación-descodificación (Encoder-Decoder)

Los modelos más avanzados de TAN se basan en redes de codificación-descodificación, introducidas por Kalchbrenner (2017) y Kalchbrenner et al. (2013). Estas redes permiten codificar frases de entrada de diferentes longitudes en un vector de longitud fija, y luego decodificarlas para generar la traducción. La arquitectura de estas redes se divide en dos partes: la codificación de la frase de entrada y la decodificación de la frase resultante. Esta arquitectura analiza la distribución de probabilidades al factorizar las probabilidades condicionales de cada palabra en la frase de entrada con las probabilidades de la frase resultante. Para más detalles acerca de esta arquitectura, puede consultarse el capítulo II de Kalchbrenner (2017).

Aunque estas redes mejoraron significativamente la calidad de las traducciones generadas, presentaban la limitación de tener una longitud fija. Cuando se utilizaban para traducir frases largas, se observó una disminución en la precisión de la traducción (Kalchbrenner, 2017). Esto se debía a que la representación de longitud fija limitaba la capacidad para capturar la información, el significado y la complejidad de estructuras de frases extensas.

3.3.1 Atención

Para resolver el problema de traducción de secuencias largas, se introdujo el mecanismo de atención, propuesto por Bahdanau et al. (2014). Con esta técnica, ya no es necesario limitar la longitud de la frase, puesto que para generar cada palabra el codificador presta atención únicamente a las partes de la frase que son relevantes. De esta manera, el modelo puede centrarse en partes específicas de la frase de entrada, lo que mejora su capacidad para capturar la complejidad y el significado de frases más largas y complejas. Cabe destacar que, desde su introducción, la atención ha sido ampliamente adoptada en la mayoría de los sistemas punteros de TAN.

En términos más técnicos, se trata de un proceso que asigna un conjunto de vectores de consulta a un conjunto de vectores de salida utilizando una tabla que contiene pares de claves y valores. Para calcular la relevancia de cada palabra en una frase con respecto a la palabra en cuestión, se construye una matriz que relaciona los vectores de consulta y las claves, lo que significa que cada palabra que entra en la red (vector de consulta) neuronal se relaciona con todas las demás palabras de la frase (claves). Luego, se normaliza esta matriz utilizando la operación *softmax* para que la sumatoria de los pesos de cada columna sea igual a 1. Finalmente, se realiza una multiplicación entre la matriz resultante y el conjunto de vectores de valores, lo cual produce una matriz resultante que asigna pesos a cada palabra de la secuencia. Estos pesos determinan la relevancia de cada palabra para la palabra que se está analizando. Este proceso se puede ver en la imagen de más abajo, extraída de Vaswani et al. (2017), donde Q representa los vectores de consulta, V son los vectores que representan las palabras y K son las claves. La parte de Dot-Product es la que realiza la multiplicación de las tres para producir la matriz de pesos.

El modelo de atención ha demostrado ser muy efectivo en la mejora de la calidad de las traducciones generadas por los sistemas de TAN, lo cual ha resultado en numerosas investigaciones y desarrollos en esta área (Kirillov *et al.*, 2023; Radford *et al.*, 2023). Una de las variaciones más significativas de la atención es la atención multi-cabeza, la cual utiliza múltiples proyecciones de los datos. Esto permite que el modelo se enfoque en diferentes aspectos de la secuencia utilizando las distintas proyecciones simultáneamente, lo que mejora aún más la calidad de las traducciones generadas.

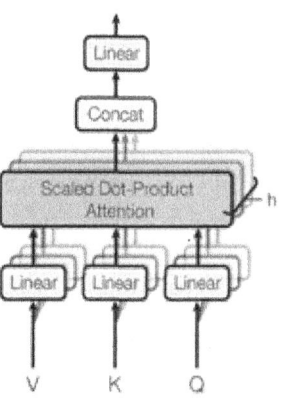

3.3.2 Autoatención (Self-attention)

Otra forma de modelizar la relación entre la frase de entrada y la frase de salida es mediante la autoatención, que se enfoca en los estados de las palabras anteriores durante la codificación. Al igual que las redes convolucionales, esta arquitectura puede establecer conexiones entre palabras distantes y permite una fácil paralelización del cálculo. La autoatención ha dado lugar al desarrollo de la arquitectura Transformer (Vaswani *et al.*, 2017), que utiliza la atención para generar representaciones contextuales de las palabras entre el codificador y el decodificador, este proceso ha sido explicado en la sección previa. Esta arquitectura permite establecer relaciones entre las palabras y asignarles importancia relativa. Además, las relaciones creadas por la autoatención son tanto lineales como no lineales (gracias a la función *softmax* y algunas de las capas de activación), lo que permite capturar relaciones complejas.

Además de la autoatención, esta arquitectura también utiliza la atención multi-cabeza. A diferencia de las redes recurrentes, la atención no tiene una noción de posición espacial, por lo que es necesario agregar una capa de codificación posicional de palabras para tener en cuenta la relación posicional entre ellas. La siguiente secuencia ilustra esta situación.

Palabra: Embedding + Posición = Embedding posicional

"El": $[0.1, 0.2, 0.3] + [0.01, 0.02, 0.03] = [0.11, 0.22, 0.33]$

"gato": $[0.2, 0.4, 0.6] + [0.02, 0.04, 0.06] = [0.22, 0.44, 0.66]$

"es": $[0.6, 0.2, 0.1] + [0.03, 0.06, 0.09] = [0.63, 0.26, 0.19]$

"grande": $[0.2, 0.4, 0.8] + [0.04, 0.08, 0.12] = [0.24, 0.48, 0.92]$

4 MÉTODOS DE EVALUACIÓN DE LOS MODELOS DE TRADUCCIÓN AUTOMÁTICA

Existen diversas métricas que se han desarrollado para evaluar la calidad de las traducciones generadas por modelos neuronales. A continuación, describimos las métricas más comunes, a saber: BLEU (Papineni *et al.*, 2022), TER (Snover *et al.*, 2006) y METEOR (Banerjee *et al.*, 2005).

BLEU (*Bilingual Evaluation Understudy*). Esta métrica evalúa la similitud entre la traducción generada por el modelo de TA y una o varias traducciones de referencia realizadas por humanos. La comparación se basa en la proporción de palabras comunes entre la traducción generada por el modelo y la/s traducción/es de referencia, considerando diferentes niveles de n-gramas, desde grupos de una hasta cuatro palabras. La métrica arroja un valor entre 0 y 1, donde 1 indica una traducción automática idéntica a la traducción de referencia. Una desventaja de esta métrica es que no tiene en cuenta la corrección gramatical o la fluidez del texto. Por ejemplo, esta métrica considerará una traducción correcta si contiene las mismas palabras en la misma secuencia, sin identificar si ha habido una reorganización o parafraseo adecuado del contenido.

TER (*Translation Error Rate*). Esta métrica se centra en el número de errores generados en la traducción. Los errores se dividen en tres tipos: (i) palabras omitidas, que están presentes en la traducción de referencia, pero no en la generada por el modelo; (ii) palabras añadidas, generadas por el modelo, pero ausentes en la traducción de referencia; (iii) palabras erróneas, que se traducen de manera diferente a la referencia. La métrica produce un número entre 0 y 100, donde 0 indica que no hay errores en la traducción. Esta métrica se utiliza comúnmente para evaluar textos técnicos o científicos, no textos literarios o informales. Al igual que BLEU, no permite evaluar la fluidez ni la gramática del texto.

METEOR (*Metric for Evaluation of Translation with Explicit Ordering*). A diferencia de las métricas anteriores, METEOR considera la correspondencia semántica entre palabras similares, la fluidez, la gramática, la longitud de la frase y la distancia entre las palabras. Primero, se comparan las palabras traducidas con las de referencia y luego se utiliza un algoritmo para evaluar la correspondencia semántica entre palabras similares. Finalmente, se aplica una fórmula que genera un resultado en función de la evaluación anterior, la fluidez, la gramática, la longitud de la frase y la distancia entre las palabras. Se proporciona un resultado entre 0 y 1, donde 1 indica una traducción idéntica a la de referencia.

Es importante mencionar que ninguna de estas tres métricas de evaluación es perfecta y que cada una tiene sus propias ventajas y desventajas. Por lo tanto, se recomienda utilizar varias métricas para evaluar la calidad de las traducciones generadas por modelos neuronales y obtener una evaluación más completa (Fomicheva *et al.,* 2019). Además, es importante tener en cuenta que la evaluación automática no reemplaza completamente la evaluación humana. La evaluación automática es extremadamente útil para tareas simples y para hacer una primera evaluación en muchas tareas, pero para tareas más complejas o literarias un análisis humano por expertos sigue siendo necesario.

5 FORMAS DE INTERPRETAR LA TRADUCCIÓN AUTOMÁTICA NEURONAL

La interpretación de los modelos de TAN es un área de investigación crucial para comprender su funcionamiento y mejorar su rendimiento. Sin embargo, debido a la complejidad de los modelos, su interpretación puede resultar desafiante. Por lo general, los modelos de redes neuronales son opacos y se consideran cajas negras puesto que están compuestos por miles de neuronas artificiales y millones de parámetros.

5.1 Interpretación a posteriori (Post-hoc)

Este tipo de interpretación, aplicable a cualquier tipo de modelo, se centra en intentar comprender cómo funciona el modelo una vez que se han obtenido sus resultados. En este enfoque, se trata de entender cómo genera el modelo las traducciones una vez que ha sido entrenado. Para lograrlo, se han propuesto algunas técnicas (Madsen *et al.,* 2022) que buscan encontrar correspondencias entre la frase de entrada y la de salida, lo que ayuda a entender cómo se relacionan las palabras en diferentes idiomas.

5.2 Interpretación del modelo

El segundo enfoque para comprender los modelos de TAN es la interpretación del modelo, que busca entender las funciones individuales de las neuronas o capas de las redes neuronales mediante la interpretación de las activaciones y gradientes de la red. Este enfoque ha ayudado a aclarar dudas sobre cómo las redes codifican la morfología de las palabras. En algunos estudios, tales como en Madsen et al. (2022), se ha demostrado que ciertas neuronas se encargan de capturar información específica de ciertas partes del lenguaje, lo cual puede ser útil para comprender cómo las redes neuronales procesan los datos y generan la salida. En algunos casos se ha comprobado que la manipulación de ciertas neuronas puede cambiar el género de las palabras (Lu *et al.,* 2018).

6 TRATAMIENTO DE LOS DATOS

Las redes neuronales son altamente dependientes de la cantidad y calidad de los datos utilizados durante su entrenamiento. Por esta razón, es esencial contar con una metodología cuidadosa para la selección y preparación de los datos. Una de las principales tareas para mejorar la calidad de los datos de entrenamiento es realizar un cuadro filtrado. En esta sección, explicaremos cómo tratar los datos para reducir el ruido, seleccionar el dominio adecuado y utilizar datos monolingües, es decir, aquellos que no tienen una traducción paralela en el idioma para el que se desea entrenar un modelo.

6.1 Filtrar los datos

Existen diferentes técnicas para limpiar los datos, tales como: (i) filtrado de longitud, que consiste en eliminar frases que sean demasiado cortas, ya que no contienen suficiente información, y frases que sean demasiado largas, con una complejidad demasiado alta para el modelo; (ii) filtrado de frases de baja calidad, que implica eliminar frases con errores gramaticales u ortográficos; (iii) eliminación de duplicados, es decir, eliminar frases repetidas o muy similares, con el fin de ayudar al modelo a aumentar la diversidad de datos y, por lo tanto, mejorar su capacidad de generalización, es decir, generar una respuesta adecuada cuando se enfrenta a datos que no ha visto previamente.

6.2 Adaptar el campo de especialización de la traducción

Otra forma de mejorar la calidad de los datos es mediante la adaptación del campo de especialización de los textos de entrenamiento. Al utilizar textos que sean específicos un dominio de interés, el modelo puede aprender y generalizar de manera más efectiva. Esto se puede lograr mediante técnicas de retropropagación para volver a entrenar el modelo con datos específicos del dominio, o bien utilizando etiquetas que indiquen el dominio especializado de cada frase (Vergés *et al.,* 2020; Gwinnup *et al.,* 2019). Sin embargo, es importante tener en cuenta que el uso de etiquetas puede reducir la precisión en las traducciones fuera del dominio en cuestión.

6.3 Aprender con pocos recursos

Entrenar redes neuronales requiere una gran cantidad de datos, lo cual puede ser un desafío en el caso de operar con lenguas con recursos limitados (Surangika *et al.,* 2017), es decir, aquellas que tienen muy pocos datos disponibles en los formatos necesarios y de los que se pueda aprender. Para mejorar el rendimiento, se ha propuesto una técnica llamada traducción inversa (*back-translation*), que utiliza textos monolingües. Esta técnica implica recopilar datos en la lengua destino, entrenar un modelo con esos datos y luego entrenar otro modelo para traducir del idioma de origen a la lengua destino utilizando los datos recopilados. Finalmente, se utiliza el modelo entrenado para traducir del texto de origen al texto de destino. De esta manera, se pueden aprovechar más datos para entrenar en lenguas que carecen de datos paralelos abundantes. Estas son lenguas que no tienen muchos recursos de acceso público con traducciones paralelas. Dentro de las lenguas romances, podemos citar el caso del gallego y el catalán. Para estas lenguas, no hay muchos textos con una traducción directa entre ellos, por este motivo se necesita aplicar esta técnica.

Otra técnica para mejorar la traducción en lenguas con recursos limitados es el aprendizaje por transferencia (*transfer learning*). Este enfoque implica entrenar un modelo de traducción entre lenguas con abundantes recursos (por ejemplo, traducciones entre francés, inglés y español) y luego transferir ese aprendizaje a un idioma con recursos limitados. Es importante que los idiomas tengan una relación cercana entre sí. Por ejemplo, en el caso de las lenguas romances, se puede entrenar un modelo para traducir entre francés y español y luego sustituir uno de esos idiomas por otro idioma romance con recursos limitados, como se describe en Vergés et al. (2020). Esto puede contribuir a mejorar el rendimiento de la traducción en lenguas con recursos limitados en ambas direcciones.

7 TRADUCCIÓN AUTOMÁTICA NEURONAL PARA LENGUAS CERCANAS. EL CASO DE LAS LENGUAS ROMANCE

En esta sección, analizaremos varios estudios sobre la TAN para lenguas cercanas, prestando especial atención a diferentes familias lingüísticas y a las estrategias utilizadas para desarrollar modelos de traducción eficientes y precisos.

Uno de los enfoques más comunes en la creación de modelos de TAN para lenguas cercanas es el uso de una estructura de codificador-decodificador que resulta especialmente eficaz para lenguas que comparten similitudes en la gramática y el vocabulario, lo que permite una traducción más fluida y natural.

Las lenguas romances, mayoritariamente habladas en Europa y Latinoamérica, derivan del latín. En esta sección, describiremos diferentes estudios que abordan la TAN entre cuatro de estas lenguas: catalán, español, francés, portugués. Además, con el fin de alimentar la reflexión, analizaremos un estudio sobre la traducción entre el francés y el bambara, una lengua que pertenece a otra familia lingüístca y que es hablada por aproximadamente 10 millones de personas.

El primer estudio que presentamos es el realizado por Costa-Jussà (2017), en el que se evalúa la traducción entre español y catalán, dos lenguas tipológicamente muy cercanas. Debido a la poca reordenación del texto de una lengua a otra y a la morfología similar, la traducción entre estas dos lenguas es muy directa. En este estudio, se utilizaron tres tipos de sistemas: uno basado en reglas, otro basado en frases (que se basa en estadísticas como la probabilidad condicional y posterior entre parejas de frases) y, por último, uno basado en TAN. La TAN se implementó utilizando atención propia. Los resultados muestran que la TAN obtiene una mayor precisión en las predicciones dentro del dominio en el que se quiere traducir (en el caso de este estudio el domino eran noticias). Sin embargo, cuando se realizan traducciones fuera del dominio, los otros dos modelos obtienen mejores resultados. El estudio concluye que la TAN funciona mejor en términos de:

- concordancia de género;
- concordancia de tiempo verbal;
- no faltan palabras clave;
- no hay repetición de palabras redundantes;

- elección de la palabra adecuada en casos de palabras polisémicas;

- no hay traducciones literales (por ejemplo, "has de" -> "tener que" y no "hay que");

- elección de la preposición correcta;

- adición de conectores (mejora la fluidez del texto).

En la siguiente tabla presentamos un ejemplo de Costa-Jussà (2017: 60). En este ejemplo podemos ver cómo la TAN, en comparación con los otros modelos, no ha eliminado palabras y usa la preposición correcta.

Entrada:	(...) ja teníem als nostres magatzems un important estoc de peces.
Traducción automática basada en reglas:	(...) ya teníamos a nuestros almacenes un importante stock de piezas
Traducción automática basada en frases:	(...) ya teníamos nuestros almacenes un importante estoc de piezas
TAN:	(...) ya teníamos en nuestros almacenes un importante estoc de piezas
REF:	(...) ya teníamos en nuestros almacenes un importante estoc de piezas

Tabla 1. Ejemplo CAT-ES de Costa-Jussà (2017: 60).

El segundo estudio, llevado a cabo por Adebara et al. (2021), se centra en la traducción entre francés-bambara, español-catalán y portugués-español. Este trabajo aborda el desafío de los recursos limitados debido a la escasez y baja calidad de los datos paralelos. Para superar este problema, se utiliza una arquitectura basada en transformers y se aprovecha la técnica de aprendizaje por transferencia, lo que significa que se usa un modelo que ha sido entrenado con muchos datos, pero usando solamente una de las dos lenguas. Mediante este modelo se reentrena usando los datos entre las dos lenguas que se quieren traducir y esto permite adaptar el modelo y obtener mejores resultados que si solo se entrenase con los datos (escasos) de las dos lenguas iniciales.

Además, este estudio explora la diferencia en los resultados que hay entre entrenar un modelo utilizando texto representado en *tokens* (estos pueden ser letras, sílabas, palabras, frases...) o sin ellos. Así, se demuestra la diferencia en los resultados cuando se cambia la representación de las frases o palabras y ello tiene un impacto el rendimiento del modelo. Los resultados demuestran, por ejemplo, que el uso de *tokens* produce mejores resultados de traducción. Es importante destacar que el estudio en cuestión resalta la importancia del uso de técnicas de transferencia y la elección del tipo de representación del texto para mejorar la calidad de las traducciones en escenarios con recursos limitados. Asimismo, se demuestra que la traducción entre lenguas romances obtiene mejores resultados en comparación con la traducción entre bambara y francés. Usando la traducción por transferencia de la traducción entre francés e inglés, esta obtiene un BLEU máximo de 3.62 (bambara -> francés); en cambio, la traducción entre portugués y español llega a obtener resultados de BLEU de 47 usando traducción por transferencia entre el catalán y el español. Estos datos ponen de relieve que la traducción entre lenguas de la misma familia, como es el caso de las lenguas romances, presenta mejores resultados.

A continuación, presentamos un ejemplo extraído del estudio de Ife Adebara and Muhammad Abdul-Mageed (2021: 276). En la tabla 2, se subrayan las diferencias entre el texto de referencia y el modelo no *token*izado. Y se indican en negrita las diferencias entre el texto de referencia y el modelo *token*izado.

Entrada:	Posición del Parlamento Europeo de 6 de abril de 2017 (pendiente de publicación en el Diario Oficial) y Decisión del Consejo de 11 de mayo de 2017.
TAN UNTOK:	Posiçao do Parlamento Europeu de 6 de Abril de 2017 (pendente de publicaçao no Jornal Oficial) e Decisao do Conselho de 11 de Maio de 2017.
TAN TOK:	Posiçao do Parlamento Europeu de 6 de Abril de 2017 **indiferente a publicaçao** no Jornal Oficial **da Uniao Europeia** e decisao do Conselho de 11 de Maio de 201).
REF:	Posiçao do Parlamento Europeu de 6 de abril de 2017 (ainda nao publicada no Jornal Oficial) e decisao do Conselho de 11 de maio de 2017.

Tabla 2. Ejemplo de traducciones entre modelo no *tokenizado* y *tokenizado.*

El tercer estudio, desarrollado por Vergés et al. (2020), se enfoca en la traducción automática neuronal entre las lenguas catalana, española y portuguesa utilizando un modelo multilingüe. Los autores se enfrentan a la escasez de recursos, ya que no disponen de datos para la traducción directa entre el catalán y el portugués. Para abordar esta limitación, emplean tres técnicas. En primer lugar, utilizan el aprendizaje *zero-shot*, que permite que el modelo aprenda información que nunca ha visto antes a través del entrenamiento en una lengua común, en este caso, el español. Hacer este camino ayuda a mejorar los resultados de las lenguas que tiene recursos limitados como el gallego, alsaciano o el bretón. En segundo lugar, para obtener más datos, recurren a la técnica de traducción inversa utilizando datos monolingües. Finalmente, utilizan la técnica de ajuste del modelo (*fine-tuning*) para mejorar las traducciones de los modelos deseados. Al aplicar estas técnicas, lograron mejorar la métrica BLEU entre 3 y 14, dependiendo de los idiomas. Este estudio ayuda a demostrar que, para lenguas de la misma familia como las lenguas romances, se puede mejorar mucho los modelos usando datos monolingües usando diferentes técnicas. Además, este estudio enseña que creando *tokens* de los datos se logra mejorar las traducciones obtenidas.

8 CONCLUSIÓN

En este capítulo, hemos detallado cómo la traducción automática ha experimentado mejoras significativas gracias al uso de redes neuronales. Para utilizar eficazmente estas redes, es crucial realizar un preprocesamiento de los textos para que la red neuronal interprete y aprenda a partir de ellos. Este proceso se fundamenta en la modelización del sentido de palabras y frases por medio de vectores de representación. Existen distintos tipos de redes neuronales, como las recurrentes o convolucionales, pero ha sido la arquitectura del Transformer la que ha impulsado de manera drástica los avances en la TAN.

La atención propia, con la arquitectura Transformer tal y como indica Yang et al. (2020), ha demostrado obtener los mejores resultados, gracias a su capacidad de atención global en las frases y atención local en las palabras. Además, permite una ejecución más eficiente al poder paralelizar los cálculos. Sin embargo, hemos observado que aún no existe una métrica perfecta para evaluar los modelos de TAN, y que la evaluación manual humana sigue siendo necesaria.

Finalmente, hemos explorado diversos trabajos en el ámbito de las lenguas romances, donde se han utilizado técnicas como el afinamiento de modelo, el aprendizaje *zero-shot* y la retropropagación para mejorar los modelos. Estas investigaciones destacan la importancia de aplicar estrategias innovadoras y adaptar las técnicas existentes para lograr mejores resultados en la TAN. Además, hemos visto cómo la traducción entre lenguas de la misma familia lingüística se obtienen mejores resultados gracias a la proximidad entre las lenguas.

En resumen, la TAN ha experimentado avances significativos gracias al uso de redes neuronales, siendo el Transformer la arquitectura más destacada. Aunque aún existen desafíos en la evaluación y mejora de los modelos, la investigación continúa y la aplicación de técnicas especializadas está llevando a mejoras en la calidad y precisión de la TAN.

GLOSARIO

Retropropagación (*backpropagation*): es un algoritmo utilizado para ajustar los pesos de las neuronas de la red y mejorar su capacidad para realizar predicciones precisas. Funciona desarrollando el error hacia atrás a través de la red neuronal, desde la última capa hasta la primera, y ajustando los pesos de las neuronas en cada capa para reducir el error en futuras predicciones.

Gradiente: se refiere al vector de las derivadas parciales de la salida de la red con respecto a sus parámetros de entrada.

Descenso de gradiente: es un algoritmo utilizado en aprendizaje automático para encontrar los valores óptimos de los parámetros de una función que minimiza el error o la pérdida.

Convolución: es una operación matemática utilizada para combinar dos señales, una llamada "señal de entrada" y otra llamada "kernel" o "filtro", con el fin de producir una tercera señal llamada "salida" o "característica".

N-grama: un n-grama es una secuencia de "n" palabras contiguas en un texto.

Redes relacionales: son un tipo de arquitectura de redes neuronales utilizadas para procesar información estructurada, como gráficos y relaciones entre objetos.

9 REFERENCIAS BIBLIOGRÁFICAS

ADEBARA, I.; ABDUL-MAGEED, M., "Improving Similar Language Translation With Transfer Learning", en *Proceedings of the Sixth Conference on Machine Translation*, 2021, pp. 273–278.

BAHDANAU, D.; CHO, K.; BENGIO, Y., "Neural Machine Translation by Jointly Learning to Align and Translate", *3rd International Conference on Learning Representations, ICLR*, 2015.

BANERJEE, S.; LAVIE, A., "METEOR: An Automatic Metric for MT Evaluation with Improved Correlation with Human Judgments", en *Proceedings of the ACL Workshop on Intrinsic and Extrinsic Evaluation Measures for Machine Translation and/or Summarization*. 2005, pp. 65–72.

BELINKOV, Y.; DURRANI, N.; DALVI, F.; SAJJAD, H.; GLASS, J., "What do Neural Machine Translation Models Learn about Morphology?", en *Proceedings of the 55th Annual Meeting of the Association for Computational*. 2017, pp. 861–872.

BOJANOWSKI, P.; GRAVE, E.; JOULIN, A.; MIKOLOV, T., "Enriching Word Vectors with Subword Information", *Transactions of the Association for Computational Linguistics 5* (2016), 135–146.

CHO, K.; MERRIENBOER, B.; GULCEHRE, C.; BAHDANAU, D.; BOUGARES, F.; SCHWENK, H.; BENGIO, Y., "Learning Phrase Representations using RNN Encoder-Decoder for Statistical Machine Translation", en *Proceedings of the 2014 Conference on Empirical Methods in Natural Language Processing*, 2014, pp. 1724–1734.

COSTA-JUSSÀ, M., "Why Catalan-Spanish Neural Machine Translation? Analysis, comparison and combination with standard Rule and Phrase-based technologies", en *Proceedings of the Fourth Workshop on NLP for Similar Languages, Varieties and Dialects (VarDial)*. 2017, pp. 55–62.

DEVLIN, J.; CHANG, M.; LEE, K.; TOUTANOVA, K., "BERT: Pre-training of Deep Bidirectional Transformers for Language Understanding", *North American Chapter of the Association for Computational Linguistics*, 2019.

FAN, Y.; TIAN, F.; XIA, Y.; QIN, T.; LI, X.; LIU, T., "Searching Better Architectures for Neural Machine Translation", *IEEE/ACM Trans. Audio, Speech and Lang. Proc. 28*, 2020, 1574–1585.

FOMICHEVA, M.; SPECIA, L., "Taking MT Evaluation Metrics to Extremes: Beyond Correlation with Human Judgments", *Comput. Linguist. 45, 3*, September 2019, 515–558.

HOCHREITER, S.; SCHMIDHUBER, J., "Long Short-term Memory", *Neural Computation. Neural Comput*, 9 (8), 1997, 1735–1780.

JIAO, X.; WANG, F.; FENG, D., "Convolutional Neural Network for Universal Sentence Embeddings", en *Proceedings of the 27th International Conference on Computational Linguistics*, 2018, Santa Fe, New Mexico, USA, pp. 2470–2481.

KALCHBRENNER, N., *Encoder-decoder neural networks* [*PhD thesis*], University of Oxford, 2017.

KALCHNBRENNER, N.; BLUNSOM, P., "Recurrent Continuous Translation Models", *Conference on Empirical Methods in Natural Language Processing.* 2013.

KIRILLOV, A.; MINTUN, E.; RAVI, N.; MAO, H.; ROLLAND, C.; GUSTAFSON, L.; XIAO, T.; WHITEHEAD, S.; BERG, A.; LO, W.; DOLLÁR, P.; GIRSHICK, R., "Segment Anything", *2023 IEEE/CVF International Conference on Computer Vision (ICCV)*, 3992–4003.

LU, K.; MARDZIEL, P.; WU, F.; AMANCHARLA, P.; DATTA, A., "Gender Bias in Neural Natural Language Processing", *Lecture Notes in Computer Science 2018, vol. 12300.*

MADSEN, A.; REDDY, S.; CHANDAR, S., "Post-hoc Interpretability for Neural NLP: A Survey", *Association for Computing Machinery.* 2023.

MIKOLOV, T.; SUTSKEVER, I.; CHEN, K.; CORRADO, G.; DEAN, J., "Distributed representations of words and phrases and their compositionality", en *Proceedings of the 26th International Conference on Neural Information Processing Systems – vol. 2, NY, USA,* pp. 3111–3119.

OTTER, D. W.; MEDINA, J. R.; AND J. K. KALITA, "A Survey of the Usages of Deep Learning for Natural Language Processing", en *IEEE Transactions on Neural Networks and Learning Systems,* 2021, vol. 32, no. 2, pp. 604–624.

PALANGI, H.; DENG, L.; SHEN, Y.; GAO, J.; HE, X.; CHEN, J.; SONG, X.; WARD, R., "Deep sentence embedding using long short-term memory networks: analysis and application to information retrieval", *IEEE/ACM Trans. Audio, Speech and Lang. Proc. 24, 4 (April 2016),* 694–707.

PAPINENI, K.; ROUKOS, S.; WARD, T.; ZHU, W., "BLEU: a method for automatic evaluation of machine translation", en *Proceedings of the 40th Annual Meeting on Association for Computational Linguistics (ACL '02). 2002, Association for Computational Linguistics, USA,* 311–318.

RADFORD, A.; KIM, J.W.; XU, T.; BROCKMAN, G.; MCLEAVEY, C.; SUTSKEVER, I., "Robust speech recognition via large-scale weak supervision", *en Proceedings of the 40th International Conference on Machine Learning,* 2023, pp. 27.

RANATHUNGA, S.; LEE, E.; PRIFT, M.; SHEKHAR, R.; ALAM, M.; KAUR, R., "Neural Machine Translation for Low-resource Languages: A Survey", *ACM Comput. Surv.* 55, 11, Article 229, 2023.

SNOVER, M.; DORR, B.; SCHWARTZ, R.; MICCIULLA, L.; MAKHOUL, J., "A Study of Translation Edit Rate with Targeted Human Annotation", en *Proceedings of the 7th conference of the association for machine translation in the Americas: technical papers, Cambridge, Massachusetts*, pp. 223–231.

THOMPSON, B.; GWINNUP, J.; KHAYRALLAH, H.; DUH, K.; KOEHN, P., "Overcoming Catastrophic Forgetting During Domain Adaptation of Neural Machine Translation", en *Proceedings of the 2019 Conference of the North American Chapter of the Association for Computational Linguistics: Human Language Technologies, Volume 1 (Long and Short Papers)*, 2019, pp. 2062–2068.

VASWANI, A.; SHAZEER, N.; PARMAR, N.; USZKOREIT, J.; JONES, L.; GOMEZ, A.; KAISER, L.; POLOSUKHIN, I., "Attention is all you need", en *Proceedings of the 31st International Conference on Neural Information Processing Systems NIPS'17*, 2017, pp. 6000–6010.

VERGÉS, P.; COSTA-JUSSÀ, M.R., "Multilingual neural machine translation: case-study for Catalan, Spanish and Portuguese romance languages", en A *Conference on Machine Translation. EMNLP 2020, Fifth Conference on Machine Translation: November 19-20, 2020, online: proceedings of the conference*, 2020.

WEIBO, L.; ZIDONG, W.; XIAOHUI, L.; NIANYIN, Z.; YURONG, L.; FUAD, E. A., "A survey of deep neural network architectures and their applications", *Neurocomputing* 234, 2017, 11–26.

WANG, B.; LI.; H., "Relational Sentence Embedding for Flexible Semantic Matching", en *Proceedings of the 8th Workshop on Representation Learning for NLP. 2023*.

YUN, H.; HWANG, Y.; & JUNG, K., "Improving Context-Aware Neural Machine Translation Using Self-Attentive Sentence Embedding", en *Proceedings of the AAAI Conference on Artificial Intelligence*, 2020, 34(05), pp. 9498–9506.

ZHUANG, L.; WAYNE, L.; YA, S.; JUN, Z., "RoBERTa: A Robustly Optimized BERT Pretraining Approach", en *Proceedings of the 20th Chinese National Conference on Computational Linguistics. 2021*.

Sobre algunos criterios terminológicos y textuales para describir la traducción automática neuronal español-francés

Cristian Valdez
cristian.valdez@u-paris.fr
Université Paris Cité

1 INTRODUCCIÓN

El uso de los motores de traducción automática se disparó a partir de 2016, ya que a partir de esa fecha fue posible acceder gratuitamente en línea a diferentes sistemas de traducción basados en sistemas de inteligencia artificial que posibilitan el aprendizaje profundo (*deep learning*). La creciente calidad de los resultados brutos propuestos por dichos modelos de traducción automática neuronal (TAN), el "salto cualitativo" que significaron (Poibeau, 2019: 28), también constituyó uno de los factores que más interés despertó. Sin embargo, es de común acuerdo afirmar que estas herramientas están lejos de poder proponer una traducción que no necesite la intervención humana si lo que se persigue es un resultado de alta calidad. Así, no se trataría tanto de un "salto excepcional en el rendimiento" de los motores sino más bien de la generalización de la que gozan estos sistemas (Hansen *et al.*, 2022: 2). En la *European Language Industry Survey* de 2023, se estima, por ejemplo, que la traducción automática interviene en más del 30% de las traducciones profesionales[41]. Este cambio de paradigma se manifiesta no solo

---

41   Puede consultarse los resultados en el siguiente enlace https://elis-survey. org/wp-content/uploads/2023/03/ELIS-2023-report.pdf [consultado el 10 de julio de 2023]

en el campo de la práctica profesional, sino también a nivel de la investigación fundamental y aplicada. El número de artículos que integran el término *neural machine translation* referenciados en *Google Scholar* ascendía en 2018 a más de 5000 casos (*cf.* Stahlberg, 2020: 344).

Las perspectivas que se adoptan en dichos trabajos son múltiples. En el campo de la traductología, se centra la atención en la descripción de los aspectos técnicos y el funcionamiento de los modelos, en la evaluación de los resultados y de las técnicas manuales o las métricas automáticas para llevar a cabo dicha tarea, en las cuestiones que giran en torno a la formación de traductores profesionales o a la enseñanza de segundas lenguas, en los aspectos éticos y laborales, entre tantas otras cuestiones.

Dentro de este contexto general, este capítulo se centra en la evaluación de los resultados que se obtienen a partir de la TAN de textos especializados entre el español y el francés. El objetivo es contribuir a la identificación de algunos criterios que podrán guiar la descripción de la lengua de la TAN obtenida por medio de dos motores genéricos (DeepL y Systran Pure Neural Server). Tal información permitirá contribuir a la creación de una base común de conocimientos que podrá emplearse ulteriormente para la práctica profesional (utilización de los motores, posedición de los resultados, etc.) o la enseñanza destinada a aprendientes de lenguas extranjeras o de carreras de traducción.

La primera sección del capítulo describe los fundamentos del cuestionamiento en cuanto a la posibilidad y al interés de abordar el estudio de las características de la TAN entre el español y el francés. Luego se propone una breve descripción del corpus de datos analizados y se presentan seguidamente algunos de los resultados en cuanto a ciertas omisiones y repeticiones injustificadas, a la gestión terminológica y a la coherencia interna de los textos.

2 LA TAN ENTRE EL ESPAÑOL Y EL FRANCÉS

2.1 Enfoque general del estudio de los resultados de la TAN

Uno de los objetivos de los estudios en el campo de la traductología ha sido identificar las características de un texto traducido —los llamados universales de traducción—. En términos de Gellerstam (1986), se trata de desvelar el "translationese", el conjunto de rasgos específicos de las traducciones. Con tal objetivo, se han adoptado en muchas ocasiones perspectivas empíricas que comparan, por medio de herramientas informáticas sofisticadas, traducciones con textos originales (Baroni y Bernardini, 2006; Ilisei *et al.*, 2010 *i. a.*). Esta base metodológica se ha aprovechado para estudiar los resultados obtenidos por los motores de TAN. En la literatura especializada, son numerosos los trabajos que, adoptando una perspectiva empírica, describen las principales características lingüísticas, pragmáticas o discursivas de los resultados obtenidos por medio de los motores de TAN. Así, retomando etiquetas anteriores, el conjunto de tales rasgos lingüísticos se identifica a menudo con términos tales como "machine translationese" (Bizzoni *et al.*, 2020; de Clerq *et al.*, 2021; Loock, 2018, 2020) o, en una propuesta de traducción al francés, "e-traductionnais" (Yvon, 2019).

Cabe preguntarse si es posible identificar de manera fiable el *machine translationese*. Una respuesta afirmativa queda implícita en las investigaciones realizadas en diferentes campos. Además de los estudios ya citados, es el caso, por ejemplo, de los especialistas del procesamiento del lenguaje natural y del aprendizaje profundo quienes intentan crear herramientas de detección automática de textos generados por la TAN. En el campo de la enseñanza, también se presupone la posibilidad de reconocer las características de los textos surgidos de la TAN y, de hecho, se propone que transmitir tal tipo de información a los aprendientes

Capítulo 3
Sobre algunos criterios terminológicos y textuales para describir
la traducción automática neuronal español-francés   103

permitirá empoderarlos de cara a la utilización de los motores (Loock, 2020)[42].

Recientemente, el uso de las etiquetas *translacionese* y *machine translacionese* ha suscitado sin embargo algunas críticas que abogan por que se abandonen tales denominaciones (Jiménez-Crespo, 2023). Es cierto que, en muchos casos, con estos términos sólo se busca acentuar que el resultado de la TAN es perfectible, que para lograr una traducción de alto nivel se requiere una posedición. No obstante, las connotaciones peyorativas inherentes a *translacionese,* además de ocultar los aspectos positivos de la TAN, pueden asociarse a la profesión de traductor/a o al resultado de su trabajo y tener así un impacto negativo sobre estos. Para evitar tales consecuencias, de la misma manera que es posible hablar de la "lengua de la traducción" ([*language of translation*] Baker, 1996, 1999 citado en Jiménez-Crespo, 2023: 2), podría emplearse el término "lengua de la traducción automática" ([*MT-translated language*] Jiménez-Crespo, 2023: 2). Se enfatizaría así que se trata de diferentes variedades de lengua que pueden estudiarse evitando las generalizaciones apresuradas y prestando atención a las tendencias que surgen en contextos particulares ya sea de traducción humana o de traducción automática.

Más que dar una respuesta al debate en cuanto a la denominación de los resultados de la TAN, este trabajo apunta a caracterizar los resultados de los motores de TAN para el caso de la traducción técnica entre el español y el francés por medio de motores genéricos (es decir, no especializados) a partir de un análisis de corpus. Antes de presentar los criterios que se tomarán en cuenta para la exploración de los resultados,

---

42   Sin embargo, nótese que, para poder determinar si un texto ha sido escrito por un estudiante o generado por medio de la TAN, los profesores de lengua parecen fiarse cada vez más a sus conocimientos en cuanto al nivel de dominio que se presupone en cada estadio de aprendizaje de los aprendientes, y menos a las características específicas de un texto en particular (*cf.* Maimone y Jolley, 2023).

la siguiente sección resume brevemente las principales características de los motores de TAN.

2.2 Modelos y principios básicos de la TAN

La TAN no corresponde a un único tipo de sistema, sino que existe una multiplicidad de modelos, que los especialistas no dejan de perfeccionar. Cada arquitectura posee sus especificidades y busca responder a alguna de las limitaciones identificadas en los demás casos (*cf.* Stahlberg, 2020). A modo de ilustración, los diferentes cálculos algorítmicos que permiten generar las traducciones pueden realizarse de manera secuencial en diferentes módulos (modelos *Recurrent Neural Network*) o, en otros casos, admitir la paralelización (modelos *Transformer*) (*cf.* Kumar *et al.,* 2022; Pérez-Ortiz *et al.,* 2022).

Todos los modelos de TAN comparten sin embargo una característica común, que al mismo tiempo los distingue de otros tipos de traducción automática (estadística o a base de reglas). Se basan en algoritmos de inteligencia artificial construidos a partir de redes de neuronas artificiales que posibilitan el aprendizaje profundo (*cf.* Pérez-Ortiz *et al.,* 2022; Poibeau, 2019; Kenny, 2022). Dicho aprendizaje tiene lugar sobre todo en la fase de entrenamiento de los modelos, que se desarrolla a partir de vastos corpus paralelos (compuestos de textos originales y de las traducciones correspondientes), que se encuentran alineados a nivel de la frase. La cantidad y la calidad de los datos es fundamental, ya que eso determinará la posibilidad del sistema para generalizar la información y, frente a datos desconocidos, obtener traducciones de gran fluidez y corrección[43]. De ahí que los resultados no sean los mismos para todas

---

43   Se hace referencia en este caso a modelos que implican dos lenguas en particular. Existen sin embargo modelos multilingües que han llegado recientemente a incorporar hasta 200 lenguas diferentes con el objetivo de no dejar *ninguna lengua fuera*. Es el caso, por ejemplo, del proyecto *No Language Left*

las combinaciones de lenguas: en algunos casos los datos disponibles son escasos o la calidad es insuficiente (*cf.* Oliver, 2020 y este volumen).

Con el entrenamiento del sistema, se apunta a crear un modelo de traducción a partir de la vectorización del sentido de *tokens* (e incluso de unidades inferiores) de las lenguas en cuestión. La modelización del sentido de las unidades se expresa en vectores, que se denominan incrustaciones de palabras (*word embeddings*) y que resumen numerosas dimensiones de análisis. En este sentido, la introducción de los llamados mecanismos de atención permitió enriquecer la modelización con información en cuanto al contexto de aparición de cada una de las unidades. De manera general, se trata de la información contenida en el marco de la misma unidad frástica en la que aparece el *token* en cuestión, si bien la modelización del contexto ha evolucionado con el correr de las investigaciones (*cf.* Popescu-Belis, 2019). En este último sentido, en algunas arquitecturas recientes, estas incrustaciones incluyen información que excede el marco frástico y adoptan por consiguiente una perspectiva de *document-level machine translation* (Bao *et al.,* 2021; Kenny, 2022: 43).

2.3 Evaluar los resultados de la TAN español-francés

De la descripción de los motores de TAN expuesta en la sección previa, se desprende que los resultados son tributarios de numerosos factores, entre los que se encuentra el par de lenguas implicado. Se trata entonces de un argumento para circunscribir el estudio de la lengua de la TAN a una combinación en particular, por lo menos en una etapa inaugural. Ahora bien, en el caso de la traducción español-francés, ¿qué criterios deberían privilegiarse para la exploración?

Behind (NLLB-200): https://ai.meta.com/blog/nllb-200-high-quality-machine-translation/ [consultado el 15 de julio de 2023]

En la literatura, se exponen los problemas más frecuentes que se distinguen en los textos generados por la TAN. Entre ellos se encuentran, por ejemplo, fallos en la transferencia lingüística, ambigüedades, omisiones, creaciones léxicas (alucinaciones del sistema), sesgos algorítmicos, reproducción de errores y de prejuicios, mala gestión de los nombres propios, siglas y neologismos (*cf.* Castilho *et al.,* 2017; Esperança-Rodier y Becker, 2018; Fiorini *et al.,* 2020; Grass, 2022; Koehn y Knowles, 2017 i.a.). Específicamente para la TAN español-francés, algunas de estas dimensiones se han analizado, por ejemplo, en Valdez y Lomeña Galiano (2021, en prensa). Respecto de la traducción de textos periodísticos, los autores describen la uniformización del léxico provocada por DeepL y la mala gestión de algunas siglas y nombres propios poco comunes, si bien no se detectan fallos mayores en cuanto a la transferencia de la información. Cases Berbel y Nieto García (2021), por su parte, adoptan una perspectiva discursiva al abordar la traducción de un extracto de texto literario desde el español al francés (y al italiano). En cuanto a la gestión de los sujetos tácitos, las autoras concluyen que la traducción de DeepL "ha resultado ser más que aceptable" (ibidem: 56). Puesto que en este último caso sólo se analizan expresiones anafóricas en masculino y en posición de sujeto sintáctico, lo cual podría introducir un sesgo en los resultados[44], Valdez (2023) propuso analizar una mayor variedad de casos de referenciación, al tiempo que introdujo la evaluación de otros parámetros respecto de la TAN de textos técnicos. Este último estudio, inspirándose de la literatura especializada y específicamente del informe del grupo "Traduction et science ouverte" (Fiorini *et al.,* 2020), abordó los resultados de DeepL respecto de: (i) las omisiones, (ii) la coherencia terminológica, (iii) la coherencia interna del texto traducido. En el presente capítulo, se completan los resultados del estudio de Valdez (2023) gracias a la comparación de los resultados generados por los motores de TAN de DeepL y de Systran Pure Neural Server.

---

44   Se reconoce que, por defecto, los motores de TAN optan por la traducción hacia el masculino (*cf.* Kenny, 2022: 43; Voita *et al.,* 2018: 1270).

3 CONSIDERACIONES METODOLÓGICAS PRELIMINARES

Para el presente estudio, se completó el corpus de TAN presentado por Valdez (2023). Dicho corpus fue constituido en noviembre de 2022 y está compuesto por textos técnicos (*cf.* Fontanet, 2006) que describen el uso de las criptomonedas[45]. En total, se trata de 29 textos fuente en español (41 200 palabras) obtenidos por medio de Sketch Engine (Kilgarriff *et al.,* 2004), alineados a nivel de los párrafos con la respectiva traducción en francés realizada por medio de DeepL, versión Pro Advanced (42 100 palabras). Para este capítulo, se añadió una traducción suplementaria, que fue generada en abril de 2023 por el motor de Systran Pure Neural Server (41 300 palabras), con el objetivo de poner en perspectiva los resultados obtenidos en el estudio previo. Cabe destacar que, tanto en el caso de DeepL como en el de Systran, no se procedió a la integración de diccionarios especializados adaptados a los textos en cuestión ni se modificó la primera versión arrojada por los motores. Con ello, se apuntó a obtener resultados similares a los que podría estar expuesto un usuario ocasional ([*casual users*] Ramírez-Sánchez, 2022: 165) de los motores de TAN.

En cuanto al tratamiento del corpus, se adoptó una metodología de anotación manual. De manera general, se admite que las métricas automáticas son insuficientes para evaluar el progreso de la calidad de las traducciones automáticas neuronales (*cf.* Wisniewski *et al.,* 2021). Además, algunas de ellas, tales como BLEU ou METEOR, comparan la traducción automática a una o varias traducciones de referencia en términos de correspondencia entre *n-grams* (secuencias específicas de *tokens*) (*cf.* Sánchez Ramos y Rico Pérez, 2020). Son entonces menos fiables a la hora de determinar, por ejemplo, la calidad respecto de

---

45   Se trata de hecho de un tema candente en el mundo hispanohablante: España es el líder europeo en cuanto al número de máquinas para obtener criptomonedas; en El Salvador, el bitcoin tiene carácter de moneda nacional.

fallos que implican pocos caracteres (pocas diferencias respecto de la traducción de referencia). Un error de concordancia en un pronombre anafórico podría entonces tener un impacto menor en el resultado numérico de la métrica, cuando en realidad puede significar un problema grave para la construcción del sentido (*cf.* Bawden *et al.,* 2018: 1305). Así, puesto que uno de los objetivos del presente estudio consiste en la evaluación de la referenciación, se privilegió la anotación y la evaluación manual de las traducciones automáticas. No obstante, no se dejaron de lado las herramientas informáticas que permiten llevar a cabo la tarea. Además de Sketch Engine, se recurrió al programa Glozz (Widlöcher y Mathet, 2012) y a la plataforma de textometría iTrameur (http://www.tal.univ-paris3.fr/trameur/iTrameur/), así como al lenguaje de tratamiento estadístico R (R Core Team, 2020), empleado a través de RStudio (RStudio Team, 2015).

4 SÍNTESIS Y PUESTA EN PERSPECTIVA DE LOS RESULTADOS

4.1 Omisión y repetición de términos, ¿dos consecuencias de la generalización?

En la literatura especializada, se da cuenta de las omisiones que operan los motores de TAN de cara a textos especializados (Castilho *et al.,* 2017). En el caso del par español-francés, este fenómeno se ha confirmado para la traducción técnica tanto en el caso de DeepL (*cf.* Valdez 2023) como en el de Systran. En el corpus analizado, se encuentran omisiones de ciertos números que permiten definir títulos y listas. Si bien son casos poco frecuentes, se trata de un fallo importante, en la medida en que se desnaturaliza el texto técnico cuyo objetivo principal es describir el

Capítulo 3
Sobre algunos criterios terminológicos y textuales para describir
La traducción automática neuronal español-francés   109

paso a paso del uso de las criptomonedas. También existen otras omisiones aleatorias de segmentos, como se ilustra en el Ejemplo 1[46].

Texto fuente	TAN DeepL	TAN Systran
En el apartado "Coinbase maturity" he puesto 5. Eso significa que las monedas obtenidas tras un bloque minado pueden ser gastadas tras 5 confirmaciones. **Por defecto pone 20**. Esto afecta a la seguridad de mi blockchain, pero por el contrario podré enviar las monedas obtenidas por minería sin esperar tanto tiempo.	Dans la section "maturité Coinbase" j'ai mis 5. Cela signifie que les pièces obtenues après un bloc miné peuvent être dépensées après 5 confirmations. Cela affecte la sécurité de ma blockchain, mais d'un autre côté, je pourrai envoyer les pièces obtenues par minage sans attendre aussi longtemps.	Dans la rubrique "Coinbase maturity", j'ai mis 5. Cela signifie que les pièces obtenues après un bloc miné peuvent être dépensées après 5 confirmations. **Par défaut, il met 20**. Cela affecte la sécurité de ma blockchain, mais au contraire, je pourrai envoyer les pièces obtenues par l'exploitation minière sans attendre aussi longtemps.

Ejemplo 1

En este capítulo, se analizan específicamente las omisiones que implican el término *criptomonedas* y sus variantes terminológicas. Más precisamente, se centra la atención en las construcciones de redenominación consecutiva, es decir, aquellas en las que se encadenan diferentes variantes terminológicas de *criptomoneda*, como se ilustra en la Imagen 1.

Una criptomoneda, criptodivisa o criptoactivo es básicamente un medio digital de intercambio que utiliza criptografía robusta para asegurar las transacciones, controlar la creación de unidades adicionales y verificar la transferencia de activos usando tecnologías de registro distribuido.

Imagen 1. Construcción de redenominación consecutiva

46   Nótese que, en el ejemplo 1, pueden detectarse otros fallos que no se analizan específicamente en este artículo. Por ejemplo, DeepL traduce de manera inapropiada *maturité Coinbase* y Systran emplea *exploitation minière* en un contexto que no corresponde.

Todas las relaciones entre términos similares a la Imagen 1 (señaladas con verde) fueron anotadas tanto en el subcorpus de textos originales como en las traducciones automáticas. La comparación de los resultados permitió identificar dos tipos de fallos en la traducción de este tipo de construcciones: omisiones y repeticiones injustificadas.

Una criptomoneda, criptodivisa o criptoactivo es básicamente un medio digital de intercambio que utiliza criptografía robusta para asegurar las transacciones, [...]	Une crypto-monnaie est essentiellement un moyen d'échange numérique qui utilise une cryptographie robuste pour sécuriser les transactions, [...]

Ejemplo 2

En cuanto a las omisiones, el Ejemplo 2 ilustra un caso prototípico. Tanto en las traducciones generadas por DeepL como en aquellas obtenidas por medio de Systran existen omisiones de algunos de los términos que componen las construcciones de redenominación. De las 26 relaciones de redenominación identificadas en el subcorpus original, solamente 9 se mantienen en el caso de la traducción de DeepL y únicamente 7 para los textos generados por Systran. Esto provoca una pérdida de información a lo largo del proceso de traducción, que desemboca en textos menos coherentes e informativos que los originales. Menos coherentes e informativos porque el receptor no obtendrá necesariamente la información que permite comprender que las diferentes variantes denominativas se emplean como sinónimos y, por consiguiente, podría perder el hilo de la argumentación durante la lectura de las traducciones o, más tarde, no saber cómo reaccionar en el caso de entrar en contacto con una de las variantes a la que no habría sido expuesto.

En cuanto a las repeticiones, se trata de un fallo que también se produce con ambos motores de TAN. Tanto el uno como el otro introducen de manera consecutiva el mismo término, lo que crea una tautología injustificada que impide la construcción del sentido del texto original. Con el Ejemplo 3, se ilustra esta situación.

Capítulo 3
Sobre algunos criterios terminológicos y textuales para describir
la traducción automática neuronal español-francés   111

Las criptomonedas, también llamadas criptodivisas o criptoactivos, son un medio digital de intercambio. [...]	Les crypto-monnaies, également appelées crypto-monnaies ou crypto-actifs, sont un moyen d'échange numérique. [...]

Ejemplo 3

Este tipo de tautología innecesaria no se encuentra en el subcorpus original, mientras que se identificaron 4 relaciones de repetición no pertinente en el caso de DeepL y 12 del mismo tipo en la traducción de Systran. La pérdida de información es flagrante, ya que se obtiene un resultado que está prácticamente desprovisto del sentido del original.

Tanto en el caso de las omisiones como en el de las repeticiones innecesarias deberían confirmarse los resultados a partir de un corpus más amplio (que incluiría un número más elevado de ocurrencias de las construcciones en cuestión). Sin embargo, podrían hacerse algunas consideraciones sobre los resultados a la luz de la información en cuanto al funcionamiento de los motores. Como se ha dicho más arriba, en los modelos de TAN, se representa el sentido de las palabras por medio de vectores que contienen información extremadamente rica. Gracias a un proceso de generalización, «those words with similar meanings or that usually co-occur in the same contexts end up having similar embeddings» (Pérez-Ortiz *et al.,* 2022: 150). Dicho de otro modo,

> in order to achieve generalisation, similar sentences should get similar representations, and as sentence representations will be obtained from words representations, we may conclude that representing similar words with similar numbers is a precondition for generalisation in neural language processing (Pérez-Ortiz *et al.,* 2022: 149-150).

La generalización es una condición para que, a partir de los datos procesados durante el entrenamiento, el sistema pueda traducir frases nuevas a las que no ha sido expuesto con antelación. Sin embargo, la (sobre)generalización es un factor que entra en juego en el cálculo probabilístico que fundamenta la selección y la riqueza del léxico empleado por los motores (Vanmassenhove *et al.,* 2019: 224). Es decir que si dos palabras como *criptomoneda* y *criptodivisa* corresponden a incrustaciones similares (por el hecho de compartir el mismo sentido y por aparecer en contextos similares), cabe preguntarse si los fallos se originan cuando ambas palabras se solicitan en una misma frase o en una misma construcción. Los datos analizados parecerían confirmarlo: el sistema ya sea suprime alguno de los términos implicados (omisiones), o bien selecciona uno al azar sin considerar que se trata del mismo término que ya se ha empleado (repeticiones injustificadas). Otro de los factores que interviene es el hecho de que los términos analizados corresponden a neologismos, lo cual plantea problemas a los motores de TAN.

Las observaciones que se han realizado se aplican a palabras que podrían calificarse como sinónimos o, en el caso de discursos especializados, de variantes terminológicas. Los mecanismos de atención que se han incorporado a los modelos más recientes de TAN participan en la selección del léxico tomando en cuenta factores cotextuales de las frases en lengua fuente y en lengua meta. Si bien su aportación al tratamiento de la polisemia es innegable, el procesamiento de las construcciones de redenominación arroja resultados menos impresionantes. Además, el hecho de que se omitan ciertos términos o de que otros se repitan de manera injustificada constituye un fallo que se puede relacionar más generalmente con la uniformización de las variantes terminológicas que se detalla en la próxima sección.

4.2 Variación terminológica: coherencia versus uniformización

La pérdida de riqueza léxica provocada por los motores de TAN es un fenómeno ampliamente documentado en la literatura (De Clerc *et al.,* 2021; Toral, 2019; Vanmassenhove *et al.,* 2019). En lo que concierne específicamente a la TAN entre el español y el francés, Valdez y Lomeña Galiano (2021) confirman la tendencia a la uniformización del léxico. Los autores afirman que, para la traducción de textos periodísticos, exis-

Capítulo 3
Sobre algunos criterios terminológicos y textuales para describir
la traducción automática neuronal español-francés   113

ten casos en los que se pierden los matices de diferentes parasinónimos, los cuales se traducen por un único lexema. En el caso del género textual analizado en dicho estudio, la uniformización se considera un fallo estilístico, ya que se generan textos repetitivos.

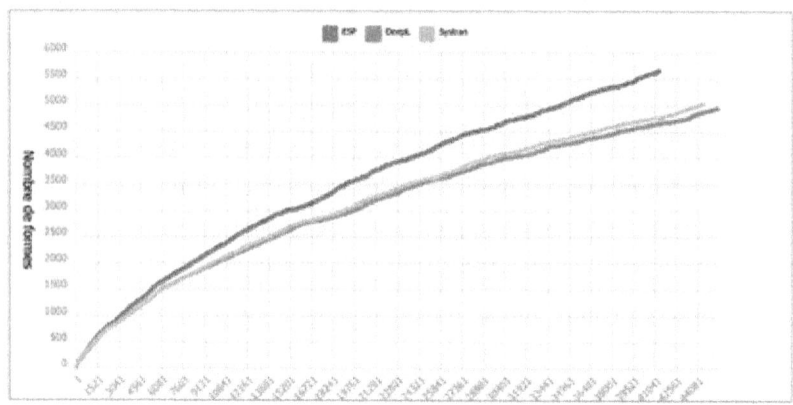

Imagen 2. Curva de crecimiento del léxico empleado, según los subcorpus

Con el fin de verificar si el empobrecimiento léxico también se produce en el corpus de textos técnicos analizado en el presente estudio, podría ponerse en marcha alguno de los métodos automáticos, como el cálculo del *type-token ratio* (TTR) o, incluso, el *standardised TTR*, es decir la media entre el TTR de cada uno de los 29 textos que componen el corpus (*cf.* Désagulier, 2017: 227-234). Sin embargo, en este último caso, no se tomaría en cuenta que el corpus fue traducido en cada caso como un único texto, lo cual podría tener un impacto en los resultados. Dada esta observación, en el presente estudio se optó por verificar las curvas de crecimiento del léxico, calculada para cada uno de los subcorpus por medio de la plataforma de textometría *iTrameur*.

Una primera aproximación al corpus a partir de la exploración de las curvas de crecimiento del léxico (Imagen 2) permite presuponer que la uniformización también opera en el caso de las traducciones técnicas propuestas por DeepL y Systran. En ambos casos, puede verse que las líneas se distinguen de aquella que se dibuja a partir de los datos del subcorpus de textos fuente. Debería tomarse en cuenta, sin embargo, que en las traducciones humanas también puede existir una menor diversidad léxica respecto de los textos originales (*cf.* Baker, 1993). Por esta razón, estos resultados deberían completarse con otros estudios ulteriores que permitan comparar las traducciones automáticas con traducciones humanas.

En el presente estudio, para aumentar la granularidad del análisis se decidió volver la mirada específicamente a la terminología. Para evaluar un caso concreto de gestión de la variación terminológica, se anotaron en los tres subcorpus todas las ocurrencias del término criptomoneda (*crypto-monnaie*) y de sus variantes *criptoactivo* (*cryptoactif*), *criptodivisa* (*crypto-devise*), la apócope *cripto* (*crypto*), el anglicismo *cryptocurrency* y, en el caso particular de los subcorpus de TAN, el barbarismo *cryptocurrence*. La anotación de cada una de las ocurrencias de tales términos se efectuó por medio del programa informático Glozz. Este mismo sistema permitió identificar igualmente el tipo de relación que se establecía entre los términos, a partir de una distinción entre cuatro tipos de relaciones, tal y como se ilustra en la Imagen 3.

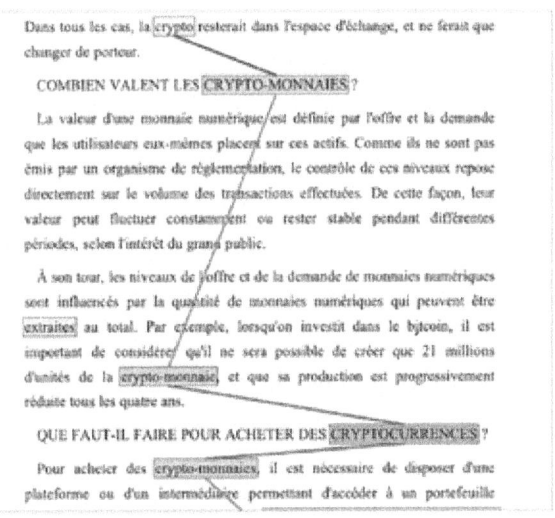

Imagen 3. Tipos de relaciones entre los términos

Capítulo 3
Sobre algunos criterios terminológicos y textuales para describir
la traducción automática neuronal español-francés   115

La relación entre las dos primeras unidades terminológicas (*crypto* y *crypto-monnaie*), que se señala con color azul en la imagen, es del tipo variación terminológica: si bien no se emplea exactamente el mismo término, se utiliza alguna de las variantes, en este caso la apócope, por lo que se asegura la coherencia terminológica. Es el mismo tipo de relación que se establece entre criptomoneda y cualquiera de sus variantes, sobre todo, por ejemplo, en los casos de redenominación consecutiva que se mencionan en la sección previa. La segunda relación, de color verde en la imagen, corresponde a un caso de coherencia terminológica propiamente dicha, ya que se mantiene exactamente el mismo término, sin ningún tipo de variación. La tercera relación, de color rojo, ilustra un caso de incoherencia terminológica, ya que la aparición del barbarismo rompe la cadena terminológica. También se categorizan de esta manera los casos de repetición no pertinente que se ilustraron en la sección previa o la aparición de anglicismos que no han sido correctamente introducidos en el discurso. El cuarto tipo de relación, que no se ilustra en la Imagen 3, consiste en algún tipo de variación ortográfica y concierne la aparición de alguna de las variantes ortográficas de los términos en cuestión (p. ej. en francés, la variación entre *cryptomonnaie* y *crypto-monnaie*). La anotación de los tres subcorpus a partir de esta tipología de relaciones entre los términos arroja los resultados que se resumen en la Tabla 1[47].

47   No se calculan valores de significancia para la tabla 1 ya que ciertas celdas están compuestas por menos de 20 ocurrencias, lo cual podría falsear los resultados.

	Textos fuente	TAN DeepL	TAN Systran
Coherencia terminológica	797	855	589
Variación terminológica	132	11	101
Variación ortográfica	8	0	237
Incoherencia terminológica	0	79	18
Total	937	945	945

Tabla 1. Distribución de las relaciones terminológicas, según los subcorpus

Tres tipos de consideraciones pueden realizarse a partir de la Tabla 1. En primer lugar, se constata que el subcorpus de textos originales se caracteriza por un número considerable de casos en los que se emplea alguna de las variantes terminológicas. Es sabido que la variación no es marginal en los textos especializados y que las razones de tal fenómeno son múltiples (*cf.* Drouin *et al.*, 2017; Moreno Fernández, 1999). Lo importante, en este caso, es destacar que dicha variación no se transfiere de la misma manera en los dos subcorpus de TAN. En el caso de DeepL se produce una uniformización de todas las variantes (a favor de *cryptomonnaie*): puede verse que la gran mayoría de casos corresponde a relaciones de coherencia terminológica. En la traducción de Systran, en cambio, se transmite más fielmente la variación del texto fuente; existe un número similar de casos de variación terminológica. Podría decirse entonces que existen diferentes grados de literalidad en la transferencia de la variación: mientras Systran provoca una traducción más literal respecto del original, DeepL se aleja de dicha versión. En segundo lugar, se verifica que la traducción propuesta por Systran incluye numerosos casos de variación ortográfica, lo cual podría significar un problema estilístico en el caso de apuntar a una traducción de alto nivel[48]. DeepL, por su parte, no incluye ningún caso de este tipo de variación, lo cual es

---

48   Esto tiene que ver con el hecho de que se trata de un neologismo que no se encuentra completamente estabilizado en el uso (*cf.* Valdez y Lomeña Galiano, 2021, para el análisis de un caso similar con el acrónimo covid-19).

congruente con la uniformización que se verificó en el punto anterior. En tercer lugar, la mayor cantidad de casos de incoherencia terminológica se concentran en la traducción generada por DeepL. Dichos fallos, que rompen la cadena terminológica, deberían corregirse independientemente del nivel de calidad al que se apunte en el resultado final.

Estos resultados permiten poner en perspectiva las curvas de crecimiento del léxico presentadas más arriba (Imagen 2). La uniformización de la terminología no opera al mismo nivel en las traducciones de los dos motores de TAN: es mucho más evidente en el caso de DeepL que en el de Systran. Respecto de la traducción especializada, dicha uniformización podría interpretarse positivamente, en el sentido en que permitiría la coherencia terminológica y reduciría el tiempo de posedición (*cf.* Diéguez, 2001). Sin embargo, no se trata de traducciones de alta calidad, ya que, como se ha visto, no están exentas de fallos que provocan incoherencias terminológicas, en el caso de DeepL, o falta de uniformidad ortográfica, en el caso de Systran. De hecho, en cuanto a la terminología, la TAN sigue generando errores (*cf.* Haque *et al.,* 2020), sobre todo si se toma en cuenta la traducción de términos compuestos (Amin Farajian *et al.,* 2018; Cabezas García y León Aráuz, este volumen). Por otro lado, la inclusión de un diccionario de términos especializados no parecería garantizar la coherencia terminológica, sino que además generaría otro tipo de errores, como en el caso de la gestión de los determinantes (*cf.* Fiorini *et al.,* 2020: 29). En definitiva, si bien el resultado bruto de los motores de TAN es prometedor, no permite asegurar una traducción de alta calidad, sin supervisión humana.

4.3 La importancia del marco de referencia en la evaluación de la coherencia interna

Como se ha dicho más arriba (sección 3), la anotación manual del corpus permitió focalizar la atención en fenómenos de referenciación a los que habría sido menos fácil acceder por medio de métricas automáticas de evaluación global de las traducciones. Existen, por supuesto, otros métodos para abordar este estudio. Por ejemplo, Bawden et al. (2018) han creado una batería de frases que evalúan específicamente los fenómenos de correferencia y de coherencia y cohesión textuales. Sin embargo, uno de los objetivos del presente capítulo, además de introducir el caso específico de los textos técnicos, era obtener información sobre la frecuencia de los fallos de los motores de TAN — más allá de poder crear una tipología o una etiología de errores, como puede ser el caso de otros trabajos. Por ello, era necesario analizar los fenómenos de referenciación a partir de textos auténticos, es decir, sin focalizarse necesariamente en un tipo de frase en particular. Con este objetivo, a partir de los dos subcorpus de TAN, se anotaron todas las expresiones referenciales y sus correspondientes antecedentes, así como el tipo de relación que se establecía entre ellos, distinguiendo entre la coherencia asegurada o, al contrario, la coherencia no asegurada. En las Imágenes 4 y 5 se presentan algunos ejemplos.

Les crypto-monnaies sont désignées au pluriel car elles sont nombreuses. Le pionnier était le bitcoin, mais depuis, beaucoup ont envahi le marché. Elles sont appelées crypto-monnaies car elles sont protégées par la cryptographie. Leur cohérence peut être protégée par des systèmes de vérification d'utilisateur à utilisateur, largement répartis sur le réseau.

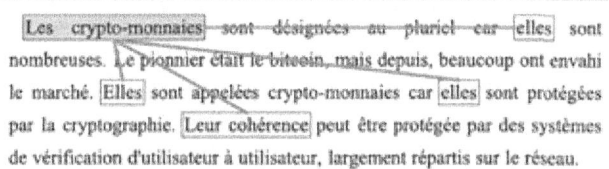

Imagen 4. Ejemplos de relación de coherencia interna

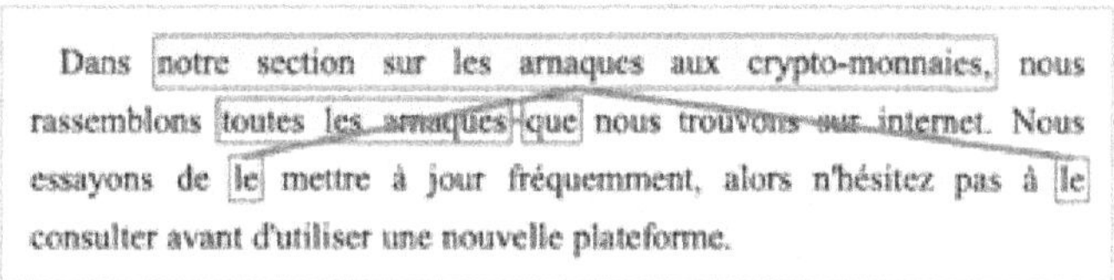

Dans notre section sur les arnaques aux crypto-monnaies, nous rassemblons toutes les arnaques que nous trouvons sur internet. Nous essayons de le mettre à jour fréquemment, alors n'hésitez pas à le consulter avant d'utiliser une nouvelle plateforme.

Imagen 5. Ejemplos de relación de coherencia interna (bis)

En la Imagen 4, pueden verse las relaciones (indicadas con una línea verde) que se establecen entre el sintagma nominal sujeto *Les crypto-monnaies* y los pronombres personales *elles* y el sintagma *leur cohérence*. Se trata de relaciones de coherencia asegurada, ya que se respeta la concordancia en género y en número, así como el sentido del texto fuente. Las dos relaciones indicadas en rojo en la Imagen 5, en cambio, constituyen casos de coherencia no asegurada, puesto que el error en la selección de los pronombres (masculino y singular) impide la referencia al antecedente (femenino y singular) y, por ende, la construcción del sentido original. Nótese, por otro lado, la variedad en los tipos de expresiones referenciales (pronombres personales, pronombres relativos, determinantes) y en la función sintáctica de los antecedentes (sujetos, complementos). Si bien no se ilustran todos los casos en las Imágenes 4 y 5 (p. ej. no se ven ejemplos de encapsuladores), tanto el subcorpus de DeepL como el de Systran fueron anotados exhaustivamente. Los resultados se resumen en Tabla 2.

	DeepL	Systran
Coherencia asegurada	87,2 (1395)	85 (1322)
Coherencia no asegurada	12,8 (204)	15 (234)
Total	100 (1599)	100 (1556)

Tabla 2. Distribución de los tipos de coherencia textual, según el motor de TAN

De la Tabla 2, se desprende que los casos en los que se rompe la coherencia interna son minoritarios en las traducciones generadas por ambos motores de TAN: 12,8% en el caso de DeepL y 15% para Systran. En este sentido, los resultados del test de χ^2 respecto de la Tabla 2 indican que no existe una distribución significativa de las ocurrencias: χ^2 (1, 3155) = 3,243; df = 1 ; p = 0,07. Dicho de otro modo, si bien la diferencia entre los tipos de coherencia (asegurada y no asegurada) es marcada, es arriesgado estimar que existe una diferencia entre los resultados correspondientes a cada motor de TAN.

Aunque la comparación no puede ser completa[49], los resultados obtenidos se asemejan a los que detallan Cases Berbel y Nieto García (2021), quienes detectaron en su estudio solamente un 8% de errores en la traducción de DeepL. Tanto en este último trabajo como en el presente estudio, se presentan resultados prometedores sobre todo si se toma en cuenta que se trata de motores genéricos (es decir, que no han sido entrenados a partir de corpora especializados). Un análisis cualitativo ulterior de los fallos permitirá construir una descripción más fina de los diferentes contextos. En el presente estudio, se completa el panorama a partir del análisis de la ubicación del antecedente de cada unidad fórica: el marco de referenciación puede ser frástico o extrafrástico. La Tabla 3 da cuenta de los resultados.

	DeepL		Systran	
	Marco frástico	Marco extrafrástico	Marco frástico	Marco extrafrástico
Coherencia asegurada	96,1 (1131)	62,6 (264)	90,6 (1085)	66,2 (237)
Coherencia no asegurada	3,9 (46)	37,4 (158)	9,4 (113)	33,8 (121)
Total	100 (1177)	100 (422)	100 (1198)	100 (358)

Tabla 3. Distribución de los tipos de coherencia textual, según el motor y el marco de referencia

Los resultados de los test estadísticos muestran que, calculando a partir de tablas individuales para cada uno de los motores de TAN, existe una distribución significativa de los resultados, tanto en el caso de DeepL [$\chi 2$ (1, 1599) = 310,8 ; df = 1 ; p < 0,005], como en el caso de Systran [$\chi 2$ (1, 1556) = 126,2 ; df = 1 ; p < 0,005]. Esto implica que las distribuciones de la Tabla 3 no son fruto del azar, sino que, al contrario, existe una relación

---

49   El corpus de análisis de Cases Berbel y Nieto García (2021) corresponde a un texto literario. Además, todos los referentes analizados eran de género masculino y las expresiones fóricas cumplían la función de sujeto.

significativa entre las variables en juego: el marco de referencia y el tipo de relación de coherencia. De manera general, en la Tabla 3, puede verse también que el número de ocurrencias de coherencia no asegurada desciende considerablemente cuando se toma en cuenta únicamente el marco frástico, sobre todo en el caso de DeepL. Esto es congruente con el funcionamiento de las arquitecturas más extendidas entre los motores de TAN, las cuales integran en los cálculos algorítmicos sobre todo la información que se encuentra dentro de la misma frase del *token* que se busca traducir. Por último, cabe destacar que el grado de asociación entre las variables no es el mismo en cada caso. Los resultados de DeepL evidencian una asociación más fuerte (V de Cramer = 0,44) que los resultados de Systran (V de Cramer = 0,29). En ambos casos, no obstante, se supera el límite inferior a partir del cual se considera que existe una relación de asociación fuerte entre las variables[50].

Es importante señalar que, de cara a los resultados obtenidos, el mayor desafío de la posedición de los fallos de referenciación en las traducciones generadas por DeepL y por Systran no consiste en la cantidad de manipulaciones necesarias (esfuerzo técnico) o en el lapso que estas últimas implicarían (esfuerzo temporal), sino en el análisis discursivo necesario para poder identificar y corregir los errores (esfuerzo cognitivo) (*cf.* Krings 2001, citado en O'Brien, 2022: 115). En otras palabras, los errores no son frecuentes, pero no por ello se vuelven más fáciles de gestionar[51]. Esta conclusión podría aplicarse igualmente al resto de dimensiones analizadas en el presente estudio (omisiones y gestión termino-

---

50   Convencionalmente se asume que un valor de V de Cramer igual o superior a 0,15 indica una asociación fuerte entre las variables en cuestión (*cf.* Chanvril-Ligneel y Le Hay, 2014: 187).

51   El esfuerzo cognitivo consiste en una serie de "hidden cognitive processes such as reading, understanding, comparing source language meaning to that of the MT output, decision making, while taking into account the guidelines and expectations, and monitoring the text as it is revised" (O'Brien, 2022: 116).

lógica). Sin embargo, el caso del tratamiento de la coherencia interna de los textos ilustra de manera más flagrante el hecho de que los resultados de los motores de TAN, a pesar de la fluidez que los caracteriza, requieren una atención particular en el caso de apuntar a una traducción de calidad elevada. En definitiva, "the more fluent the MT output, the more caution is needed" (Rossi y Carré, 2022: 54-55).

5 CONCLUSIÓN

En el presente capítulo, se presentan los principales resultados del análisis sistemático de un corpus de traducción automática neuronal compuesto por textos técnicos en español y de sus traducciones en francés realizadas por medio de DeepL y de Systran. La exploración se focalizó en tres dimensiones: la omisión y la repetición en construcciones de redenominación, la gestión de la variación terminológica y la creación de relaciones de coherencia interna.

De manera general, los resultados son variables. En cuanto a las construcciones de redenominación, la tendencia a las omisiones y las repeticiones injustificadas debería confirmarse por medio de un estudio ulterior a partir de un corpus que focalice específicamente dichos casos. Sin embargo, se trata de una dimensión en la que ambos motores de TAN arrojan resultados poco pertinentes. Respecto de la gestión de la variación terminológica, el estudio del caso particular de criptomonedas y sus variantes confirma en el caso de DeepL la uniformización del léxico que suelen operar los motores de TAN. En cambio, Systran restituye de mejor manera la alternancia entre las variantes, si bien integra numerosos casos de variación ortográfica que deberían poseditarse si el objetivo es lograr la coherencia terminológica. En ambos casos, la gestión de la terminología deja que desear, sobre todo si se toma en cuenta igualmente que DeepL introduce múltiples anglicismos y barbarismos que rompen la coherencia terminológica de las traducciones. Por último, a propósito de la gestión de los fenómenos de coherencia interna, los resultados son bastante prometedores, ya que en las traduc-

Capítulo 3
Sobre algunos criterios terminológicos y textuales para describir
la traducción automática neuronal español-francés   123

ciones de ambos motores la frecuencia de casos en los que se rompe la coherencia interna es minoritaria; todavía más si se toman en cuenta los casos de referenciación en el seno de una misma frase. No por ello puede asegurarse sin embargo que el sentido del original se construye correctamente en todos los casos: la posedición sigue siendo necesaria. En este sentido, el mayor desafío consiste en el esfuerzo cognitivo que dicha tarea podría engendrar (frente al esfuerzo temporal y/o técnico). Una evaluación de la relación entre el tiempo y las manipulaciones necesarios para realizar la posedición, y su correlato cognitivo, sería pertinente para poder completar los resultados que aquí se exponen con indicadores más objetivos (*cf.* Alvarez *et al.,* 2020).

Los resultados que se han presentado suscitan dos consideraciones finales. En primer lugar, las diferencias que se detectan entre los resultados de DeepL y de Systran muestran que las traducciones no son necesariamente literales respecto del original. Al subrayar esta característica, se evita adoptar la etiqueta de *machine translacionese* que en muchas ocasiones se ha asociado con la literalidad de los resultados (*cf.* Jiménez-Crespo, 2023: 4). En segundo lugar, para evitar la sobrecarga cognitiva de la posedición de todo un texto traducido por un motor de TAN, lo más pertinente parecería optar por una metodología de traducción asistida por el ordenador (*cf.* Hansen *et al.,* 2022). Es decir, el/la traductor/a recurriría a los motores para traducir segmentos más cortos sobre los que podría tener el control.

Para concluir, el presente estudio abre numerosas perspectivas de trabajo. Quedan por explorar numerosos fallos que no se han presentado específicamente (p. ej. otros problemas teminológicos o la omisión de ciertos sujetos sintácticos). Además, sería indispensable incluir dimensiones de exploración de componentes pragmáticos de los resultados de la TAN (p. ej. los pronombres de tratamiento del receptor o la adaptación de algunos ejemplos a la cultura meta). Los resultados presentados permiten sin embargo contribuir a la descripción de los resultados de la TAN entre el español y el francés, con el objetivo de acompañar la práctica profesional o la enseñanza.

6 REFERENCIAS BIBLIOGRÁFICAS

ÁLVAREZ, S., OLIVER, A., & BADIA, T., (2020). "Quantitative Analysis of Post-Editing Effort Indicators for NMT", en *Proceedings of the 22nd Annual Conference of the European Association for Machine Translation,* Lisboa, Portugal. European Association for *Machine Translation,* 2020, pp. 411–420.

AMIN FARAJIAN, M., BERTOLDI, N., NEGRI, M., TURCHI, M., & FEDERICO, M., "Evaluation of Terminology Translation in Instance-Based Neural MT Adaptation", en *Proceedings of the 21st Annual Conference of the European Association for Machine Translation,* 2018, pp. 169–178. https://aclanthology.org/2018.eamt-main.15/

BAO, G., ZHANG, Y., TENG, Z., CHENC, B., & LUO, W., "G-Transformer for Document-level Machine Translation", en *Proceedings of the 59th Annual Meeting of the Association for Computational Linguistics and the 11th International Joint Conference on Natural Language Processing,* 2021, pp. 3442–3455. https://aclanthology.org/2021.acl-long.267.pdf

BAKER, M., "Corpus Linguistics and Translation Studies: Implications and Applications", en M. BAKER, G. FRANCIS & E. TOGNINI-BONELLI (Eds.), *Text and Technology: In Honour of John Sinclair,* John Benjamins, Amsterdam-Philadelphia, 1993, pp. 233-250.

BARONI, M., & BERNARDINI, S., "A new approach to the study of translationese: Machine-learning the difference between original and translated text", *Literary and Linguistic Computing,* 21(3), 2006, 259–274.

BAWDEN, R., SENNRICH, R., BIRCH, A., & HADDOW, B., "Evaluating discourse phenomena in neural machine translation", *NAACL HLT 2018 - 2018 Conference of the North American Chapter of the Association for Computational Linguistics: Human Language Technologies - Proceedings of the Conference,* 1, 2018, 1304–1313. https://doi.org/10.18653/v1/n18-1118

BIZZONI, Y., JUZEK, T. S., ESPAÑA-BONET, C., CHOWDHURY, K. D., VAN GENABITH, J., & TEICH, E., "How Human is Machine Translationese? Comparing Human and Machine Translations of Text and Speech", en *Proceedings of the 17th International Conference on Spoken Language Translation,* 2020, pp. 280–290. https://aclanthology.org/2020.iwslt-1.pdf

CASES BERBEL, E., & NIETO GARCÍA, P., "Traducción de DeepL de los sujetos nulos de un texto literario español hacia lenguas románicas pro drop y no pro drop", *CLINA*, 7(2), 2021, pp. 41–59.

CASTILHO, S., MOORKENS, J., GASPARI, F., CALIXTO, I., TINSLEY, J., & WAY, A., "Is Neural Machine Translation the New State of the Art?, *The Prague Bulletin of Mathematical Linguistics*, 108(1), 2017, 109–120. https://doi.org/10.1515/pralin-2017-0013

CHANVRIL-LIGNEEL, F., & LE HAY, V., *Méthodes statistiques pour les sciences sociales*, Ellipses, París, 2014.

DE CLERQ, O., DE SUTTER, G., LOOCK, R., CAPELLE, B., & PLEVOETS, K., "Uncovering Machine Translasionese Using Corpus Analysis Techniques to Distinguish between Original and Machine-Translated French", *Translation Quarterly*, 2021, 101, 21–45.

DESAGULIER, G., *Corpus Linguistics and Statistics with R, Springer,* Berlín, 2017.

DIÉGUEZ, M. I., "Aciertos y errores en la traducción automática: metodología de la enseñanza-aprendizaje de la traducción humana", *Onomázein*, 2001, 6(6), 203–221.

DROUIN, P., FRANCŒUR, A., HUMBLEY, J., & PICTON, A. (Eds.), *Multiple Perspectives on Terminological Variation,* John Benjamins Publishing Company, Ámsterdam, 2017.

ESPERANÇA-RODIER, E., & BECKER, N., "Comparaison de systèmes de traduction automatique, probabiliste et neuronal, par analyse d'erreurs", *4ème Journée "Traitement Automatique Des Langues et Intelligence Artificielle" - TALIA 2018 Journée de La Plate-Forme Intelligence Artificielle (PFIA, 2018),* 2018.

FIORINI, S., BARBIN, F., GARNIER-RIZET, M., HERNÁNDEZ MORIN, K., HUMPHREYS, F., JOSSELIN-LERAY, A., KÜBLER, N., LOOCK, R., MARTIKAINEN, H., NOMINÉ, J.-F., PLAG, C., ROSSI, C., & YVON, F., *Rapport du groupe de travail Traductions et science ouverte,* 2020. https://hal-lara.archives-ouvertes.fr/OUVRIR-LA-SCIENCE/hal-03640511

FONTANET, M., "La traduction technique : le texte sous l'empire de l'extratextuel", en D. BLAMPLAIN, P. THOIRON, & M. VAN CAMPENHOUDT (Eds.), *Mots, termes et contexte,* Ed. des Archives contemporaines, París, 2006, pp. 309–316.

GELLERSTAM, M., "Translationese in Swedish novels translated from English", en L. WOLLIN & H. LINDQUIST (Eds.), *Translation Studies in Scandinavia,* CWK Gleerup, Lund, 1986, 88–95.

GRASS, T., "L'erreur n'est pas humaine", *Traduire,* 246, 2022, 10–23. https://doi.org/10.4000/traduire.2763

HANSEN, D., ESPERANÇA-RODIER, E., BLANCHON, H., & BADA, V., "La traduction littéraire automatique : Adapter la machine à la traduction humaine individualisée", *Journal of Data Mining and Digital Humanities,* 2022, pp. 1–19. https://hal.archives-ouvertes.fr/hal-03583562/document

HAQUE, R., HASANUZZAMAN, M., & WAY, A., "Analysing terminology translation errors in statistical and neural machine translation", *Machine Translation,* 34(2–3), 2020, 149–195. https://doi.org/10.1007/s10590-020-09251-z

ILISEI, I., INKPEN, D., CORPAS PASTOR, G., & MITKOV, R., "Identification of Translationese: A Machine Learning Approach", en A. GELBUKH (Ed.), *Computational Linguistics and Intelligent Text Processing.* CICLing 2010. Lecture Notes in Computer Science, vol 6008. Springer, Berlin, Heidelberg, 2010, pp. 503–511.

JIMENEZ-CRESPO, M. A. (2023). "Translationese" (and "post-editese"?) no more: on importing fuzzy conceptual tools from Translation Studies in MT research. https://www.researchgate.net/publication/370522084

KENNY, D., "Human and machine translation", en D. KENNY (Ed.), *Machine translation for everyone: Empowering users in the age of artificial intelligence,* Language Science Press, Berlín, 2022, pp. 23–50.

KILGARRIFF, A., RYCHLY, P., SMRZ, P., & TUGWELL, D., "The Sketch Engine", en *Proceedings of the 11th EURALEX International Congress,* 2004, pp. 105–116.

KOEHN, P., & KNOWLESS, R., "Six Challenges for Neural Machine Translation", en *Proceedings of the First Workshop on Neural Machine Translation,* 2017, pp. 28–39.

KUMAR, J., HENGE, S. K., & DUBEY, P., "An Intensive Literature Review on Machine Translation Using Neural Approach", *Lecture Notes in Electrical Engineering,* 832, 2022, 45–59. https://doi.org/10.1007/978-981-16-8248-3_4

LOOCK, R., "Traduction automatique et usage linguistique : Une analyse de traductions anglais-français réunies en corpus", *Meta (Canada),* 63(3), 2018, 786–806. https://doi.org/10.7202/1060173ar

Capítulo 3
Sobre algunos criterios terminológicos y textuales para describir
la traducción automática neuronal español-francés   127

LOOCK, R., "No more rage against the machine: how the corpus-based identification of machine-translationese can lead to student empowerment", *The Journal of Specialised Translation,* 34, 2020, 150–170.

MAIMONE, L., & JOLLEY, J., "Looks like google to me: Instructor ability to detect machine translation in L2 Spanish writing", *Foreign Language Annals,* 2023, 1-18. https://doi.org/10.1111/flan.12690

MORENO FERNÁNDEZ, F., "Lenguas de especialidad y variación lingüística", en S. BARRUECO, E. HERNÁNDEZ, & L. SIERRA (Eds.), *Lenguas para fines específicos (VI). Investigación y enseñanza.* Universidad de Alcalá, 1999, pp. 3–14.

O'BRIEN, S., "How to deal with errors in machine translation: Post-editing", en D. KENNY (Ed.), *Machine for everyone: Empowering users in the age of artificial intelligence,* Language Science Press, Berlín, 2022, pp. 105–120.

OLIVER, A., "Traducción automática para las lenguas románicas de la península ibérica", *Studia Romanica et Anglica Zagrabiensia,* 65, 2020, 367–375. https://doi.org/10.17234/sraz.65.45

PÉREZ-ORTIZ, J. A., FORCADA, M. L., & SÁNCHEZ-MARTÍNEZ, F. (2022). "How neural machine translation works", en D. KENNY (Ed.), *Machine for everyone: Empowering users in the age of artificial intelligence,* Language Science Press, Berlín, 2022, pp. 141–164.

POIBEAU, T., *Babel 2.0 : où va la traduction automatique ?,* Odile Jacob, París, 2019.

POPESCU-BELIS, A., "Context in Neural Machine Translation: A Review of Models and Evaluations", *arXiv,* 2019. http://arxiv.org/abs/1901.09115

R CORE TEAM, "R: A language and environment for statistical computing", *R Foundation for Statistical Computing,* 2020. https://www.r-project.org/

R STUDIO TEAM, "RStudio: Integrated Development Environment for R", MA, 2015. http://www.rstudio.com/

RAMÍREZ-SÁNCHEZ, G., "Custom machine translation", en D. KENNY (Ed.), *Machine for everyone: Empowering users in the age of artificial intelligence,* Language Science Press, Berlín, 2022, pp. 165–186.

ROSSI, C., & CARRÉ, A., "How to choose a suitable neural machine translation solution: Evaluation of MT quality", en D. KENNY (Ed.), *Machine for everyo-*

ne: Empowering users in the age of artificial intelligence, Language Science Press, Berlín, 2022, pp. 51–79.

SÁNCHEZ RAMOS, M. del M., & RICO PÉREZ, C. (2020). *Traducción automática. Conceptos clave, procesos de evaluación y técnicas de posedición,* Editorial Comares, Granada, 2020.

STAHLBERG, F., "Neural Machine Translation: A Review", *Journal of Artificial Intelligence Research,* 69, 2020, 343–418. https://scholar.google.com/scholar?q=%22neural+machine+

TORAL, A., "Post-editese: An Exacerbated Translationese", *Proceedings of the Machine Translation Summit XVII,* 2019, pp. 273–281. https://aclanthology.org/W19-6627

VALDEZ, C., "Vers une approche discursive de la traduction automatique neuronale espagnol-français de textes techniques", *Équivalences,* 50(1–2), 2023, 199–233.

VALDEZ, C., & LOMEÑA GALIANO, M., "Exploration de la traduction automatique neuronale espagnol-français. Pour une Traductologie de corpus appliquée à l'analyse des outils de traduction", *Traduction et Langues,* 20(1), 2021, 85–111.

VALDEZ, C., & LOMEÑA GALIANO, M., "L'humain et la machine face à la construction de la référence dans la traduction espagnol-français", *Actes Du 35e Colloque Du Cerlico,* (en prensa).

VANMASSENHOVE, E., SHTERIONOV, D., & WAY, A., "Lost in Translation: Loss and Decay of Linguistic Richness in Machine Translation", en *Proceedings of Machine Translation Summit XVII: Research Track,* 2019, pp. 222–232. https://aclanthology.org/W19-6622

VOITA, E., SENNRICH, R., SERDYUKOV, P., & TITOV, I., "Context-aware neural machine translation learns anaphora resolution", *ACL 2018 - 56th Annual Meeting of the Association for Computational Linguistics, Proceedings of the Conference (Long Papers),* 1, 2018, pp. 1264–1274. https://doi.org/10.18653/v1/p18-1117

WIDLOCHER, A., & MATHET, Y., "The Glozz Platform: A Corpus Annotation and Mining Tool", en *Proceedings of the 2012 ACM Symposium on Document Engineering,* 2012, pp. 171–180.

Capítulo 3
Sobre algunos criterios terminológicos y textuales para describir
la traducción automática neuronal español-francés **129**

WISNIEWSKI, G., ZHU, L., BALLIER, N., & YVON, F., "Biais de genre dans un système de traduction automatique neuronale : une étude préliminaire", *Actes de La 28e Conférence Sur Le Traitement Automatique Des Langues Naturelles,* Lille, France, 28 Juin Au 2 Juillet 2021, 2021. http://genderbiasnlp.talp.cat.

YVON, F., "Les deux voies de la traduction automatique", *Hermès, La Revue,* 3(85), 2019, 62–68.

Segunda parte

La integración de la TAN en contextos de formación

Capítulo 4
Estudio producto-procesual acerca del *modus operandi* de traductores en formación a la hora de poseditar textos humorísticos

Miguel Tolosa Igualada
miguel.tolosa@ua.es
Universidad de Alicante

1 INTRODUCCIÓN

En los años 50 del pasado siglo, se habló por primera vez de traducción automática (TA). Desde entonces hasta nuestros días, los avances tecnológicos que se han ido sucediendo han permitido pasar de modelos de TA basados en reglas (años 70), en un primer momento, a modelos estadísticos (años 80 y 90), posteriormente, para llegar, finalmente, a los modelos actuales, los neuronales. La TA neuronal, cuya idea primigenia data de los años 90 (Sánchez y Rico, 2020: 21), se dio a conocer en su configuración actual hace aproximadamente una década, y, desde entonces, Google o DeepL, por solo mencionar dos de los traductores automáticos más populares, se han basado en dichos modelos neuronales para construir sus motores de traducción. Desde la llegada y perfeccionamiento de la TA neuronal, la traducción automática y la posedición (PE) han ido ganando en importancia y visibilidad a nivel profesional, si bien parecen no estar todavía plenamente generalizadas o consolidadas en dicho sector, al menos, en España (González Pastor, 2023). Sin embargo, todo apunta a que podrían estarlo en un plazo de tiempo relativamente breve.

Si asumimos, pues, que esta realidad podría ser cada vez más patente y solicitada a nivel profesional, cabría preguntarse cómo debe plantearse la formación de traductores en este ámbito. En este sentido, contamos ya con un buen número de investigaciones que se han interesado por la cuestión de la pedagogía de la posedición en el ámbito de la educación superior y sus implicaciones profesionales ulteriores. Sin embargo, son mucho menos numerosos los estudios que, desde una perspectiva empírico-experimental, hayan analizado el proceso subyacente a la actividad de posedición de los traductores en formación.

Pensamos que este tipo de estudios procesuales son muy necesarios para poder saber de dónde partimos, es decir, conocer el *modus operandi* "cuasi intuitivo"[52] de nuestros estudiantes al poseditar, y, sobre esta base, estar en condiciones de establecer objetivos pedagógicos futuros que resulten operativos y realistas, teniendo asimismo en cuenta las exigencias del mercado profesional de la traducción.

Así pues, en el marco del presente trabajo, nos planteamos como objetivo general averiguar, desde una perspectiva producto-procesual, cuál era el *modus operandi* puesto en práctica por 13 estudiantes de último curso del grado de Traducción e Interpretación (francés) de la Universidad de Alicante, cuya lengua materna es el español, a la hora de poseditar parte de un artículo de prensa del francés al español. En dicho artículo, escrito por el periodista François Reynaert y publicado en 2014 en la revista *Le Nouvel Obs*, encontramos elementos, que iban desde el nivel de la palabra hasta el del párrafo, cuya gestión podría movilizar actuaciones concretas por parte del poseditor que vendrían a alterar o romper su ritmo de trabajo cuasi automático que, inspirándonos en un trabajo previo (Tolosa-Igualada, 2013) en el que se analizaba la comisión de errores de traducción desde una perspectiva producto-procesual, proponemos denominar "inercia poseditora". En concreto, se trataba

---

52   Decimos "cuasi intuitivo" porque, al preguntarles, nuestros informantes nos explicaron que no habían recibido una formación específica en posedición, si bien sí conocían la práctica por haber recibido algunas nociones puntuales en algunas asignaturas.

de elementos humorísticos que, en el texto de partida, se manifesta-
ban en forma de juegos de palabras, expresiones irónicas, elementos
pertenecientes al lenguaje familiar, etc. Más allá de nuestro objetivo
general, nuestro objetivo concreto pasaba por averiguar qué harían los
estudiantes cuando se encontraran con esos elementos humorísticos:
¿serían conscientes de ellos? ¿qué acciones movilizarían en el caso de
que el motor no los hubiera traducido de forma óptima? ¿qué tipo de
consultas realizarían para su gestión? ¿qué herramientas emplearían?
¿cuánto tiempo le dedicarían a cada elemento? ¿los cambios introduci-
dos resultarían operativos teniendo en cuenta el encargo de posedición
planteado?

Para poder acceder a esta información procesual, empleamos dos
instrumentos de recogida de datos complementarios: 1) por un lado, un
grabador de pantallas (en concreto, el programa informático ZD Screen
Recorder) que nos generaría vídeos con la actuación de cada informante
y, 2) por otro lado, un cuestionario *ex post facto* en que se les preguntaría
por su nivel de afinidad y conocimiento previo de la posedición. Para
que la experimentación resultara lo más natural posible y que trabaja-
ran con sus herramientas habituales, no se les guió a la hora de escoger
el traductor automático. En este mismo orden de ideas, tuvieron plena
libertad para escoger el resto de herramientas de trabajo. Al finalizar la
experimentación, esperábamos contar para nuestro análisis con un cor-
pus de naturaleza doble: audiovisual (13 vídeos con la actuación de cada
informante) y textual (las 13 traducciones poseditadas).

El análisis producto-proceso de los resultados recabados nos per-
mitió establecer doce "escenarios de actuación" posibles por parte de
nuestros informantes a la hora de poseditar. Dichos escenarios tal vez
podrían abrir la puerta a nuevas reflexiones de índole pedagógica en la
formación de poseditores.

2 ESTADO DE LA CUESTIÓN

Desde que la traducción automática neuronal (TAN) se diera a conocer y se generalizara como el tipo de TA predominante hace una década, el interés que los investigadores han mostrado por la PE no ha hecho más que aumentar, a juzgar por el número de publicaciones científicas que se han ido sucediendo (*cf.* BITRA[53]). En esas publicaciones, se abordan, entre otras cuestiones, la productividad (O'Brien, 2011; Fernández Garrido, 2016; Toledo Báez, 2018), la evaluación de la calidad (Görög, 2014; Martínez Blasco, 2022), la posedición en entornos profesionales diversos (Rodríguez Vázquez, 2020; González Pastor, 2023) o la percepción de la posedición por parte de los traductores profesionales (Rossi y Chevrot, 2019).

Tomando en consideración los objetivos de la presente investigación, resultan especialmente relevantes aquellos trabajos que se hayan centrado en la pedagogía de la posedición, en la posedición desde la perspectiva del proceso y, sobre todo, en aquellos que hayan vinculado ambos objetos de estudio. Las investigaciones más recientes que se interesan por la pedagogía abordan aspectos como las competencias necesarias para poseditar, así como el diseño de las formaciones *ad hoc*, tanto existentes como futuras. Así, Koponen (2015) presenta un curso de posedición diseñado y desarrollado por ella en Finlandia y comenta la percepción de los estudiantes que lo siguieron. Sánchez Gijón (2016) analiza la posedición como fenómeno multidimensional con vistas a investigar las competencias necesarias para poder llevarla a buen puerto. Guerberof Arenas y Moorkens (2019) presentan un curso de TA y posedición que imparten a alumnos de máster con el que pretenden fomentar, entre otras cuestiones, la creatividad, el trabajo en equipo, la capacidad de resolución de problemas. Cid-Leal, Espín-García y Presas (2019) investigan la presencia de la TA y de la PE en los enunciados de perfiles

---

53   BITRA: https://aplicacionesua.cpd.ua.es/tra_int/usu/buscar.asp Consultado el 18 de junio de 2023.

profesionales, competencias y contenidos de los grados y másteres españoles. Concluyen que la tecnología ocupa todavía un lugar marginal en los programas de formación de traductores y proponen un marco general de perfiles y competencias que integre la TA y la PE. González Pastor y Rico (2021) presentan los resultados de la experiencia docente realizada en el marco del Proyecto de Innovación Docente POSEDITrad. En su trabajo, estas autoras presentan las herramientas al servicio del proceso traductor para la mejora de la competencia traductora del estudiantado. Desde un enfoque más experimental, Yamada (2019) lleva a cabo una investigación en la que una serie de estudiantes tuvieron que poseditar traducciones realizadas por un TA estadístico y otro neuronal. El autor llega a la conclusión de que la posedición realizada sobre el texto traducido por el TA neuronal requiere el mismo nivel de competencia que la traducción humana y que, por tanto, es necesario que los estudiantes sigan una formación en traducción para que sean capaces de concentrarse en los problemas relevantes al poseditar. Por último, Plaza-Lara (2022) integra la TA y la PE en las clases de traducción inversa y afirma que la metodología utilizada contribuyó a la mejora de la capacidad de resolución de problemas y de toma de decisiones, así como la percepción de autoeficacia y capacidad de análisis crítico de los estudiantes.

Como decíamos en las líneas previas, la PE también se ha abordado desde la perspectiva procesual. Krings (2001), en un trabajo pionero, presentó los resultados de un estudio experimental acerca de los procesos mentales presentes en la posedición de traducción automática (TA), empleando los protocolos de verbalización del pensamiento (*Thinking Aloud Protocols* o TAP). Si bien es cierto que la realidad (sobre todo, desde un punto de vista tecnológico) a la que alude el autor haya cambiado significativamente desde que publicara su estudio, una buena parte de sus conclusiones siguen teniendo plena vigencia. Por otra parte, más recientes en el tiempo, destacan los trabajos de Jia et al. (2019), quienes llevaron a cabo un experimento con vistas a examinar las diferencias cualitativas entre la TAN de Google poseditada y la traducción desde cero de textos ingleses generales y especializados al chino. Grabaron todo el proceso de 30 estudiantes de posgrado con el programa Translog[54] y llevaron a cabo TAP retrospectivos. Llegaron a la conclusión de que el tiempo y el esfuerzo cognitivo fue menor en la TAN que en la traducción humana y la fluidez y precisión del producto de la TAN fueron equivalentes a las de la traducción humana. Koglin y Cunha (2019), por su parte, quisieron analizar el esfuerzo cognitivo necesario para poseditar metáforas traducidas por un motor de TA estadístico y por uno neuronal. Para la recogida de datos utilizaron protocolos de seguimiento ocular y de pensamiento en voz alta. Concluyeron que el esfuerzo cognitivo necesario para poseditar el resultado de la traducción automática estadística puede ser menor. Finalmente, Cherrouk (2021) llevó a cabo una investigación en que examinó la autoeficacia percibida por estudiantes de máster sobre el rendimiento en posedición con la ayuda de métodos objetivos y subjetivos para la recogida de datos (Translog y cuestionarios en que se les preguntó por sus estrategias de posedición, así como por su actitud hacia la TA). Estos ejemplos de investigaciones recientes nos permiten comprobar que, a la hora de estudiar la PE desde la perspectiva procesual, se suelen utilizar tanto las herramientas tecnológicas (Programas para el registro de la actividad del usuario, programas para la grabación de pantallas, *Eye-trackers,* etc.) como los métodos más habituales (TAP, TAP retrospectivos, cuestionarios *ex post facto*, etc.) en este ámbito.

Así las cosas, observamos que son ya numerosos los trabajos que se han venido publicando en el ámbito de la TA y la PE y que han ido arrojando nueva y necesaria luz sobre un ámbito que, hasta hace solo dos décadas, no era un terreno tan frecuentado por los traductólogos. Cabe señalar, además, que, aunque menos numerosas, pero igualmente significativas, son las investigaciones que, por una parte, hayan indagado la pedagogía de la PE y, por otra, la PE desde la perspectiva procesual.

54   https://research.cbs.dk/en/publications/translog-ii-a-program-for-recording-user-activity-data-for-empiri. Consultado el 18 de junio de 2023.

Dicho esto, consideramos que resultaría de gran interés que proliferaran las investigaciones, menos habituales todavía hoy, que situaran su foco exclusivo de análisis en la tríada pedagogía-proceso-posedición o, dicho de otro modo, en investigaciones que abordaran la posedición desde el proceso (cognitivo) y que se sirvieran de los hallazgos realizados para el diseño de programas específicos para la formación de los futuros poseditores.

3 OBJETIVOS

El objetivo general de nuestra investigación, tal y como anunciábamos en la introducción, pasaba por conocer, partiendo de una investigación producto-procesual, el *modus operandi* general de un grupo de estudiantes de último curso del grado de Traducción e Interpretación (francés) de la Universidad de Alicante a la hora de poseditar, del francés al español, un texto periodístico con carga humorística, traducido previamente por un traductor automático neuronal.

De manera concreta, deseábamos investigar el proceso ejecutivo (Tolosa-Igualada, 2013) de nuestros informantes a la hora de tratar y, llegado el caso, poseditar al español los elementos humorísticos[55] presentes en el texto original en francés.

---

55 En el marco de la presente investigación, utilizaremos el concepto de *humor*, siempre difícil de definir y caracterizar dada su subjetividad intrínseca (Laurian, 1989; Torres Sánchez, 1999), en un sentido amplio y abarcador, como una suerte de «contenedor» en el que incluiremos fenómenos pragmático-semánticos, de diversa naturaleza y motivación, como podrían ser la ironía, la sátira, la parodia, el chiste, etc. No siendo nuestro objetivo definir qué es el *humor*, en este estudio consideraremos humorístico todo aquel elemento o formulación que potencialmente podría resultarle gracioso al lector. En todo caso, para una explicación exhaustiva de lo que es y supone el humor desde la lingüística, consúltense los trabajos del grupo de investigación de la UA: GRIALE (https://griale.dfelg.ua.es/).

4 DISEÑO EXPERIMENTAL

4.1 Método

En uno de sus trabajos, Gile (1998) aborda la metodología (en este caso, descriptiva) que se puede emplear a la hora de investigar en el ámbito de la interpretación de conferencias. Los principios básicos que sustentan dicha metodología resultan plenamente extrapolables a nuestra investigación. Así, este traductólogo distingue entre investigación descriptiva teórica e investigación descriptiva empírica y, dentro de esta última, diferencia entre la observacional y la experimental. A su vez, subdivide la investigación experimental en aquella que se basa en experimentos abiertos (para el planteamiento de hipótesis de cara a futuras investigaciones) y la que se basa en la realización de experimentos para la verificación de hipótesis previamente planteadas. Con respecto al enfoque que se basa en los experimentos abiertos, Gile (1998:76) explica que:

> for many behavioral scientists, 'experimental research' has become synonymous with statistical hypothesis-testing. Researchers tend to forget that experiments can also be used for other purposes. In particular, they can have an exploratory function and help find answers to questions of the "what will happen if..." type. Such experiments will be called 'open experiments' here.

Este tipo de investigación ofrece la ventaja de tener como objetivo el planteamiento de hipótesis para la exploración futura ante un fenómeno poco estudiado o para el que los resultados obtenidos todavía no resultan concluyentes. Además, por lo que se refiere al diseño experimental, no se requiere un control tan estricto de variables y, aun así, sigue brindando la ventaja de llevar a cabo las tareas experimentales, con varios informantes a la vez, bajo condiciones de ejecución idénticas. Otro de los puntos positivos de este enfoque, igualmente esgrimido por Gile (1998: 77), radica en el hecho de que este tipo de experimentación, por su naturaleza, esencialmente más abierta, fomenta la consideración de fenómenos que, con la ejecución de una experimentación más cerrada o restringida, tal vez hubieran pasado desapercibidos.

Partiendo, pues, de lo postulado por Gile y teniendo en cuenta nuestro objeto de estudio y los objetivos anteriormente expuestos, optamos por llevar a cabo un estudio empírico-experimental con carácter exploratorio. Como ya anunciábamos en la introducción, en el marco de esta investigación, un grupo de estudiantes de último curso del grado de Traducción e Interpretación de la Universidad de Alicante tuvieron que poseditar al español parte de un texto periodístico de 255 palabras escrito originariamente en francés cuyas características presentaremos en las próximas páginas.

4.2 Universo experimental

Nuestro universo experimental de partida estaba compuesto por 13 estudiantes[56] de último curso del grado de Traducción e Interpretación de la Universidad de Alicante que voluntariamente se prestaron a participar en el estudio. Todos tenían el español como lengua materna y el francés como primera lengua extranjera y habían superado las 3 asignaturas de lengua francesa de la carrera, por lo que contaban con un nivel C1 según el MCER, tanto en las competencias de comprensión (oral y escrita), las que más nos interesaban para esta investigación, como de expresión (oral y escrita). Además de ello, encontrándose ya en la recta final de sus estudios (que finalizarían dos meses después de haber llevado a cabo la experimentación), habían cursado y superado todas las

---

[56] Deseamos agradecer a los 13 informantes (promoción 2019-2023) su gran predisposición, amabilidad y motivación a la hora de participar en este estudio. Sin ellos, esta investigación no habría sido posible.

asignaturas de traducción general y la gran mayoría de las de traducción especializada e interpretación. El hecho de seleccionar a estudiantes de último año obedecía a nuestra voluntad de evitar la introducción de variables extrañas derivadas de un nivel de comprensión de francés todavía en construcción, en cursos inferiores, sobre todo si tenemos en cuenta el tipo y dificultad del texto que se les propuso.

Como decíamos en la introducción de este trabajo, de especial relevancia para este estudio consideramos el hecho de que los informantes no hubieran tenido una formación específica en posedición a lo largo de la carrera. En el cuestionario *ex post facto* algunos sí manifestaron haber recibido nociones muy básicas de posedición, algunas horas puntuales en dos o tres asignaturas de la carrera, pero no haberla practicado ni haberse formado de manera específica en tal disciplina. Por lo que, de entrada, esperábamos que su manera de trabajar fuera bastante intuitiva, hecho que nos parecía especialmente interesante y aprovechable a tenor de los objetivos que vertebran este estudio.

Señalaremos, por último, que, con anterioridad al desarrollo de la experimentación, se les informó detalladamente del contenido y desarrollo de la prueba de posedición y se les explicó que el resultado de aquella se iba a utilizar como base para redactar un artículo de investigación. Se les dio la oportunidad de plantear todas las dudas que tuvieran y se garantizó la confidencialidad de sus datos. Por último, se les advirtió de que, si al finalizar la experimentación, no deseaban que se utilizara el material generado por ellos, se destruiría en ese mismo momento. Todos firmaron el consentimiento por el que manifestaban su conformidad para seguir adelante y para que se utilizara el material generado para los fines especificados.

4.3 Tareas experimentales

En los años 70 del pasado siglo, los traductólogos funcionalistas alemanes postularon la importancia de traducir siempre teniendo en cuenta, entre otros factores, el encargo que suponía la plataforma de lanzamiento del proyecto de traducción, así como el propósito (o escopo) para el que tal traducción iba a ver la luz (Nord, 1997). Esta idea resulta aplicable (y deseable) a la actividad de posedición en la medida en que las características del encargo (propósito, expectativas del cliente en cuanto a la calidad del producto, ecosistema en el que se utilizará el producto poseditado, etc.) determinarán la toma de decisiones del poseditor (Sánchez y Rico, 2020:89). Tomando en consideración lo anterior, presentamos a continuación el encargo de posedición tal cual les fue planteado a los participantes de nuestro experimento.

ENCARGO: La revista española en línea XLSemanal tiene una sección de «firmas» en la que publican escritores y periodistas actuales como Pérez Reverte, Carmen Posadas, Juan Manuel de Prada, entre otros. La revista ha decidido abrir una nueva sección titulada "firmas extranjeras invitadas" en la que publicarán semanalmente periodistas extranjeros sobre temas de actualidad. Para ello, necesitarán traductores que se encarguen de verter al español los artículos en cuestión. Sin embargo, como el volumen de trabajo será bastante grande y solo pueden contratar a un traductor o traductora, están buscando a alguien que sea capaz de utilizar la traducción automática y de poseditar con solvencia. Antes de llevar a cabo tal contratación, están haciendo pruebas de selección para quedarse con aquella persona que se ajuste más al perfil que buscan. Así pues, como prueba, te han propuesto que utilices el traductor automático que prefieras y posedites el texto de más abajo escrito por el periodista francés François Reynaert y publicado originalmente en la revista francesa Le Nouvel Obs. Debes poseditarlo, por tanto, como lo harías si se fuera a publicar en XLSemanal. Quizás seas tú el próximo traductor o traductora de la revista. ¡Mucha suerte!

Como podemos observar, pues, a la hora de llevar a cabo el encargo de posedición, se les dio plena libertad para que escogieran el traductor automático de su preferencia. Además, al iniciar la prueba, les indicamos que podían utilizar todas las herramientas de consulta que estimaran oportunas. Por último, se les especificó en el propio encargo que debían poseditar imaginando que su posedición se iba a publicar en línea en el suplemento dominical *XLSemanal*. Esperábamos, por ende, una posedición lo más cercana posible a lo que se podría considerar una posedición completa (Sánchez y Rico, 2020:78-80).

4.4 Condiciones de ejecución de la experimentación e instrumentos para la recogida de datos

La experimentación se llevó a cabo a principios de abril de 2023 en una de las aulas de informática de la Facultad de Filosofía y Letras de la Universidad de Alicante. Los ordenadores que se iban a utilizar en la experimentación tenían conexión a Internet y acceso a cualquier sitio web que necesitaran visitar durante el proceso de posedición. En dichos equipos se había instalado el programa *ZD Screen Recorder* para la grabación de pantallas en tiempo real. Este programa nos iba a generar los 13 vídeos con la actuación de cada uno de nuestros informantes. Además, antes de iniciar el ejercicio, nos encargamos de colocar en el escritorio de cada ordenador dos documentos de Word: en uno figuraba el encargo, así como el texto en francés que debía traducirse automáticamente al español y poseditarse; y, en el otro, les formulábamos una serie de preguntas que debían responder una vez que hubieran concluido su posedición y les volvíamos a presentar el texto original (TO). Con este cuestionario *ex post facto* deseábamos saber, por un lado, qué conocimientos previos, tanto teóricos como prácticos, tenían en posedición. Para ello, les pedimos que respondieran en audio a esas preguntas y que se explayaran tanto como quisieran en sus respuestas. Y, por otro lado, les pedimos que marcaran en el TO todos aquellos elementos que les habían parecido graciosos. Queríamos, con ello, comprobar cuántos elementos humorísticos del TO habían detectado. Por lo tanto, al acabar la experimentación, contaríamos, en principio,[57] con un corpus de 13 vídeos (que nos iban a permitir analizar el proceso ejecutivo subyacente a su posedición), 13 textos poseditados (que nos permitirían estudiar la

---

[57] Decimos "en principio" porque, efectivamente, se produjo un problema informático al grabar el vídeo con la actuación de dos de las informantes y, aun teniendo el producto y el cuestionario *Ex post facto* de ambas personas, decidimos no considerar este material al no poder triangularlo con el análisis del proceso ejecutivo. Por lo tanto, el número final de informantes considerado en todo nuestro análisis fue de 11.

posedición como producto) y 13 cuestionarios *ex post facto* (con 13 reflexiones en audio y 13 textos originales en los que cada uno de los informantes habría señalado todo aquello que les había resultado gracioso).

Para llevar a cabo la posedición se les dio 60 minutos. A la hora de establecer ese tiempo, nos basamos en los cálculos de ASETRAD (2021:8), la cual afirma que el número de palabras medio de una posedición completa realizada por un profesional oscila entre las 600 y las 900 por hora. Así pues les dimos suficiente tiempo como para que pudieran ejecutar la tarea holgadamente y la premura no se convirtiera en una variable extraña. De hecho, todos entregaron su texto poseditado antes del tiempo límite. En este mismo sentido, el tiempo medio en el que completaron esta tarea fue de 36 minutos. Por otra parte, la cumplimentación de las dos partes del cuestionario la llevaron a cabo sin límite de tiempo. En cualquier caso, emplearon 25 minutos de media para completar el cuestionario en su totalidad.

4.5 Material de partida

En el encargo presentado anteriormente se les solicitaba que poseditaran un material de partida, el cual constituye la adaptación de una crónica que, originariamente, constaba de 626 palabras, escrita por el periodista francés François Reynaert[58] y publicada el 20 de febrero de 2014 bajo el título "Panard-chéologie" en el llamado, a la sazón, *Le Nouvel Obs*.

Desde 1994 hasta 2014, Reynaert publicó semanalmente en dicha revista una crónica, conocida como "Les choses de la vie", en la que comentaba, con ojo crítico, la actualidad francesa e internacional. En sus artículos, Reynaert mostraba, siempre con una significativa dosis de hu-

---

58   Más información (en francés) sobre el periodista François Reynaert: https://
fr.wikipedia.org/wiki/Fran%C3%A7ois_Reynaert_(journaliste) Consultado
el 20 de junio de 2023.

Capítulo 4
Estudio producto-procesual acerca del *modus operandi* de traductores en formación
a la hora de poseditar textos humorísticos   **145**

mor y sorna, su vertiente más satírica, socarrona, a veces irónica, pero siempre mordaz con aquello que estimaba digno de crítica. Cabe señalar, sin embargo, que, hacia el final de cada crónica, el periodista solía dar un giro en su argumentación y adoptaba un tono mucho más serio para presentar, de manera concisa y contundente, el mensaje de fondo que realmente quería transmitir y que invitaba a los lectores a reflexionar sobre la cuestión abordada. Lograba, por ende, un eficaz equilibrio entre lo serio y lo humorístico. Un humor que explotaba con maestría a golpe de inteligentes juegos de palabras, juegos fonéticos, dobles sentidos, mensajes implícitos, presuposiciones y sobreentendidos; en definitiva, todo aquel mecanismo pragmático que le permitiera alcanzar su propósito comunicativo. Un ejemplo palmario de lo que acabamos de exponer lo constituye la adaptación, de 255 palabras, que utilizamos en nuestra experimentación y cuyas principales características explicamos a continuación.

"Panard-chéologie". Se trata del título original de la crónica cuya adaptación hemos utilizado para llevar a cabo la presente investigación. El juego de palabras semántico y fonético del título, construido a partir de la palabra "panard" ("pie", en lenguaje familiar) y "-chéologie" (truncamiento de "archéologie"), ya nos brinda alguna pista acerca del hilo conductor principal del artículo. Así pues, en su publicación, el periodista francés se hace eco[59] del descubrimiento de unas pisadas humanas halladas en una playa de Happisburgh, en el condado de Norfolk (en la costa este de Inglaterra). Se trataba, al parecer, de las huellas humanas más antiguas (800 000 años) descubiertas hasta ese momento (2014) fuera de África y, al mismo tiempo, la evidencia más antigua de poblamiento humano en el norte de Europa. Esa antigüedad llevó a pensar a los paleontólogos que se trataba de la especie *Homo antecessor,* des-

---

[59] La prensa española también se hizo eco de este importante hallazgo. *Cf.* por ejemplo: https://www.elperiodico.com/es/ciencia/20140207/huellas-humanas-de-800000-anos-en-gran-bretana-3081373 Consultado el 20 de junio de 2023.

cubierta en 1994 en la sierra burgalesa de Atapuerca. Ello sugeriría que esta extinta especie viajó desde el sur hasta el norte y se instaló allí en una época en la que las islas británicas y el continente estaban unidos. Partiendo de este hecho, el periodista empieza su sátira. En ella, se imagina a aquellos seres, llegados del sur, en las playas inglesas, justo al contrario de lo que sucede hoy, según afirma el autor. Y, en su crítica, nos dice que esperaba que los ancestros de los españoles se comportaran mejor de lo que lo hacen hoy los ancestros de los ingleses en las costas españolas. Además, ya instalados en esa zona del actual Reino Unido, se pregunta con tono satírico si aquellos "protobritánicos" también se ponían rojos como tomates al tomar el sol en aquellas playas, tal y como hacen hoy sus descendientes (de nuevo, en afirmaciones del autor). En el artículo original, más extenso, como comentábamos anteriormente, el autor sigue satirizando a costa de la familia Real británica, aprovecha la coyuntura para burlarse asimismo de ciertos políticos franceses y de su manera de gestionar los asuntos importantes del país y, por último, hacia el final de la crónica, ya con tono serio, advierte de que nosotros mismos también vamos imprimiendo nuestras huellas, pero de otro tipo: las que vamos dejando en Internet cuando publicamos cosas en la Red y que, según los expertos, resultan peligrosamente imborrables. A continuación, transcribimos la parte del artículo que hemos utilizado en este trabajo. De cara a cumplir con el objetivo específico de este estudio, hemos puesto entre corchetes y asignado un número, para su explicación posterior, a aquellas partes que podrían resultar potencialmente graciosas[60] para los lectores francófonos:

---

60 Quisimos confirmar que las partes que a nosotros nos habían parecido graciosas también eran percibidas como tal por hablantes nativos de francés. Para ello, sometimos este texto a un grupo de diez personas francófonas (francesas y belgas, en este caso) de entre 25 y 50 años, con formaciones que iban desde los estudios secundarios hasta los estudios superiores en diferentes ámbitos, y les pedimos que nos indicaran qué partes del texto les habían parecido graciosas. Las 8 partes que hemos considerado para el análisis son aquellas que la mayoría de los informantes percibieron como graciosas.

PANARD-CHEOLOGIE[1]

Au mois de mai dernier, des scientifiques sont tombés sur les plus vieilles empreintes de pas humain jamais trouvées en Europe. Elles remontent à 800000 ans. [**Autant dire même pas au Déluge. Avant**][2]. Les plus anciennes marques de [**petons ancestraux**][3] connues jusqu'alors étaient datées de 3,5 millions d'années, mais elles avaient été observées en Tanzanie. Celles-ci sont dans le Norfolk. [...]

Il est vrai que généralement on ne dispose, pour retracer le passé, que de peu : des bouts de silex frappés sur les deux faces et des restes d'os. [**Tout ce que les scientifiques ont cette fois sous la main, ce sont donc quelques pieds**][4]. Nous sommes en quelque sorte dans la [**panard-chéologie**][1]. Ceux-ci appartiendraient à un de nos lointains cousins, « Homo antecessor », dont on pensait jusque-là qu'il habitait l'Espagne. On note qu'à l'époque [**il arrivait donc à des Espagnols de se trouver sur des plages anglaises. Aujourd'hui, c'est le contraire**][5] [**On espère que les ancêtres des premiers se comportaient mieux que les seconds au bord de la mer. A côté de nos pas, nulle trace de débris de canettes de bière ni de fanions de supporter de club de foot, juste les empreintes, figées, d'un petit groupe d'individus dont un mâle chaussant du 42 et quelques enfants également pieds nus**][6]. Que faisaient ces [**proto-british**][7] sur cette grève ? Ce qu'y font toujours leurs descendants ? [**Ils attrapaient des coups de soleil à toute**

Además, a partir de una escala de Likert, les pedimos que nos dijeran cuán gracioso les había parecido el texto, siendo 1: nada gracioso, 2: poco gracioso, 3: algo gracioso, 4: gracioso y 5: muy gracioso. La mayoría coincidió a la hora de considerar el texto como gracioso (nivel 4).

heure en maugréant « Nice weather, isn't it ? » à tous les baigneurs qu'ils croisaient ?][8]

1. *Panard-chéologie*: Se trata de un juego de palabras semántico y fonético del título, construido a partir de la palabra panard" ("pie", en lenguaje familiar) y el truncamiento "-chéologie" (truncamiento de archéologie", "arqueología"). El autor aprovecha la fonética del final de «pan-**ard**» que se convierte, al mismo tiempo, en el principio de la palabra "**ar**chéologie". La unión de ambos términos desemboca, pues, en un neologismo inventado, ciertamente gracioso, porque, además del juego fonético que crea, provoca un buscado contraste al unir una palabra familiar con el helenismo «arqueología». Todo ello da lugar a una suerte de llamativo pseudocultismo. Para que la traducción funcionara semántica y pragmáticamente, se podría, entre otras alternativas, inventar un pretendido cultismo que transmitiera la idea de «pie», en lenguaje familiar en español, así como de «arqueología». Y todo ello, de la manera más graciosa posible. No olvidemos que este título, y todo el texto en general, está escrito en tono jocoso, al tiempo que crítico.

2. *Autant dire même pas au Déluge. Avant.*: En este caso, para hablar de la gran antigüedad de las huellas, el periodista utiliza el recurso de la hipérbole asociándola al célebre pasaje bíblico del Diluvio Universal. Así, nos dice que las huellas halladas datan de una época antediluviana.

3. [...] *petons ancestraux*: En esta formulación, el autor juega con otro sinónimo de "pie", "peton", perteneciente de nuevo al registro familiar y con el matiz de ser de pequeño tamaño. La gracia radica en el hecho de que, en la misma estructura, aparece el adjetivo "ancestraux" que pertenecería a un registro más elevado y que, además, tendría el doble sentido de "huellas muy antiguas" y "pertenecientes a nuestros ancestros".

4. *Tout ce que les scientifiques ont cette fois sous la main, ce sont donc quelques pieds*: En este caso, el autor juega con el lenguaje prefabricado a partir de la unidad fraseológica "avoir sous la main" ("tener a mano", "tener a su disposición") que, de manera inédita e inesperada, y de ahí la gracia, aparece no lejos de la palabra "pies". Además, el contraste entre el "todo" del principio, con el "algunos" del final viene a realzar el efecto.

5. *[...] il arrivait donc à des Espagnols de se trouver sur des plages anglaises. Aujourd'hui, c'est le contraire.*: En esta frase, el humor es mucho más sutil y solo se entiende si se considera la totalidad del texto. Reynaert nos viene a manifestar cierta sorpresa al decir que, en aquella época remota, podía darse incluso el caso de que hubiera españoles en las playas inglesas. Remata esta sorpresa de manera contundente al afirmar que hoy asistimos justo al fenómeno contrario y que son los ingleses los que se encuentran en las playas españolas.

6. *On espère que les ancêtres des premiers se comportaient mieux que les seconds au bord de la mer. A côté de nos pas, nulle trace de débris de canettes de bière ni de fanions de supporter de club de foot, juste les empreintes, figées, d'un petit groupe d'individus dont un mâle chaussant du 42 et quelques enfants également pieds nus.*: El humor de este párrafo estriba en el hecho de traer a colación, y de paso criticar implícitamente, algunos comportamientos incívicos (dejar latas de cerveza y banderines de clubes de fútbol como «huella» de su paso por allí) de ciertos hinchas de fútbol británicos. Hipotetiza que los ancestros de estos británicos se comportaron mejor, pues el «único rastro» que dejaran fueron unas pisadas en una playa del este de Inglaterra.

7. *[...] proto-british*: El autor introduce este anglicismo que emplea *ad hoc* para aludir a los primeros habitantes de las islas británicas. Lo que resulta gracioso es que haya utilizado el prefijo griego "proto-" (primero), para indicar la antigüedad, en combi-

nación con la palabra en inglés "british" para darle, digamos, un toque sofisticado a la formulación y, de paso, a los seres a los que se refiere, le confiere, de nuevo, un grado adicional de sorna al fragmento, especialmente en función de la prosodia con la que leamos la palabra y la frase en la que se encuentra.

8. *Ils attrapaient des coups de soleil à toute heure en maugréant "Nice weather, isn't it ?" à tous les baigneurs qu'ils croisaient ?*: Al igual que en el elemento 6, juega con un cliché y una generalización jocosa que estriba en el hecho de asumir que todos los británicos que van a la playa acaban inevitablemente insolados. Hecho que, de acuerdo con la formulación de Reynaert, dichos británicos viven con cierta resignación al mascullar, con tono entre contrariado e irónico: "Nice weather, isn't it ?". Como en el elemento 7, el autor recurre al inglés para intensificar el efecto gracioso, que es todavía más marcado en función de la prosodia con la que se lea la frase.

Una vez explicados los elementos humorísticos presentes en el artículo de Reynaert, vamos a analizar ahora la traducción que de ellos ofreció DeepL, al ser este el motor que, de manera natural, utilizaron todos nuestros informantes.

5 RESULTADOS OBTENIDOS

5.1 Texto traducido por DeepL

En la siguiente tabla presentamos el texto original (columna de la izquierda) y la traducción automática en bruto (sin poseditar) que ofreció DeepL en el momento en el que se llevó a cabo la presente investigación (abril de 2023). Cabe señalar, de antemano, que, tanto en el texto original como en el traducido, hemos introducido corchetes para indicar el principio y final de cada formulación humorística, así como un número para identificarlas.

TEXTO ORIGINAL	TRADUCCIÓN DE DEEPL
[PANARD-CHEOLOGIE][1]	[PANARD-CHEOLOGY][1]
Au mois de mai dernier, des scientifiques sont tombés sur les plus vieilles empreintes de pas humain jamais trouvées en Europe. Elles remontent à 800000 ans. [**Autant dire même pas au Déluge. Avant**][2]. Les plus anciennes marques de [**petons ancestraux**][3] connues jusqu'alors étaient datées de 3,5 millions d'années, mais elles avaient été observées en Tanzanie. Celles-ci sont dans le Norfolk. [...]	El pasado mes de mayo, unos científicos dieron con las huellas humanas más antiguas jamás encontradas en Europa. Datan de hace 800.000 años. Es decir, [**ni siquiera del Diluvio. Antes**][2]. Las [**huellas ancestrales**][3] más antiguas que se conocen datan de hace 3,5 millones de años, pero se encontraron en Tanzania. Éstas están en Norfolk. [...]

TEXTO ORIGINAL	TRADUCCIÓN DE DEEPL
Il est vrai que généralement on ne dispose, pour retracer le passé, que de peu : des bouts de silex frappés sur les deux faces et des restes d'os. [**Tout ce que les scientifiques ont cette fois sous la main, ce sont donc quelques pieds**][4]. Nous sommes en quelque sorte dans la [**panard-chéologie**][1b]. Ceux-ci appartiendraient à un de nos lointains cousins, « Homo antecessor », dont on pensait jusque-là qu'il habitait l'Espagne. On note qu'à l'époque [**il arrivait donc à des Espagnols de se trouver sur des plages anglaises. Aujourd'hui, c'est le contraire**][5]. [**On espère que les ancêtres des premiers se comportaient mieux que les seconds au bord de la mer. A côté de nos pas, nulle trace de débris de canettes de bière ni de fanions de supporter de club de foot, juste les empreintes, figées, d'un petit groupe d'individus dont un mâle chaussant du 42 et quelques enfants également pieds nus**][6]. Que faisaient ces [**proto-british**][7] sur cette grève ? Ce qu'y font toujours leurs descendants ? [**Ils attrapaient des coups de soleil à toute heure en maugréant « Nice weather, isn't it ? » à tous les baigneurs qu'ils croisaient ?**][8]	Es cierto que en general se dispone de poco para rastrear el pasado: trozos de sílex golpeados por ambos lados y restos óseos. [**Todo lo que los científicos tienen a mano esta vez son unos pocos pies**][4]. Estamos en cierto modo en la [**panarqueología**][1b]. Pertenecen a uno de nuestros primos lejanos, el "Homo antecessor", que hasta ahora se creía que vivía en España. Cabe señalar que en aquella época [**se podían encontrar españoles en las playas inglesas. Hoy ocurre lo contrario**][5]. [**Esperamos que los antepasados de los primeros se comportaran mejor que los segundos a la orilla del mar. Junto a nuestros pasos, no había ni rastro de restos de latas de cerveza ni banderines de hinchas de clubes de fútbol, sólo las huellas congeladas de un pequeño grupo de individuos, entre ellos un varón con zapatos de la talla 42 y algunos niños que también iban descalzos**][6]. ¿Qué hacían estos [**protobritánicos**][7] en la playa? ¿Qué siguen haciendo allí sus descendientes?. [**¿Tomaban el sol a todas horas, murmurando "Hace buen tiempo, ¿verdad?" a todos los bañistas con los que se cruzaban?**][8]

Capítulo 4
Estudio producto-procesual acerca del *modus operandi* de traductores en formación
a la hora de poseditar textos humorísticos   **153**

Analicemos ahora de manera individual, desde un punto de vista semántico,[61] formal y pragmático, la traducción que nos ofreció DeepL:

ELEMENTO HUMORÍSTICO	TA SIN POSEDITAR
1. Panard-cheology/	Panard-cheology (título)/ panar-queología (cuerpo)
Observaciones:	
Esta es, sin duda, la palabra más importante puesto que en ella se concentra toda la carga semántica (deja intuir la cuestión abordada por el artículo) y pragmática (con una buena dosis de humor y, a veces, sátira) del texto.	
Observamos que, tanto en el título (1) como en el cuerpo del mensaje (1b) el motor inventa una traducción que no remite a nada en español. En ambos casos, deja la palabra «panard» sin traducir. Sin embargo, curiosamente, en el título, el final de la palabra lo pone «a la inglesa» («-cheology»), mientras que en el cuerpo del texto lo traduce («-queología»).	
Por lo tanto, desde un punto de vista semántico (precisión), se trata de una traducción que no resulta óptima, pues no respeta el sentido original y, desde un punto de vista pragmático, la propuesta tampoco funciona porque no cumple con el propósito para que el autor la creó. Más que risa, lo que provocará en el lector es extrañeza e incomprensión.	

61 En el marco de este trabajo, asociamos los aspectos semánticos a la precisión. En este sentido, consideramos que la traducción será precisa en la medida en que la información vertida plasme fiel y completamente la información o mensaje del TO; no haya, por tanto, adiciones innecesarias, omisiones injustificadas, contradicciones. Identificamos, por otra parte, los aspectos formales con la fluidez. Es decir, la traducción se considerará formalmente fluida en tanto en cuanto resulte natural y genuina en la lengua de llegada. Finalmente, todos los aspectos pragmáticos los vinculamos con el grado de adecuación de la traducción. Dicho de otro modo, el texto traducido deberá respetar, entre otras cosas, el pliego de condiciones del encargo especificado por el iniciador del proyecto de traducción, así como su propósito; en el caso que nos ocupa, que el texto poseditado resulte gracioso en la lengua y cultura de recepción.

ELEMENTO HUMORÍSTICO	TA SIN POSEDITAR
2. Autant dire même pas au Déluge. Avant.	ni siquiera del Diluvio. Antes.

Observaciones:

Desde un punto de vista semántico, se respeta la información original (precisión). La fluidez resultaría aceptable y, pragmáticamente, la traducción podría funcionar, aunque probablemente, construida de este modo y con implicaciones prosódicas que de ello se pueden derivar, la formulación no resultaría tan graciosa como en el TO.

ELEMENTO HUMORÍSTICO	TA SIN POSEDITAR
3. petons ancestraux	huellas ancestrales

Observaciones:

Desde un punto de vista semántico, se respeta la información original (precisión). Pragmáticamente, sin embargo, no se respeta la mezcla de registros familiar y más elevado que explicábamos en las páginas previas y, por lo tanto, se pierde el efecto jocoso que provoca dicho contraste.

ELEMENTO HUMORÍSTICO	TA SIN POSEDITAR
4. Tout ce que les scientifiques ont cette fois sous la main, ce sont donc quelques pieds	Todo lo que los científicos tienen a mano esta vez son unos pocos pies

Observaciones:

En cuanto al contenido, se respeta la información original (precisión). La fluidez resultaría aceptable y, pragmáticamente, la traducción literal podría funcionar.

ELEMENTO HUMORÍSTICO	TA SIN POSEDITAR
5. il arrivait donc à des Espagnols de se trouver sur des plages anglaises. Aujourd'hui, c'est le contraire.	se podían encontrar españoles en las playas inglesas. Hoy ocurre lo contrario.

Observaciones:

Se respeta la información original (precisión). La fluidez resultaría igualmente aceptable. Desde un punto de vista pragmático, la traducción literal también podría funcionar.

ELEMENTO HUMORÍSTICO	TA SIN POSEDITAR
6. On espère que les ancêtres des premiers se comportaient mieux que les seconds au bord de la mer. A côté de nos pas, nulle trace de débris de canettes de bière ni de fanions de supporter de club de foot, juste les empreintes, figées, d'un petit groupe d'individus dont un mâle chaussant du 42 et quelques enfants également pieds nus.	Esperamos que los antepasados de los primeros se comportaran mejor que los segundos a la orilla del mar. Junto a nuestros pasos, no había ni rastro de restos de latas de cerveza ni banderines de hinchas de clubes de fútbol, sólo las huellas congeladas de un pequeño grupo de individuos, entre ellos un varón con zapatos de la talla 42 y algunos niños que también iban descalzos.

Observaciones:

Este es, sin duda, el fragmento cuya traducción resulta menos consistente desde el punto de vista del contenido transmitido. Efectivamente, encontramos tres formulaciones erróneas que desvirtúan, en grados desiguales, el sentido original. En primer lugar, el TA produce una formulación ambigua. Al decir «nuestros pasos» parece que se refiera a los pasos del periodista y sus lectores, cuando, en realidad, se refiere «a los pasos que estamos analizando nosotros hoy», frente a otros que puedan existir en el mundo. En segundo lugar, el texto original no habla de huellas congeladas, sino de huellas impresas en el barro y, por el último, el motor nos ofrece una traducción que nos podría llevar a pensar que, hace 800 000 años, ya existían los zapatos y que estos seres los utilizaban. Pero en la frase siguiente, nos dice que los niños de aquella especie extinta también iban descalzos. De lo cual se infiere que el adulto (un macho, que no un varón) no llevaba zapatos y, sin embargo, algunas palabras antes, se dice que llevaba zapatos del número 42. En realidad, lo que el periodista quiere decir es que, de haber existido el calzado en aquella época, la talla del adulto hubiera sido una 42 (y, con ello, se puede suponer que la altura de aquel individuo sería de 1 metro 70, aproximadamente). Pero que, por supuesto, iba descalzo, al igual que los niños del grupo.

Por lo tanto, el sentido original y, por añadidura, el contenido se han visto desvirtuados por la traducción automática. La fluidez es relativamente aceptable, pese a las incongruencias semánticas.

Pragmáticamente, la traducción literal podría funcionar, aunque, tal vez como consecuencia de los errores, se produciría un efecto dominó que haría que no se percibiera tan graciosa como el texto original.

ELEMENTO HUMORÍSTICO	TA SIN POSEDITAR
7. proto-british	protobritánicos

Observaciones:

La traducción respeta el contenido original. Sin embargo, pragmáticamente se ha traducido al español el término original inglés presente en la construcción francesa. Como consecuencia de ello, se le ha arrebatado el efecto humorístico potencial derivado de la sorna implícita del autor al inventar este neologismo mezcla de griego e inglés.

ELEMENTO HUMORÍSTICO	TA SIN POSEDITAR
8. Ils attrapaient des coups de soleil à toute heure en maugréant « Nice weather, isn't it ? » à tous les baigneurs qu'ils croisaient ?	¿Tomaban el sol a todas horas, murmurando "Hace buen tiempo, ¿verdad?" a todos los bañistas con los que se cruzaban?

Observaciones:

Con ciertos matices, se podría considerar que el contenido y la forma de la traducción son correctos. Sin embargo, una vez más, pragmáticamente, no resulta tan efectivo como el original. El motor ha suprimido el matiz de intensidad de «la insolación», así como la marca del inglés. Ambos elementos combinados, y leídos «a la inglesa», resultan en una formulación graciosa que se ha perdido en la TA.

A la luz de estos análisis, observamos que el motor ha traducido razonablemente bien, desde un punto de vista semántico, la gran mayoría de segmentos anteriores (salvo el segmento 1 y 6). Cosa distinta es el efecto pragmático. En este sentido, la conclusión es evidente: cuando el efecto humorístico se desprendía de las propias palabras del original y no demandaba inferencias más profundas, la traducción literal podía llegar a plasmar dicho efecto. En cambio, cuando el humor tenía una raíz mucho más pragmática y requería superar el primer plano de la manifestación, el motor no brindó resultados óptimos.[62] Lo interesan-

---

62   Esto podría explicar, al menos en parte, por qué, cuando sometimos el texto traducido por DeepL sin poseditar a un grupo de diez personas hispanohablantes, con edades comprendidas entre los 18 y 50 años, con formaciones que iban desde los estudios secundarios hasta los estudios superiores en diferentes disciplinas, y les pedimos que, a partir de una escala de Likert, nos dijeran cuán gracioso les había parecido el texto (sin decirles que era una traducción), la respuesta se situó entre «poco gracioso» (nivel 2) y «algo gracioso» (nivel 3) (siendo 1: nada gracioso, 2: poco gracioso, 3: algo gracioso, 4: gracioso y 5: muy gracioso). Recordemos que, cuando sometimos la versión original a un grupo de diez francófonos, lo calificaron de gracioso.

te, sin embargo, no reside tanto en este hecho, por lo demás, esperable, como en la manera en que nuestros informantes percibieron ese humor y, sobre todo, cómo lo gestionaron en su posedición.

5.2 ¿Detectaron los elementos humorísticos? ¿Los poseditaron? ¿Con qué objetivo?

Recordemos que, en el cuestionario *ex post facto*, les pedimos que nos señalaran todos los elementos con carga humorística que hubieran detectado durante el proceso de posedición. Al revisar sus respuestas, observamos que ningún informante detectó los 8 elementos. Los resultados se situaron entre un 88% de los elementos (la persona que más detectó) y un 25% (la persona que menos). La media, por tanto, estaría en un 60% aproximadamente de elementos humorísticos. Y, de esos elementos detectados, fueron poseditados un 50% aproximadamente, por lo general, para modificar el estilo, no tanto para intensificar o compensar en otras partes del texto el efecto gracioso ausente en la traducción automática en bruto. Esta menor intervención sobre los elementos que, aun así, sí habían detectado como humorísticos, queda perfectamente explicada en sus respuestas al cuestionario *ex post facto* cuando afirmaban: "al poseditar, reviso algo que ya me han dado y no quiero intervenir al mismo nivel que cuando traduzco", "al poseditar, lo que buscas es que 'sea comprensible', que 'pase'. Hay cosas que dejas pasar" o "Al poseditar, ya tengo el sendero marcado y me cuesta salirme de él". Por lo tanto, son conscientes de lo que se espera de una posedición, aun no habiendo cursado asignaturas específicas en tal disciplina.

Si analizamos ahora cuáles han sido los elementos humorísticos más detectados por los informantes, observamos que, con mucha diferencia, ocupan los primeros puestos el 1 y el 6 (100% de los informantes), se-

Además, comentaron que había partes (sobre todo, los elementos 1 y 6) que «no acababan de entender».

guidos del 8 y el 7 (91% y 73%, respectivamente), el 5 y el 4 (55% y 45%, respectivamente) y, finalmente, el 2 y el 3 que han sido detectados por un 9% de los informantes. Los resultados son congruentes en la medida en que los elementos detectados por la mayoría son los que se pueden percibir de una manera más directa y no requieren una reflexión o inferencia pragmática mayor.

Ante la imposibilidad, por razones de espacio, de analizar tanto el producto de la posedición como el proceso ejecutivo que lo precedió de cada uno de estos 8 elementos y de cada uno de nuestros 11 informantes, en la sección siguiente, explicaremos, desde la perspectiva producto-procesual, cómo se poseditó el elemento más importante de este texto: "panard-cheologie".

5.3 "Panard-chéologie". Un análisis producto-procesual

Recordemos que, en este elemento, concurrían tres fenómenos que debían tenerse en cuenta a la hora de poseditar: 1) "Panard" es una palabra familiar para referirse a los pies, 2) el final de la primera palabra ("-ard"), sirve de inicio fonético de la segunda ("ard-chéologie", lo cual suena a «arqueología»), y 3) el neologismo inventando por el autor resulta gracioso porque, más allá del juego fonético que crea, provoca un buscado contraste al unir una palabra familiar con la palabra de origen griego "arqueología", lo cual parecería dar como resultado una especie de pseudocultismo, inexistente.

Observemos, ahora, la siguiente tabla en la que se plasma el producto de la posedición de "panard-chéologie" de nuestros informantes:

ELEMENTO HUMORÍSTICO	
INFORMANTE	**TO:** PANARDCHÉOLOGIE **TA (sin poseditar):** PANARD-CHEOLOGY (título)/ panarqueología (cuerpo del texto)
1	Panard-cheology / pieología
2	Pinrelqueología / Pinrelqueología
3	Pisología / Pisología
4	La arqueología de los pies / la arqueología de los pies
5	Panarqueología / Panarqueología
6	Pediarqueología / Pediarqueología
7	La Arqueología de las Huellas / la arqueología de las huellas
8	Podo(archeo)logy/ podoarqueología
9	Panard-cheology / patarqueología
10	Pie-arqueología / Pie-arqueología
11	Pieología / Pieología

Aparentemente, este elemento fue poseditado por 10 de los 11 informantes (el 5[63] se quedó con la versión que le ofreció el motor). Resulta muy interesante, además, que de esas 10 posediciones solo se dio una coincidencia: el informante 1 y 11 poseditaron de la misma manera el

---

63   El estudio del proceso de este informante nos muestra que sí trabajó intensamente este problema. De hecho, invirtió algo más del 17% de su tiempo en este elemento que, tras varias consultas temáticas y terminológicas en Google y terminológicas en diferentes diccionarios monolingües franceses (*Larousse*) y bilingües (*Wordreference*), dejó sin poseditar. Este es precisamente el interés de la investigación procesual, que nos permite ver, más allá del producto, el proceder de los sujetos. Juzgando únicamente el producto, podríamos haber pensado que el informante no había visto el problema o que no lo había querido gestionar cuando, como pudimos comprobar gracias a su vídeo, en modo alguno fue así.

Capítulo 4
Estudio producto-procesual acerca del *modus operandi* de traductores en formación
a la hora de poseditar textos humorísticos   161

elemento: "pieología". Además, en 8 de las 11 versiones se creó un neologismo, pero solo la versión 2 (y en parte la 9, cuando aparece en el cuerpo del texto) logró transmitir los tres matices antes comentados. Por último, hubo dos informantes, el 4 y el 7, que no propusieron ningún neologismo y se limitaron a transmitir el contenido semántico del original, perdiendo así el matiz gracioso que confiere la palabra familiar "panard" al neologismo francés.

Como ya hemos visto, el término "Panard-chéologie" aparece tanto en el título como en el cuerpo del TO. Sin embargo, el motor de TA inventó dos palabras distintas en función de su lugar de aparición en el TO: "panard-cheology", en el título, y "panarqueología", en el cuerpo del texto. Se esperaría que, en aras de la coherencia, los poseditores homogeneizaran la traducción. Sin embargo, observamos que los informantes 1, 8 y 9 no tradujeron de la misma manera la palabra cuando aparecía en el título o cuando se encontraba en el cuerpo del texto.

Pasemos ahora a comentar sucintamente el proceso que precedió a estas propuestas. Nuevamente, por razones de espacio, no podemos explicar en detalle todo lo que hizo cada uno de nuestros informantes para poseditar este elemento. Sin embargo, sí hay una serie de rasgos comunes que conviene reseñar. De entrada, todos nuestros informantes utilizaron el traductor automático DeepL e invirtieron una media de un 15% de su tiempo total de posedición en tratar de encontrar una traducción para este elemento, seguramente conscientes de que éste era clave. A la hora de descodificarlo, observamos dos tendencias:

1) aquellos que quisieron averiguar si la palabra que les había dado el motor de TA, "panarqueología", existía y para eso utilizaron Google en el que la introdujeron, sin y con comillas, y

2) aquellos que vieron desde el principio que este era un término inventado y construido sobre la base de la palabra "panard".

Grupo 1. Al ver en Google que la palabra que ofrecía el TA no existía, empezaron a investigar el sentido de "panard" y para eso utilizaron Google (incluido Google imágenes), diccionarios bilingües (*WordReference*,

Larousse y/o *Reverso Context*) y monolingües. Además, se aseguraron en Google de que, en francés, el término original tampoco existía.

Grupo 2. Los pertenecientes al segundo grupo mostraron, a su vez, dos patrones:

2a) los que partieron de diccionarios monolingües en francés (generalmente, *Le Petit Robert, Larousse, Le Trésor de la Langue Française* y *Le Dictionnaire de l'Académie*) y,

2b) Los que partieron de diccionarios bilingües (*WordReference, Larousse* y/o *Reverso Context*). Al igual que el grupo 1, después comprobaron en Google si el término existía en español y en francés. Algunos incluso consultaron artículos de prensa en español (y en inglés) que se hacían eco de la noticia del TO. Esa búsqueda de textos paralelos, en algunos casos, les desvió ligeramente de su objetivo, pero no tardaron en recentrar la búsqueda.

Una vez que hubieron entendido el sentido del término y comprobado que en español "panarqueología" no era ninguna rama de la arqueología, empezaron, en la fase de recodificación, a buscar la manera más genuina de transmitir el mensaje en español. Es destacable el hecho de que la gran mayoría dieron con su formulación de manera espontánea. Parece que, después del intenso proceso de documentación temática y terminológica, habían ido madurando su propuesta. Algunos, para finalizar, quisieron comprobar si, por casualidad, el término que se acababan de inventar existía en español y lo buscaron en Google (búsqueda exacta).

Si asumimos que, desde un punto de vista semántico, todas las posediciones del término fueron adecuadas (salvo la 5, naturalmente), pero que solo la 2 ("pinrelqueología") y, en parte, la 9 ("patarqueología") consiguieron trasmitir también la carga humorística de la palabra familiar, podríamos preguntarnos qué proceso siguió la persona que ofreció la versión 2. Fue el siguiente: Lo primero que hizo es buscar en Google (búsqueda exacta entre comillas) la palabra "panarqueología", que no le apareció. A continuación, realizó una nueva búsqueda exacta en

Capítulo 4
Estudio producto-procesual acerca del *modus operandi* de traductores en formación
a la hora de poseditar textos humorísticos   **163**

Google: "panard" y "panard" définition. Google le devolvió varios resultados. Entre ellos, le sugirió la explicación en francés de lo que significa el término y también le mostró la traducción, «pinrel», que le ofreció el diccionario multilingüe *bab.la*. A partir de aquí, poseditó de manera espontánea y convencida el término como "pinrelqueología". Conocía el término en español y no necesitó verificar su uso familiar. A continuación, comprobó en Google si el término que se acababa de inventar figuraba (Google no le devolvió ningún resultado). Finalmente, realizó una nueva búsqueda exacta en Google de "panard" y, asimismo, en el diccionario *Larousse* monolingüe. Con ello, confirmó el sentido y el uso familiar de esta palabra en francés. Todo este proceso le llevó 2 minutos y 35 segundos.

Visto el proceso concreto seguido a la hora de poseditar el término "panard-chéologie", pasamos en el apartado siguiente a explicar cuál fue el proceso general que desarrollaron para poseditar todo el texto.

5.4 Proceso ejecutivo general

Una de las mayores dificultades que podemos encontrar a la hora de estudiar el *modus operandi*, tanto de todo un texto como de un elemento concreto de éste, de un grupo de informantes reside en el hecho de que, aun habiendo patrones de comportamiento similares, cada uno tiene su propia manera de entender y ejecutar la tarea. En este sentido, hacemos nuestras las palabras de Asadi y Seguinot (2005: 539) cuando afirman que "each translator's process is a unique combination of cognitive style, translating experience, technical skills and world knowledge, which cannot be fit into the static categories". Por lo tanto, los patrones que presentamos a continuación, derivados de aquellos comportamientos que se dieron con cierta recurrencia en nuestro experimento, deben entenderse como lo que son: una abstracción, en nuestro caso, de 11 *modus operandi* que cobran todo su sentido cuando se analizan individualmente. Así pues, en los vídeos observamos 9 acciones que se dieron en todos los casos y que, en parte, ya analizamos en un trabajo previo (Tolosa-Igualada, 2013): 1) la lectura del encargo, 2) la ergonomización (esto es, la preparación de todas las herramientas, así como la disposición de las pantallas, antes de empezar la tarea), 3) la lectura íntegra del texto original, 4) la lectura lineal del texto traducido automáticamente, 5) las consultas lingüísticas, 6) las consultas en Internet, 7) la posedición *per se*, 8) la revisión íntegra y 9) la pausa.

De manera general, nuestros informantes iniciaron su proceso de posedición leyendo el encargo que se les había propuesto; a continuación, leyeron el texto original (TO) íntegramente y, por último, procedieron a la ergonomización, es decir, abrieron algunas de las herramientas (a lo largo del proceso irían abriendo otras según sus necesidades) que iban a utilizar en su posedición (DeepL, Google, diccionarios bilingües en línea) y dispusieron a su gusto las pantallas con las que iban a trabajar. En este punto encontramos una diferencia significativa en nuestros informantes: hubo un grupo (3 informantes de 11) que, tras traducir con DeepL, pegaron el producto de la traducción automática (TA) justo debajo del TO. Otros, en cambio, se abrieron dos pantallas y las dispusieron en paralelo (con el TO a la izquierda y la TA a la derecha). Hubo, sin embargo, una persona que lo hizo al revés y puso el TO a la derecha y la TA a la izquierda. Además, antes de disponerse los dos documentos de Word como explicamos, fue poseditando en el propio DeepL, cambiando cosas a partir de las alternativas que le iba dando el motor. Por último, dentro de este mismo grupo, hubo 2 personas que no dispusieron las pantallas en paralelo como tal, sino que se crearon una tabla de dos columnas. Eso sí, como la mayoría de informantes de este grupo, a la izquierda colocaron el TO y a la derecha la TA. De entrada, esta manera de disponer la información en pantalla nos puede estar dando pistas de dónde sitúan su foco de atención. El grupo que dispuso el TO en una página y la TA debajo, en la página siguiente, se centró en la TA y únicamente consultaba el TO (haciendo *scroll*) en el caso de que apareciera algún elemento que, por algún motivo, llamara su atención. El segundo grupo, sin embargo, aun partiendo igualmente de la TA, tenía la opción de consultar al mismo tiempo el TO de un golpe de vista. Sabemos que

Capítulo 4
Estudio producto-procesual acerca del *modus operandi* de traductores en formación
a la hora de poseditar textos humorísticos   165

iban pasando con mayor frecuencia y recurrencia de una pantalla a otra por los movimientos de ratón y porque, de vez en cuando, iban seleccionando ciertos elementos tanto en el TO como en la TA. De todos modos, somos conscientes de que esta es una de las limitaciones de la presente investigación que se podría solventar, en el futuro, utilizando un *eye tracker* (O'Brien, 2011).

En cualquier caso, todos los informantes llevaron a cabo tarea de manera lineal, es decir, iban leyendo las frases de la TA y, llegado el caso, poseditando aquello que consideraban oportuno. Conviene precisar, no obstante, que, antes de empezar a poseditar el texto, hubo 3 informantes que leyeron completamente la TA y marcaron aquellos elementos que, por un motivo u otro, les llamaron la atención. Así pues, esta secuencia lectura lineal-modificación obedecía generalmente a cuestiones puramente estilísticas que desembocaba en reformulaciones que, en ocasiones, no eran tan necesarias. Podía ocurrir igualmente que, en el transcurso de esa lectura, se encontraran con un elemento que les llamara la atención y era entonces cuando consultaban qué decía el original. Si se trataba de una cuestión puramente lingüística, es decir, saber qué significaba algo y, sobre todo, cómo se decía en español, solían consultar uno o varios diccionarios bilingües en línea (que solían ser, por este orden de preferencia, *WordReference*, *Reverso Context* y *Linguee*). En ocasiones, esto les bastaba para modificar la TA. Otras veces, sin embargo, no les parecía suficiente y buscaban el término el diccionario monolingüe francés (que solía ser, de más frecuente a menos, el *Larousse*, el *Petit Robert*, el *TLFi* y el *Dictionnaire de l'Académie Française*). Esto sucedía, sobre todo, cuando querían confirmar los matices de una palabra cuyo sentido o bien ya conocían o bien acababan de descubrir gracias al diccionario bilingüe. Con esta información o bien modificaban la TA o bien dejaban dicha modificación para más tarde. Por lo general, si era un elemento que no entrañaba mayor complicación, lo modificaban al instante. Si la resolución no era tan evidente, hacían búsquedas más avanzadas y, con significativa frecuencia, resolvían el elemento posteriormente, tras haber poseditado otras partes del texto de menor complejidad. Si el elemento problemático tenía que ver más con cuestiones temáticas o culturales, es decir, no tanto saber cómo se decía algo, sino qué era ese algo, entonces utilizaban Google en todos los casos (incluido Google imágenes). En este sentido, mostraban un buen manejo de las opciones que brindaba la herramienta (sobre todo, se veía en la buena explotación de ciertos operadores como las comillas, el asterisco o el operador "define:"). Dicho esto, también recurrían a Google para confirmar que ciertas palabras, expresiones, formulaciones existían en español, tanto si se las había ofrecido el TA como cuando ellos proponían traducciones inéditas para elementos inhabituales o inventados (piénsese, en este sentido, en el título del artículo). Conviene señalar, sin embargo, que este uso de Google como herramienta de confirmación implica que, en muchas ocasiones, no entran en ninguno de los resultados que devuelve Google. Les basta con leer por encima la información general que ofrece, incluida la frecuencia de uso de tal o cual elemento. Además de esto, a la hora de investigar cuestiones de carácter ortotipográfico en español (uso de las mayúsculas, de las comillas, de la cursiva, de los guiones, de los espacios duros, etc.), utilizaban fundamentalmente tres herramientas: *Fundéu*, el *Diccionario Panhispánico de Dudas* y el propio Google. Cuasi testimonial fue el uso del *Diccionario de la Real Academia de la Lengua Española*.

Otro aspecto reseñable es que, tal vez por tener tiempo de sobra para completar la tarea asignada, todos leyeron el texto poseditado entre 2 y 3 veces y, en cada una de las veces, fueron modificando cosas. Naturalmente, hubo una mayor intervención en la primera posedición que en la última donde los cambios fueron puntuales.

Por último, cabe destacar que, de manera general, detectamos en ellos comportamientos traductores muy interesantes. Comportamientos que denotan ya una experiencia al traducir y que, tal vez, dada su recurrencia, forman ya parte de sus (buenos) hábitos. Estamos aludiendo al hecho de utilizar textos paralelos para ver qué y cómo contó la prensa española y británica la noticia principal del texto poseditado, utilizar los operadores principales de Google para hacer sus consultas de manera más precisa, buscar brevemente información sobre el autor del artículo (y sobre todo, su estilo), buscar información sobre la práctica ortotipográfica de la revista en la que se publicará su texto poseditado (para saber, por ejemplo, qué comillas utilizar), entre otros. Evidentemente, son prácticas muy deseables cuando se traduce, pero tal vez no tan necesarias, salvo en casos muy concretos, cuando se posedita, fundamentalmente porque ello iría en detrimento del nivel de productividad del poseditor ya mencionado en varias partes de este trabajo.

6 DISCUSIÓN

El análisis del *modus operandi* general y específico de nuestros informantes al poseditar, a partir de la observación exhaustiva de los vídeos obtenidos a raíz de nuestra experimentación, nos permite dar un paso más en la reflexión y establecer una serie de situaciones o escenarios que, con mayor o menor frecuencia, se habían dado entre nuestros sujetos y que merecen, creemos, una consideración particular dadas sus implicaciones pedagógicas potenciales. Observemos el siguiente flujograma cuyo desarrollo figura más abajo:

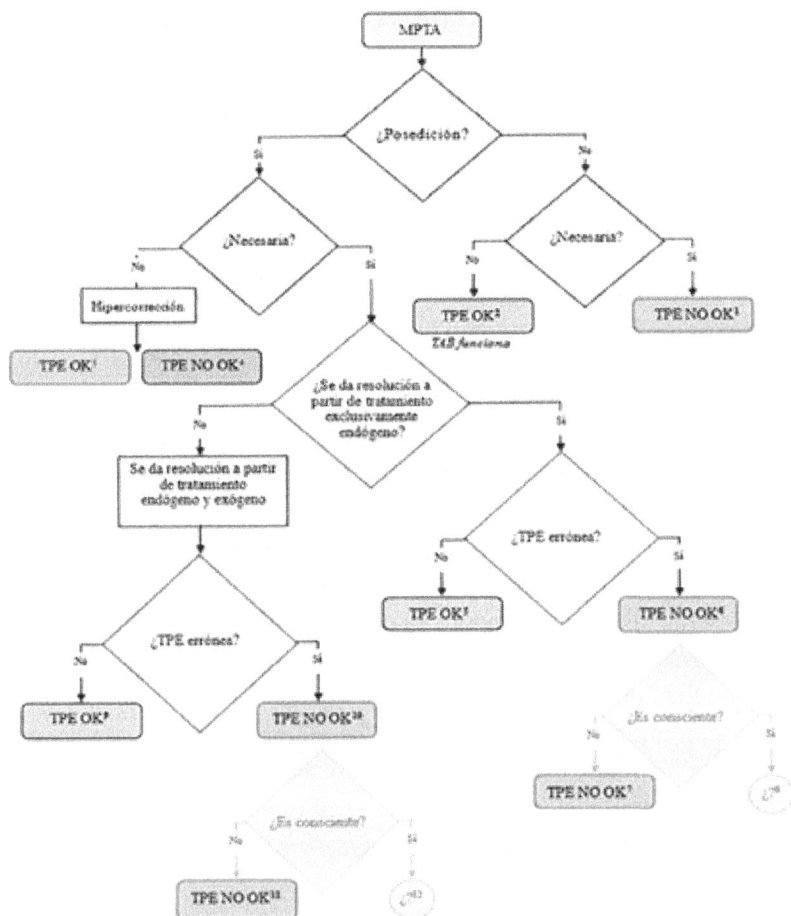

Figura 1. Escenarios de actuación observados en la tarea de posedición

6.1 Los 12 escenarios

Una vez traducido el material de partida con el motor de traducción automática (MPTA) escogido, empezó la posedición. El análisis del proceso ejecutivo desarrollado por los informantes nos permitió observar la existencia de una serie de escenarios de actuación, que hemos numera-

Capítulo 4
Estudio producto-procesual acerca del *modus operandi* de traductores en formación
a la hora de poseditar textos humorísticos   169

do en el flujograma[64]anterior. En cada uno de esos escenarios, se dieron una serie de acciones y secuencias de resolución.

De entrada, existen dos preguntas esenciales para el desarrollo de todo el proceso, pues son las que sirven para lanzarlo. La primera y más importante es: "¿Se da la posedición?". En función de la respuesta, se darán unos escenarios u otros. Tanto si la respuesta es afirmativa como negativa, se plantea la segunda pregunta vertebradora: "¿Era objetivamente necesaria esa posedición?". A partir de la respuesta a estas dos preguntas, se pueden dar, como mínimo, los siguientes 12 escenarios:

NO se da la posedición cuando SÍ era necesaria

Escenario 1: En este escenario, la traducción no se considerará óptima porque la TA en bruto (TAB) requería una intervención que no se ha dado (TPE NO OK). En nuestra experimentación esta situación se dio con una frecuencia sorprendentemente alta, incluso en segmentos que presentaban incongruencias flagrantes. El ejemplo más claro de nuestro corpus sería, tal vez, el segmento en que el motor traduce de tal manera que el *Homo antecessor* adulto llevaba zapatos del 42 y que los niños también iban descalzos: «un varón con zapatos de la talla 42 y algunos niños que también iban descalzos». Ese «también» nos haría asumir que todos iban descalzos. Y, por supuesto, así era, pero la formulación del motor de traducción introduce un error que afecta al sentido original y que, por lo tanto, había que corregir.

---

64   El presente flujograma debe leerse de arriba abajo y en zigzag, de derecha a izquierda. Los rombos plantean preguntas cuya respuesta será binaria (sí o no), las flechas indican el orden y dirección de ejecución de las operaciones del proceso, los rectángulos muestran etapas intermedias del proceso y los rectángulos con ángulos redondeados marcan, en función de su posición, el inicio o final de un proceso o, llegado el caso, de un escenario. Los círculos punteados, forma no estandarizada en el diseño de flujogramas, los utilizamos nosotros aquí para indicar un escenario percibido en el análisis de nuestros vídeos, pero cuya aparición y desarrollo requerirían nuevas investigaciones centradas en ellos exclusivamente.

NO se da la posedición y NO era necesaria

Escenario 2: En este escenario, el producto que ofrece el motor no introduce error alguno, se respeta el pliego de condiciones del encargo y, por ende, no requiere intervención por parte del poseditor. En definitiva, la traducción automática en bruto funciona tal cual la ofrece el TA (TPE OK).

SÍ se da la posedición cuando NO era necesaria

Cuando se da una posedición sobre uno o varios elementos o segmentos que eran correctos de partida y que generalmente obedece a una mejora estilística innecesaria de la TAB se produce el fenómeno de la «hipercorrección». Bajo estas circunstancias, se pueden dar dos escenarios más: el 3 y el 4.

Escenario 3: En el mejor de los casos, el producto de la posedición innecesaria era correcto (TPE OK) y la hipercorrección "únicamente" afectará a la productividad, objetivo principal de toda posedición (Sánchez y Rico, 2020:77). En posediciones de textos muy voluminosos, la consecuencia de estas modificaciones prescindibles podría ser una pérdida de tiempo excesiva (y, por tanto, de ingresos), además de una acumulación de cansancio y estrés cognitivo evitable que, a su vez, podría desembocar en la comisión de errores en otras partes del texto poseditado.

Escenario 4: En el peor de los casos, además de los efectos negativos que comentábamos en el escenario 3, el poseditor, en su afán por mejorar (estilísticamente) lo que ya estaba bien, introducirá errores que no figuraban en la TAB (TPE NO OK). Estos son dos ejemplos tomados de nuestro corpus: "des bouts de silex frappés sur les deux faces et des restes d'os", que se poseditó como: "puntas de flechas de sílex golpeadas por ambos lados y restos óseos"; y, "Il est vrai que généralement on ne dispose, pour retracer le passé, que de peu: des bouts de silex", que se poseditó como: "Es cierto que en general disponemos de pocos recursos para conocer el pasado: unos trozos de sílex".

Aunque no quede reflejado gráficamente en el flujograma, debemos matizar, a tenor de lo observado en los vídeos, que la hipercorrección, que desemboca en los escenarios 3 y 4, puede venir precedida de un tratamiento endógeno[65] (de hecho, en nuestra experimentación, ha sido lo más habitual) o endógeno+exógeno.

SÍ se da la posedición y SÍ era necesaria

Cuando sí se da la posedición y, además, esta resultaba necesaria, el análisis procesual nos permitirá comprobar algo de suma importancia, cuando menos, desde un punto de vista pedagógico: saber de primera mano si la posedición se llevó a cabo a partir de un tratamiento exclusivamente endógeno o, por el contrario, consultando las herramientas a su alcance (resolución a partir de un tratamiento exógeno).

Supongamos, en primera instancia, que la posedición ha sido exclusivamente endógena. Cabría preguntarse ahora si ese tratamiento endógeno ha desembocado en un producto erróneo o no.

Escenario 5: En este quinto escenario, siempre deseable, el poseditor habrá sido capaz de resolver correctamente, por sus propios medios, el segmento poseditado (TPE OK). En nuestro corpus, esta situación se dio mayoritariamente en el segmento: «Ce qu'y font toujours leurs descendants ?», que fue poseditado correctamente con formulaciones como: «¿Lo mismo que siguen haciendo allí sus descendientes».

Escenario 6: Puede ocurrir, sin embargo, que el producto de la posedición endógena no se pueda considerar correcto o pertinente (TPE NO

---

65   Hablamos de "tratamiento endógeno" para referirnos a aquel en el que la persona posedita utilizando sus propios recursos cognitivos, sin consultar, por tanto, ninguna herramienta externa específica (diccionarios monolingües, diccionarios multilingües, corpus paralelos, herramientas de consultas lingüísticas, Google, etc.). En el "tratamiento exógeno" sí se recurrirá a estas y otras herramientas a la hora de poseditar un elemento o formulación concretos.

OK). En un ejemplo de nuestro corpus, observamos como el segmento «un mâle chaussant du 42», que el motor tradujo como "un varón con zapatos de la talla 42", fue poseditado endógenamente como "un hombre que calza la talla 42". Con ello rompe la estrategia temporal introducida por el autor en el TO y tiene consecuencias sobre la coherencia global del texto poseditado.

Es en este punto donde cabría preguntarse, por el especial interés que entraña, de nuevo, para la formación, si el poseditor fue consciente o no del error.

Escenario 7: Si no es consciente del error, naturalmente este persistirá (TPE NO OK). Lo interesante, sin embargo, no estribará tanto en el hecho de que en el producto detectemos ese error no poseditado, sino en darnos cuenta de que, por sus acciones observables en el vídeo, efectivamente ni siquiera fue consciente de él. Resultaría de sumo interés averiguar el origen de esa falta de conciencia por parte del informante, como también lo sería desentrañar lo que ocurrió en el escenario 8.

Escenario 8: Puede suceder que el informante trate endógenamente un segmento que, efectivamente, requiere ser poseditado porque la TAB no es correcta. En este escenario, la persona empezará a borrar, a reestructurar la frase, a aportar cambios léxicos, gramaticales, terminológicos, etc. que, manifiestamente, parecen mejorar la versión errónea de partida y, por algún motivo que desconocemos a falta de más datos e investigaciones complementarias, finalmente decidirá quedarse con la primera versión que le ofreció el TA y de cuyo resultado poco oportuno parece ser consciente, a juzgar por los movimientos descritos. ¿Por qué no corrige el segmento pese a saber que no resulta pertinente, pese al esfuerzo, ciertamente inconcluso, de corrección que ya había iniciado?

Supongamos ahora que la posedición ha empezado siendo endógena, pero el poseditor se ha dado cuenta de que, por sus propios medios, no puede resolver las dudas que le asaltan y opta por utilizar herramientas externas de naturaleza diversa (como decíamos en las líneas previas, diccionarios monolingües, diccionarios multilingües, corpus paralelos, herramientas de consultas lingüísticas, Google, etc.). Convendría preguntarse, en este punto, si ese tratamiento conjunto, endógeno+exógeno, ha desembocado en un producto erróneo.

Escenario 9: Si la respuesta a la pregunta anterior es negativa, estaremos ante una TPE oportuna (TPE OK). El ejemplo más evidente de nuestro corpus sería el ya hemos analizado: "Panard-chéologie". Como explicamos en detalle en las páginas previas, se dieron varias propuestas interesantes, pero hubo una que nos pareció especialmente acertada: "Pinrelqueología" (*cf.* supra).

Escenario 10: Puede ocurrir, sin embargo, que el producto de la posedición endógena+exógena no resulte oportuno (TPE NO OK). Este escenario se dio, una vez más, al intentar mejorar la traducción de la palabra "panard-chéologie". Todos nuestros informantes llevaron a cabo un tratamiento endógeno+exógeno del elemento con resultados, a veces, acertados (como en el ejemplo del escenario 9) y, otras veces, quizás menos afortunados, sobre todo, desde un punto de vista pragmático. Dicho esto, al igual que ocurría en el escenario 6, cabría plantearse si el poseditor fue consciente o no del error.

Escenario 11: Como ya describíamos en el escenario 7, si no es consciente del error, obviamente no lo enmendará y dicho error persistirá (TPE NO OK).

Escenario 12: Llegamos al último escenario. En él, el informante tratará endógenamente un segmento que, efectivamente, debe ser poseditado porque la TAB no es correcta. La persona borrará, restructurará la frase, aportará cambios léxicos, gramaticales, terminológicos, etc. Además de esto, realizará una intensa tarea de documentación tanto léxica o terminológica (en diccionarios monolingües, multilingües, herramientas para la consulta de dudas lingüísticas como Fundéu, etc.), como temática (en Google, páginas especializadas, textos paralelos, etc.). Y, pese a todo ese esfuerzo, finalmente, optará por mantener la versión errónea del principio. De manera concreta, observamos este comportamiento, en los vídeos de nuestro corpus, en la posedición, nuevamente, de la palabra "panard-chéologie". Después de un intenso trabajo de documentación temática y terminológica, y tras haber invertido algo más de un 17% de su tiempo total de posedición, la persona decidió dejar este elemento sin traducir. Como ya apuntábamos en el escenario 8, no tenemos una respuesta clara para tal comportamiento. ¿Lo que ha encontrado el poseditor no le ha convencido? ¿Se fía más de la máquina que de sí mismo? ¿Acaso considera que, al poseditar, hay que aportar «el menor número de modificaciones posibles» para no menoscabar el grado de productividad? La respuesta a este comportamiento muy probablemente se pudiera obtener planteando un protocolo de verbalización del pensamiento (*Thinking Aloud Protocol*) con carácter retrospectivo a cada informante en el que se les reprodujera el vídeo de su actuación y se les fuera preguntando por esta y otras actuaciones que, tal vez, requiriesen una aclaración suplementaria para poder entender la lógica del proceso ejecutivo subyacente.

Los 12 escenarios propuestos a partir del análisis procesual del *modus operandi* general de nuestros informantes plantean retos pedagógicos que invitan a una exploración más exhaustiva. De hecho, creemos que la investigación en profundidad de cada uno de estos escenarios, nacidos de una observación producto-procesual, podría servir de guía tanto para docentes, a la hora de diseñar actividades de posedición en que la persona que posedita se convierta la verdadera protagonista del proceso y no el motor de TA, como para discentes con vistas a aumentar su grado de conciencia respecto de su *modus operandi* poseditor.[66]

---

66   Es la metacognición de la que hablábamos en un trabajo previo en el que proponíamos un modelo metacognitivo para el tratamiento pedagógico del error en traducción basado en el análisis producto-procesual (Tolosa-Igualada, 2013).

Capítulo 4
Estudio producto-procesual acerca del *modus operandi* de traductores en formación
a la hora de poseditar textos humorísticos   175

6.2 Algunas implicaciones pedagógicas

A lo largo de los vídeos, hemos visto que el poseditor, en ocasiones, pasaba por alto un elemento o segmento que debería haberse poseditado puesto que la TAB era, a todas luces, errónea (escenario 1). Convendría diseñar ejercicios para conseguir aumentar el nivel de *arousal* (De Vega, 1984) o activación cognitiva en la tarea. Entre otras cosas porque, tal y como la mayoría de informantes manifestaron en sus TAP retrospectivos, al poseditar "no acababan de hacer suyo el texto original ni, sobre todo, el texto traducido". De algún modo, vivían la actividad de posedición como espectadores, a veces más activos, a veces menos, de una historia escrita de antemano por alguien, en este caso, un motor de traducción automática. Eso "no les permitía meterse realmente en el texto» y «se sentían encorsetados a la hora de mejorar el texto traducido por el traductor automático".

Por otro lado, se ha dicho hasta la saciedad que el hecho de que los motores neuronales ofrezcan traducciones estilísticamente muy "vistosas" no significa, en modo alguno, que sean precisas desde el punto de vista del contenido y esto último resultaría aplicable a las cuestiones eminentemente pragmáticas. Por lo tanto, sería necesario trabajar este aspecto en la formación para evitar que los discentes "se relajaran" y disminuyeran su nivel de atención o activación al poseditar. El motor traduce bien hasta que deja de hacerlo (escenario 2), como bien sabemos, y es ahí donde el poseditor tiene que actuar desde un nivel de activación cognitiva óptima y conociendo de antemano e intuyendo dónde es posible que se haya equivocado la máquina. Esto es algo que, hasta cierto punto, se puede trabajar también en clase.

Igualmente deseable resultaría abordar en clase el fenómeno de la hipercorrección (escenario 3 y 4), por definición, innecesaria. Y lo es no solo para no menoscabar el ya aludido nivel de productividad, sino porque desde un punto de vista cognitivo el, llamémosle, «desplazamiento del foco atencional» que conlleva la hipercorrección puede traer consigo un desgaste cognitivo evitable; dicho desgaste puede acabar desembocando en una pérdida de eficacia a la hora de detectar y poseditar aquello que sí lo requería.

Sabemos que el análisis comparativo del TO, del producto ofrecido por el motor de TA y del texto poseditado nos puede aportar información muy significativa a la hora de estudiar los cambios aportados por el poseditor. Sin embargo, tal y como defendemos en este trabajo, el estudio del proceso nos permite ir más allá si queremos entender el *modus operandi* que precedió a tal resultado. En este sentido, desde una perspectiva pedagógica, nos parece sumamente importante saber, por un lado, si la posedición se llevó a cabo de manera endógena (escenarios 5, 6, 7 y 8) o endógena y exógena (escenarios 9, 10, 11, 12) y, tanto en un caso como en el otro, cómo se desarrolló. En este mismo orden de ideas, a la hora de determinar el nivel de competencia en posedición del sujeto, resulta fundamental saber si el producto que ha ofrecido es el resultado de una o muchas tentativas de posedición, si la posedición ha sido lineal o la ha llevado a cabo «dando saltos» en el texto, si se han utilizado herramientas de consulta (temáticas y terminológicas) y, si así ha sido, saber qué herramientas, en qué momento exacto las ha utilizado, con qué finalidad, cuánto tiempo ha invertido en ese proceso, etc. Conocer los puntos fuertes y débiles en cada una de estas situaciones de posedición del discente contribuirá a diseñar una pedagogía *ad hoc* centrada en la persona y en su competencia. Además, creemos que la observación crítica de los vídeos por parte del propio sujeto poseditor le ayudará a aumentar su grado de metacognición y ello contribuirá a reforzar aquellos aspectos de su *modus operandi* que ya realiza de manera óptima y a mejorar aquellos que, tal vez, no resultan todavía tan eficientes.

7 CONSIDERACIONES FINALES

La posedición, al igual que la traducción, es una actividad cognitiva de alto nivel que requiere una formación específica. El poseditor tiene dos *inputs* (el texto original y la traducción automática en bruto) y un *output* «en construcción» (el texto en proceso de posedición). Al analizar el *modus operandi* de nuestros informantes, observamos que, generalmente, el foco de atención se situaba en el texto que estaban poseditando. Únicamente parecían volver al texto original cuando algo les llamaba la atención en el propio texto traducido. El análisis producto-proceso sugiere que el procesamiento del texto poseditado se basaba en una estrategia *bottom-up* (Angosto et al. 2013:84), es decir en un tratamiento lengua-sentido/efecto del texto poseditado. El problema parecía darse precisamente en el tránsito entre ambas instancias, toda vez que, con frecuencia, la posedición se quedaba en el nivel de la lengua (*dire*), sin llegar a alcanzar el nivel sentido y efecto (*vouloir dire*) que era en el que residían gran parte los matices pragmáticos del mensaje original. La posedición se centraba, por ende, en una serie de modificaciones estilísticas que, en ocasiones, tenían como consecuencia el desplazamiento del foco atencional y un resultante desgaste cognitivo evitable. Al estar concentrados en cuestiones sobre todo microlingüísticas, ciertos errores cometidos por el motor, que, para ser detectados, hubieran requerido tomar cierta perspectiva, no eran enmendados. Errores que afectaban al propio contenido original. Además, una parte de los elementos humorísticos del texto original no fueron percibidos por nuestros informantes (sobre todo, aquellos que no eran susceptibles de traducción literal y que, por tanto, el motor no devolvió). Y, a veces, aun siendo detectados, en muchas ocasiones no fueron objeto de posedición necesaria para lograr el efecto humorístico deseado, toda vez que, como ellos mismos manifestaron, «se sentían encorsetados por la traducción automática» o bien «no querían ni pasarse ni quedarse cortos al poseditar». En este mismo orden de ideas, podemos decir que toda traducción supone la construcción, a partir de un material de partida, de un nuevo material en la lengua y cultura de llegada dotado de un contenido, forma y propósito y el traductor es parte fundamental y activa en la captación del mensaje original y en la construcción del nuevo material. La posedición, en cambio, parecería ser un ejercicio de *deconstrucción* del material ya generado por un motor con vistas a encontrar aquellos elementos susceptibles de modificación en función del encargo concreto y el tipo de posedición que se solicite. En la traducción, la generación del nuevo producto "se vive desde dentro", a partir de un movimiento de creación que podríamos denominar centrífugo (Texto original →Texto traducido), mientras que, en la posedición, la generación, o más bien, la modificación del producto ya generado "se vive desde fuera" a partir de un movimiento centrípeto (Texto ya traducido por el motor →Texto original).

La TA neuronal ofrece textos estilísticamente muy bien acabados, que pueden, como ya hemos apuntado, esconder errores que deben corregirse. En este sentido, conviene conocer muy bien cómo funcionan los motores neuronales para saber dónde podrían potencialmente equivocarse, inventar palabras, etc. Además, poseditar requiere un entrenamiento *ad hoc* para ser eficaz y productivo. Pero esa formación *ad hoc* debe darse una vez que se hayan adquirido las habilidades básicas de traducción. Sea como fuere, la posedición debe ser una actividad «consciente», pues esa consciencia ayudará al sujeto a salir del «letargo poseditor» que, a veces, se produce por la calidad aparente de la TAN y por el hecho de que, en parte, esta sea una actividad condicionada (por un texto pre-traducido). Resulta, pues, fundamental saber qué habilidades y estrategias adquiridas durante la formación como traductores serían aplicables y recomendables en un encargo de posedición específico, cuáles convendría no aplicar porque podrían llegar a ser contraproducentes para dicho encargo y qué estrategias serían propias de la posedición (y no de la traducción), teniendo en cuenta que los procesos son distintos. Igualmente esencial resultaría introducir la posedición en un momento en el que no fuera ni muy pronto ni muy tarde. Para ello, convendría llevar a cabo más investigaciones empírico-experimentales que nos guiaran a la hora de determinar ese momento, tan crucial desde un punto de vista pedagógico, evitando así toda toma de decisión basada en la intuición.

Somos conscientes de que el presente estudio tiene una serie de limitaciones que no queremos dejar de mencionar. En primer lugar, el número de informantes y el par de lenguas analizado nos permite llegar a unas primeras conclusiones (sobre todo, por lo que se refiere a los escenarios descritos), ciertamente provisionales, que habría que poner a prueba en estudios posteriores donde hubiera más participantes y lenguas implicadas. Sería interesante, además, utilizar en futuras investigaciones otros motores de traducción automática para poder analizar si el comportamiento de los informantes difiere (teniendo en cuenta que nuestros informantes parecían tener una especial predilección por un motor en concreto). Y, por último, la mayor limitación de este estudio reside en el hecho de no haber utilizado tecnología específica para el estudio de los movimientos oculares que, tal vez, nos hubiera permitido confirmar nuestras observaciones sobre el foco atencional. Además, hubiera sido muy interesante hacer un TAP retrospectivo con nuestros informantes en el que hubiéramos visionado juntos el vídeo de su actuación. Quizás así hubieran podido aclararnos ciertos comportamientos observados para los que no tenemos, en el momento actual, una explicación.

Por último, consideramos que el hecho de interesarnos por el sujeto poseditor en el marco de una traductología cognitiva (Muñoz, 2010) supone volver a situar a la persona en el centro del evento pedagógico en un momento en el que la fascinación por la tecnología (y su resultado) parecen ser, en ocasiones, los árboles que no nos dejan ver el bosque.

8 REFERENCIAS BIBLIOGRÁFICAS

ANGOSTO, A.; SÁNCHEZ, P., ÁLVAREZ, M., CUEVAS, I., & LEÓN, J. A, "Evidence for Top-Down Processing in Reading Comprehension of Children", *Psicología Educativa*, 19, 2013, 83-88.

ASADI, P.; SEGUINOT, C., "Shortcuts, Strategies and General Patterns in a Process Study of Nine Professionals", *Meta*, 50(2), 2005, 522-547.

ASETRAD, *Posedición. Guía para profesionales*, 2021.

CHERROUK, L., "L'agir avec compétence en post-édition ou le Deus Ex Machina 3.0", *Trabajo fin de máster inédito*, París: Sorbonne Nouvelle-ESIT (Master 2 Recherche en traductologie), 2021.

CID-LEAL, P.; ESPÍN-GARCÍA, M. C.; PRESAS, M., "Traducción automática y posedición: Perfiles y competencias en los programas de formación de traductores", en TOLOSA, M.; ECHEVERRI, A. (Eds.), *Porque algo tiene que cambiar. La formación de traductores e intérpretes: presente y futuro, MonTI*, 11, 2019, pp. 187-214. Disponible en: http://dx.doi.org/10.6035/MonTI.2019.11.7.

DE VEGA, M., *Introducción a la psicología cognitiva*, Madrid: Alianza Editorial, 1994.

FERNÁNDEZ GARRIDO, Y., "Núm. 10 (2016): Posedición. Entre la productividad y la calidad", *Redit - Revista Electrónica de Didáctica de la Traducción e Interpretación*, 10, 2016, 22-42.

GASPARI, F.; ALMAGHOUT, H.; DOHERTY, S., "A survey of machine translation competences: Insights for translation technology educators and practitioners", *Perspectives: Studies in Translatology*, 23(3), 2015, 333-358. Disponible en: https://doi.org/10.1080/0907676X.2014.979842.

GILE, D., "Observational Studies and Experimental Studies in the Investigation of Conference Interpreting", *Target*, 10(1), 1998, 69-93.

GONZÁLEZ PASTOR, D.; RICO, C., "POSEDITrad: La Traducción Automática y la Posedición Para la Formación de Traductores e Intérpretes", *Revista Digital de Investigación en Docencia Universitaria*, 150(1), 2021. Disponible en: https://doi.org/10.19083/ridu.2021.1213.

GONZÁLEZ PASTOR, D. (Coord.), *El impacto de la traducción automática y posedición en el sector de la traducción en España. Informe de investigación DITAPE 2022*, 2023. Disponible en: https://roderic.uv.es/handle/10550/85779.

GÖRÖG, A., "Traducción y calidad", *Revista Tradumàtica: Tecnologies de la Traducció*, 12, 2014, 388-391.

GUERBEROF, A.; MOORKENS, J., "Machine translation and post-editing training as part of a master's programme", *The Journal of Specialised Translation,* 31(1), 2019, 217-238.

JIA, Y.; CARL, M.; WANG, X., "How does the post-editing of neural machine translation compare with from-scratch translation? A product and process study", *The Journal of Specialised Translation,* 31(1), 2019, 60-86.

KOGLIN, A.; CUNHA, R., "Investigating the post-editing effort associated with machine-translated metaphors: a process-driven analysis", *The Journal of Specialised Translation,* 31(1), 2019, 38-59.

KOPONEN, M., "How to teach machine translation post-editing? Experiences from a post-editing course", en O'BRIEN, S.; SIMARD, M., (Eds.), *Proceedings of 4th Workshop on Post-Editing Technology and Practice (WPTP4)*, Miami: Association for Machine Translation in the Americas, 2015, pp. 2-15.

KRINGS, H., *Repairing Texts. Empirical Investigations of Machine Translation Post-Editing Processes*, Kent: Kent State University Press, 2001.

LAURIAN, A. M., "Humour et traduction", *Meta*, 34(1), 1989, 5-14.

MARTÍNEZ BLASCO, I., "La evaluación y posedición de textos económicos y financieros pertenecientes al ámbito de los organismos económicos internacionales con fines formativos", en GÓMEZ GONZÁLEZ-JOVER, A.; MARTÍNEZ MOTOS, R. (Eds.), *Traducción e interpretación en entornos institucionales. Enseñanza y práctica de la profesión desde perspectivas sociales e innovadoras*, Frankfurt: Peter Lang, 2022, pp. 267-286.

MUÑOZ, R., "On paradigms and cognitive translatology", en SHREVE, G.; ANGELONE, E. (Eds.), *Translation and Cognition*, Ámsterdam: John Benjamins, 2010, pp. 169-187.

NORD, C., *Translating as a Purposeful Activity. Functionalist Approaches Explained*, Manchester: St. Jerome Publishing, 1997.

O'BRIEN, S., "Towards predicting post-editing productivity", *Machine Translation,* 25, 2011, 197-215.

PLAZA-LARA, C., "La posedición como herramienta para el desarrollo de las competencias en traducción inversa: una experiencia docente", *Quaderns de Filologia: Estudis Lingüístics*, XXVII, 2022, 221-234.

RODRÍGUEZ VÁZQUEZ, S., "Traducción automática y posedición en la DGT: de la teoría a la práctica", *Punto y Coma*, 167, 2020, 13-27.

ROSSI, C.; CHEVROT, J. P., "Uses and perceptions of machine translation at the European Commission", *The Journal of Specialised Translation,* 31(1), 2019, 177-200.

SÁNCHEZ GIJÓN, P., "La posedición: hacia una definición competencial del perfil y una descripción multidimensional del fenómeno", *Sendebar*, 27, 2016, 151-162.

SÁNCHEZ RAMOS, M. M.; RICO PÉREZ, C., *Traducción automática. Conceptos clave, procesos de evaluación y técnicas de posedición*, Granada: Comares, 2020.

TOLOSA-IGUALADA, M., *Don de errar. Tras los pasos del traductor errante*, Castelló de la Plana (UJI): Servei de Comunicació i Publicacions, 2013.

TOLEDO BÁEZ, M. C., "Machine Translation and Post-editing: Impact of Training and Directionality on Quality and Productivity", *Revista Tradumàtica: Tecnologies de la Traducció*, 16, 2018, 24-34.

TORRES SÁNCHEZ, M. A., *Estudio pragmático del humor verbal*, Cádiz: Servicio de Publicaciones de la Universidad de Cádiz, 1999.

YAMADA, M., "The impact of Google neural machine translation on post-editing by student translators", *The Journal of Specialised Translation,* 31(1), 2019, 87-106.

Capítulo 4
Estudio producto-procesual acerca del *modus operandi* de traductores en formación
a la hora de poseditar textos humorísticos   183

Capítulo 5
Traduction automatique et post-édition à l'université : analyse des compétences préalables des traducteur·ice·s en formation

Theo Eyckermans
Theo.Eyckermans@vub.be
Vrije Universiteit Brussel / Université de Mons

Juan Jiménez-Salcedo
Juan.JIMENEZ-SALCEDO@umons.ac.be
Université de Mons

1 INTRODUCTION

La pratique de la post-édition (PE) dans le domaine de la traduction connaît un essor considérable au vu des progrès technologiques de ces dernières années, notamment en matière de traduction automatique (TA) (O'Brien, 2021). Afin de répondre à la demande du marché, la nécessité de pourvoir des post-éditeur·ice·s averti·e·s, capables de palier les problèmes de la TA, s'avère inévitable. À titre d'illustration, en 2017, la TA produisait plus de 100 milliards de mots par jour (Casacuberta Nolla & Peris, 2017 : 2). Le développement de cette pratique s'explique par plusieurs phénomènes, parmi lesquels nous pouvons citer la mondialisation des échanges, l'élargissement de l'UE ou encore le développement d'Internet et du commerce électronique (Robert, 2010 : 3).

Néanmoins, peu de cours traitant de ce sujet sont proposés aux traducteur·ice·s en formation, et beaucoup de professeur·e·s, voire d'expert·e·s en langues en général, sont souvent sceptiques quant à l'utilisation de la traduction automatique (Brinkmann, 1979 : 316–318 ; Breyer-Steiner & Grass, 2021 : 100–105 ; voir aussi Poibeau, 2019). En

Belgique francophone, nous pouvons citer la Faculté de traduction et d'interprétation (FTI) de l'Université de Mons qui, depuis l'année académique 2023-2024, dispense le cours de « Post-édition de traduction automatique et localisation/adaptation » à ses étudiant·e·s de master 2 en traduction à finalité spécialisée multidisciplinaire et ce, pour les langues anglaise, espagnole, allemande, néerlandaise, danoise, russe et chinoise. Il est important de noter que, bien que ce cours inclut des éléments de localisation et d'adaptation, ceux-ci sont intégrés dans le cadre plus large de la post-édition, qui reste le thème central du cours. Voici, à titre indicatif, le contenu de l'Activité d'Apprentissage (AA) « Post-édition de traduction automatique et localisation/adaptation » en langue anglaise :

« Post-édition de textes accessibles au niveau C1 du CECR, traitant aussi bien de sujets généraux que de sujets spécialisés (documents de nature juridique, économique, scientifique, littéraire, entre autres), avec mise en exergue des problèmes que différents types de textes posent à la traduction automatique (neuronale) et discussion autour des meilleures stratégies de post-édition à mettre en application. Identification des opérations de post-édition nécessaires et superflues, discussion autour de la subjectivité et de l'objectivation possible des opérations de post-édition à introduire dans une TAN en fonction du type de texte. Appréhension de la TAN intégrée à des outils de TAO [traduction assistée par ordinateur] et comparaison des performances de moteurs différents pour un même texte. Évaluation de la productivité en post-édition et de sa pertinence par rapport à une traduction humaine complète ».

Or, dans d'autres universités belges, il n'existe même pas de cours entièrement consacrés à l'usage des nouvelles technologies en traduction : les apprentissages en lien avec l'usage de la traduction automatique et de la post-édition cohabitent avec d'autres thématiques au sein d'un même cours. Par exemple, toujours dans le contexte belge francophone, l'Université catholique de Louvain, l'Université libre de Bruxelles et l'Université de Liège proposent à leurs étudiant·e·s de master les cours intitulés respectivement « Révision et post-édition », « Traduction, révision et post-édition » et « Traduction générale vers le français, initiation à la post-édition et traduction à vue ».

Compte tenu de l'évolution significative de la pratique de la post-édition dans le domaine de la traduction, en réponse aux avancées technologiques notables de ces dernières années, et face à la croissance exponentielle de la traduction automatique, il est impératif de s'interroger sur la manière dont les étudiant·e·s en traduction se positionnent dans ce contexte en constante mutation. Nous partirons donc de la question de recherche suivante : Comment les étudiant·e·s mettent-iels à contribution leurs apprentissages préalables en traduction et en révision de textes lors d'un exercice de post-édition ?

Pour répondre à cette question, nous avons employé les résultats d'une recherche plus large effectuée auprès de trois apprenant·e·s de traduction au niveau master à qui nous avons demandé de post-éditer la traduction automatique française d'un texte spécialisé en espagnol. Nous débuterons avec l'état de la question et l'exposition de la méthodologie, suivie des résultats de l'étude. Une section de discussion sera ensuite constituée afin d'exposer notre interprétation des résultats. Enfin, la conclusion permettra de donner une synthèse de l'étude entreprise, tout en ouvrant des pistes pour de futures recherches.

2 ÉTAT DE LA QUESTION

La pratique de la post-édition est définie par Robert (2010 : 2-3) comme l'« activité qui consiste à repasser derrière un texte prétraduit automatiquement pour le rendre humainement intelligible. Le langagier chargé d'effectuer cet exercice, à savoir le post-éditeur, a donc pour tâche de compléter, modifier, corriger, remanier, réviser et relire ce texte brut. ». TAUS (2010) (de l'anglais « *Translation Automation User Society* ») décrit la post-édition comme étant un « processus d'amélioration d'une traduction générée par une machine avec un minimum d'implication humaine ». Massardo et al. (cité·e·s dans Schumacher,

Capítulo 5
Traducción automatique et post-édition à l'université :
analyse des compétences préalables des traducteur·ice·s en formation   187

2020) prennent en compte dans leur définition le point de vue du client, lorsqu'iels affirment que la post-édition est un « processus de révision humaine de traductions qui ont été générées par un moteur de TA dans le but d'obtenir un produit final répondant aux exigences qui ont été convenues au préalable (ex. : niveau de qualité négocié entre le client et le prestataire de services) ».

Ces trois définitions montrent une progression dans la conceptualisation de la post-édition, passant d'une simple correction humaine d'une traduction de la machine à une activité plus nuancée et orientée vers le ou la client·e. Alors que la première définition insiste sur l'intelligibilité humaine, la seconde vise à minimiser l'effort humain, et la troisième introduit la notion de qualité liée aux attentes du ou de la client·e. Cette évolution souligne l'importance croissante de la collaboration entre les post-éditeur·ice·s et les client·e·s pour s'assurer que le produit final répond aux standards convenus, tout en tenant compte des progrès technologiques dans le domaine de la TA.

En 2002, O'Brien tentait déjà de constituer du matériel de formation destiné à l'apprentissage de la post-édition, qui était encore à ses balbutiements. En effet, au vu de la demande déjà croissante à cette époque, la mise en place d'une maquette de formation adéquate faisant face aux imperfections de la TA était plus que nécessaire.

À partir des années 2010, les études sur la question de l'enseignement de la post-édition se sont multipliées, mettant au jour une vraie mine d'or pour les traductologues. Depraetere (2010), par exemple, a tenté d'énoncer les lignes directrices de la formation à la post-édition : les résultats de sa recherché ont montré que les étudiant·e·s en traduction minimisent les changements stylistiques lors de la post-édition, mais acceptent souvent des traductions littérales incorrectes. Koponen (2015) s'est centrée sur la présentation d'un cours de post-édition : se basant sur les essais réflexifs des étudiant·e·s, elle a proposé un aperçu des expériences d'enseignement et de développement des perceptions et des compétences concernant les technologies de traduction automatique et de post-édition. Les étudiant·e·s développaient une attitude plus positive envers la traduction automatique, même s'iels exprimaient des réserves sur la confiance dans la qualité de ces traductions. Iels ont également reconnu l'importance de s'adapter aux exigences de qualité variables en fonction des contextes de traduction.

Rico Pérez (2017) a abordé la récente intégration de la traduction automatique dans le processus de traduction en réévaluant les compétences nécessaires pour les traducteur·ice·s. L'étude soulignait l'importance de doter les traducteur·ice·s des compétences nécessaires pour gérer et contrôler ce processus, plutôt que de les réduire à de simples réviseur·euse·s de textes générés par des machines. Les résultats montraient que cette approche permettait une meilleure intégration de la technologie dans le travail des traducteur·ice·s tout en préservant la qualité et l'aspect créatif de la traduction. Tomaszkiewicz (2018), a mené une étude expérimentale portant sur l'évolution du rôle des traducteur·ice·s et mettant l'accent sur l'influence des nouvelles technologies sur la formation de ces dernier·e·s. L'expérience montrait que les étudiant·e·s, bien que formé·e·s aux nouvelles technologies, rencontraient souvent des difficultés à corriger les erreurs produites par la TA, particulièrement lorsqu'iels se fiaient aveuglément à ces outils. La comparaison entre la post-édition et la traduction humaine révèle que ces dernières, quoique non parfaites, sont généralement plus précises.

Guerberof-Arenas et Moorkens (2019) ont présenté, quant à iels, la description d'un cours de post-édition et de traduction automatique qui met l'accent sur une approche d'apprentissage par projets, l'objectif étant de développer des compétences transférables, indépendamment des évolutions technologiques. Leur étude montrait que la formation à la post-édition permet aux étudiant·e·s de mieux comprendre les enjeux de la TA et d'acquérir des compétences techniques essentielles pour le marché du travail. Les étudiant·e·s ont appris à identifier et à corriger les erreurs fréquentes de la TA, ce qui a amélioré leur productivité et leur confiance lorsqu'il s'agit d'utiliser ces technologies dans des environnements professionnels.

Des études comparant la qualité de la post-édition de TA à celle de la traduction humaine ont également vu le jour. Nous pouvons citer Schumacher (2020) qui, dans un contexte académique, a mené une étude comparant la qualité de la post-édition de traduction automatique neuronale et de la post-édition de traduction automatique statistique avec la traduction humaine. Les résultats montraient que la post-édition de TA neuronale produit des traductions de meilleure qualité que celles issues de la traduction humaine, notamment pour les étudiant·e·s ayant un niveau plus faible en traduction. Cependant, pour les étudiant·e·s plus compétent·e·s, la post-édition tend à limiter leur créativité et la qualité de leur travail. L'étude souligne un "effet nivelant" où la TA neuronale aide les moins bon·ne·s étudiant·e·s mais peut désavantager les meilleur·e·s.

En 2018, De Faria Pires a ouvert des pistes d'exploration grâce à sa recherche visant l'intégration de la traduction automatique neuronale à la formation des traducteur·ice·s au sein du réseau EMT (Master européen en traduction). Les résultats montraient que la traduction automatique neuronale, bien que prometteuse, nécessite une formation spécifique pour être utilisée efficacement en post-édition. L'étude recommande une intégration systématique de la post-édition dans les cursus universitaires tout en insistant sur l'acquisition de compétences technologiques et sur la sensibilisation aux limites de la traduction automatique. En 2020, ce dernier auteur a également mené une étude exploratoire sur les stratégies de post-édition et la perception des étudiant·e·s qui n'ont aucune expérience en la matière.

Del Mar Sánchez Ramos et Rico Pérez (2020) ont publié un manuel de formation reprenant les concepts fondamentaux, les processus d'évaluation des TA et les techniques de post-édition. Toujours à l'intention des apprenant·e·s de la post-édition, nous pouvons également citer le matériel pédagogique publié par Guerrero Romeo en 2018, qui met en avant l'importance des compétences linguistiques et techniques des post-éditeur·ice·s afin d'améliorer la qualité des traductions automatiques et leur efficacité dans divers contextes professionnels.

Certaines études sur le sujet portent également sur l'enseignement de la post-édition de textes spécialisés. C'est le cas de Plaza-Lara (2018), par exemple, qui axe son étude sur l'intégration de la post-édition dans un cours de traduction touristique, ou encore Killman et Rodríguez-Castro (2022), qui se centrent, quant à elleux, sur la post-édition de textes juridiques. Ces deux études soulignent l'importance de la formation spécifique en post-édition pour améliorer la qualité et l'efficacité des traductions dans divers contextes professionnels.

Comme nous pouvons le constater, les études sur le sujet ont connu un essor considérable vers la deuxième moitié des années 2010 et continuent de se multiplier de nos jours, démontrant un vrai centre d'intérêt pour la communauté. En 2023, Chen a publié un article qui synthétise la littérature existante sur les implications pédagogiques de la post-édition. Makhachashvili, Mosiyevych et Kurbatova (2023) se sont penchées, quant à elles, sur l'utilisation de la post-édition comme outil pour améliorer la qualité des traductions des étudiant·e·s en formation dans le cadre d'un cours d'anglais à des fins spécifiques (ESP). En 2024, Guerberof Arenas, Valdez et Dorst ont abordé la question de l'influence sur la créativité de l'enseignement de la post-édition lors d'une étude comparative entre la traduction littéraire et la post-édition littéraire. Ces dernières années, nous notons une tendance notable de recherches portant sur l'enseignement de la post-édition en contexte spécialisé.

3 MÉTHODOLOGIE

Il est important de souligner que les données recueillies pour cette étude émanent d'une recherche avec une portée plus large, le sujet de cette dernière traitant de l'influence des traducteurs automatiques (DeepL dans notre cas) sur les choix des post-éditeur·ices en matière de style dans des textes spécialisés relevant du domaine économique. Les étudiant·e·s qui ont pris part à l'étude sont des étudiant·e·s de master à la FTI. Les pseudonymes employés seront PA, PB et PC. Iels étaient en pleine formation à la post-édition à l'heure où l'enquête de terrain a été réalisée. Il nous semblait donc intéressant de voir comment ces apprenant·e·s, déjà bien formé·e·s à la traduction, faisaient appel à leurs connaissances préalables pour les appliquer à une tâche qui est nouvelle pour elleux, comme c'est le cas de la post-édition. En effet, lors des différents entretiens réalisés dans le cadre de cette étude, certaines réponses des participant·e·s concernaient l'utilisation de leurs connaissances préalables pour mener à bien leur tâche de post-édition. Par ailleurs, certain·e·s de ces réponses comportaient des noms de professeur·e·s. Ces derniers ont été anonymisés sous les noms suivants : monsieur A et mesdames B, C et D. Il en va de même pour les indications des années (master 1 ou 2), qui ont également été enlevées à des fins d'anonymisation des données.

Le texte employé s'intitule « *La Reserva Federal vuelve a subir tipos un cuarto de punto y los sitúa en el máximo nivel en dos décadas* ». Cet article de presse économique a été publié le 26 juillet 2023 dans la rubrique économie du site Internet du journal espagnol *El País* ; il a été écrit par María Antonia Sánchez-Vallejo, journaliste espagnole et experte en économie nord-américaine. Le texte contient 430 mots et il est principalement informatif. Nous avons veillé à ce que le texte respecte une mise en page claire, avec laquelle les participant·e·s sont familiarisé·e·s. La police *Times New Roman* en taille 12 a été appliquée à l'article. En outre, ce dernier est justifié et contient une interligne de 1,5 afin d'en faciliter la lecture.

Comme indiqué plus haut, l'outil de traduction automatique employé pour la réalisation des tâches de post-édition est Deepl. Nous avons choisi d'exploiter ce traducteur automatique, car il semble être le plus plébiscité chez les étudiant·e·s en traduction, selon un sondage effectué auprès d'étudiant·e·s à la FTI. Sur un échantillon de 45 étudiant·e·s, 37 affirmaient privilégier DeepL aux autres moteurs de traduction automatique. Les 37 avançaient que DeepL génère de meilleurs résultats en comparaison avec les autres moteurs.

Les informateur·ice·s ont eu la possibilité de consulter librement toutes les ressources à leur disposition. Les consignes concernant la tâche de post-édition et l'entretien ont été données sous la forme d'un cahier des charges : une mise en situation fictive *ad hoc* a été mise en place afin de permettre au ou à la participant·e de se « mettre dans la peau » d'un·e vrai·e post-éditeur·ice. Voici les éléments qui en ont fait partie :

– Présentation et objectifs du projet (toujours selon une mise en situation fictive) : *L'équipe éditoriale du journal* [*nom du journal*] *nous a contacté pour la traduction d'un article portant sur* [*nom du sujet ou traduction du titre*]. *Selon l'exigence du client, l'article devra être traduit aujourd'hui. Par manque de temps, le client nous autorise à utiliser le traducteur automatique DeepL afin d'accélérer le processus de traduction. Néanmoins, le client a certaines exigences. Une post-édition complète, avec un produit fini comparable à une traduction humaine est donc fondamentale. En effet, l'auteur du texte, un expert en économie, met l'emphase sur les caractéristiques du style économique. Afin de vous aider lors de votre travail, veuillez vous référer à la définition de style donnée lorsque vous post-éditerez.*

– Délais et précisions :

  · *vous disposerez d'1 h 30 maximum pour post-éditer le texte ;*

  · *vous avez le droit d'utiliser tous les outils à votre disposition : glossaires, bases terminologiques, recherches Internet diverses... Aucune contrainte matérielle ne vous est imposée ;*

  · *veuillez activer le suivi des modifications, n'hésitez pas à incorporer des commentaires qui reflètent votre ressenti au moment de post-éditer certains éléments.*

– Précisions sur la définition du style.

– Texte original accompagné du texte traduit par DeepL.

Capítulo 5
Traduction automatique et post-édition à l'université :
analyse des compétences préalables des traducteur·ice·s en formation **193**

L'enquête de terrain est divisée en deux parties : la tâche de post-édition (1H30) et l'entretien (1H30). Lors de la post-édition, l'écran du ou de la participant·e est enregistré à l'aide du logiciel *QuickTime Player*. Cela nous permet d'avoir un suivi précis du processus de post-édition. Afin de collecter les données des participant·e·s sur leurs choix lors du travail de post-édition, nous avons fait usage des protocoles verbaux. Ces protocoles consistent à analyser les « pensées à haute voix » des participant·e·s pendant ou après qu'iels ont exécuté une tâche spécifique (Dancette, 2003 : 5). Dans ce cas précis, nous avons mis en œuvre un protocole rétrospectif (Bowles, 2010 ; Ericsson & Simon, 1993) consistant à visionner l'enregistrement de l'écran avec le ou la participant·e, qui devait verbaliser les actions de post-édition réalisées et justifier ses choix à la demande des chercheurs. L'application *Dictaphone* a été utilisée pour l'enregistrement de l'entretien, lequel a été modélisé sur la base d'une série d'items établis en lien avec la question de recherche. L'entretien, qui était semi-directif (Gaudet & Robert, 2018), a débuté avec la question générale suivante : « Nous allons parcourir ensemble votre processus de post-édition qui a été enregistré. Pouvez-vous nous décrire le fond de votre pensée au moment de post-éditer et la manière dont vous êtes-vous senti influencé·e par la traduction automatique en matière de style ? ». Cette question générale était accompagnée d'une liste de thématiques qui a permis de relancer l'entretien au cas où certaines pistes n'auraient pas été explorées (ibidem: 121).

Les données ont été ensuite récoltées, transcrites et analysées selon une liste de thèmes établie de manière inductive (Blais et Martineau, 2006; Paillé et Mucchielli, 2012) sur la base non seulement des témoignages de nos informateur·ice·s, mais aussi de l'état actuel de la littérature en matière de formation à la post-édition. L'analyse empirique des données a été effectuée à l'aide de l'approche éponyme décrite par Gaudet et Robert (2018) qui se décompose en trois étapes interdépendantes : l'analyse verticale, l'analyse horizontale et l'analyse théorisante. L'image du "palimpseste" est utilisée pour illustrer le processus itératif de déconstruction et de reconstruction des données à travers des relectures successives, permettant une compréhension enrichie. L'analyse verticale contextualise chaque source individuellement, tandis que l'analyse horizontale relie ces sources en identifiant des unités de sens communes ou distinctes. Enfin, l'analyse théorisante synthétise ces résultats, permettant de conceptualiser les données et d'ouvrir des pistes de recherche futures.

4 RÉSULTATS DE L'ÉTUDE

Deux des participant·e·s ont au moins une fois mentionné des apprentissages faits lors d'un cours de traduction de langue espagnole. En l'occurrence, il s'agit d'unités de traduction qu'iels sont capables d'identifier et de traduire directement en français sans avoir recours à la documentation :

Original	TA	PE
El banco central de EE UU aumenta el precio del dinero hasta el 5,5% y deja en el aire nuevos incrementos	La banque centrale américaine porte le loyer de l'argent à 5,5 % et laisse planer le doute sur d'autres augmentations.	(Aucune modification apportée)
Los mercados daban por descontada la subida, [...]	Les marchés avaient considéré cette hausse comme acquise, [...]	Les marchés avaient anticipé cette hausse, [...] (PB)

Le premier exemple montre le sous-titre du texte avec le terme espagnol « *precio del dinero* », propre au jargon économique. La traduction française de ce terme est « loyer de l'argent ».

Le deuxième exemple a demandé davantage de réflexion pour les participant·e·s. En effet, la différence entre la TA et la PE de PB est assez notable et implique un changement de sens important.

Capítulo 5
Traduction automatique et post-édition à l'université :
analyse des compétences préalables des traducteur·ice·s en formation   195

Citation	Activité d'apprentissage (AA) citée et année où elle a été dispensée
Le loyer de l'argent, « el precio del dinero » on l'a vu au cours de [Monsieur] A. (PA)	Cours de traduction à vue économique de l'espagnol vers le français dispensé en master.
Ensuite là je l'ai compris, en fait on avait vu cette [locution verbale] avec Madame B et je l'ai comprise. Mais pour moi là je l'ai comprise comme « ils avaient anticipé la hausse ». Donc voilà. (PB)	Cours de traduction à vue économique de l'espagnol vers le français dispensé en master.

Ces extraits montrent que les participant·e·s se souviennent de certains termes ou locutions verbales qu'iels ont appris auparavant et qu'iels sont capables de les reconnaître et, le cas échéant, de les appliquer à la post-édition du texte.

Ce cas paraît logique, car il ne fait que prouver les acquis des étudiant·e·s, mais il semblerait que l'apprentissage n'est pas intrinsèque à une langue de travail. En effet, lors de l'entretien sur le texte espagnol, un·e participant·e a également utilisé des connaissances préalables qui découlent de cours dont la langue de travail est l'anglais :

Original	TA	PE
[...]ha reanudado las subidas de tipos de interés, con un incremento de 25 puntos básicos,[...]	[...] a repris ses hausses de taux d'intérêt, avec une augmentation de 25 points de base, [...]	[...] a relevé à nouveau ses taux d'intérêt, avec une augmentation de 25 points de base, [...] (PB)

Dans cet extrait, « puntos básicos » a été traduit par « points de base ». Un·e informateur·ice affirme connaître la collocation « point de pourcentage » grâce à un cours de traduction à vue économique de l'espagnol au français. Néanmoins, iel a également connaissance de la collocation « point de base », et ce, grâce à un cours donné dans une autre combinaison linguistique :

Citation	AA citée et année où elle a été dispensée
Je sais que ça existe, un « point de pourcentage », parce que ça, on l'a vu. Mais « point de base », on l'a vu avec Madame C (anglais). Donc « Punto básico », c'est « point de base ». C'est une collocation et je le sais grâce à ma formation quoi. (PB)	Cours de traduction à vue économique de l'anglais vers le français dispensé en master .

Cet·te étudiant·e utilise un apprentissage préalable de l'autre langue de travail pour l'appliquer à sa tâche de post-édition espagnole.

Les étudiant·e·s font parfois référence à d'autres cours qui n'ont pas trait à l'économie ou à la post-édition. Iels renvoient même parfois à leur formation en général, sans mentionner de cours en particulier :

Original	TA	PE
[...], hasta la horquilla del 5,25%-5,5% (el nivel más alto desde 2001), [...]	[...], pour atteindre la fourchette de 5,25 % - 5,5 % (le niveau le plus élevé depuis 2001), [...]	Aucune modification. PB avait enlevé le « de » avant de le rétablir.
[...] lo que despeja los nubarrones de una hipotética recesión que se cernieron sobre la economía [...]	[...], ce qui a dissipé les nuages d'une hypothétique récession qui planaient sur l'économie [...]	[...], ce qui a dissipé les nuages d'une possible récession qui assombrissaient l'horizon de l'économie[...] (PB)

Capítulo 5
Traduction automatique et post-édition à l'université :
analyse des compétences préalables des traducteur·ice·s en formation **197**

Citation	AA citée et année où elle a été dispensée
C'est ça là, il n'y avait pas le « de », sauf qu'après j'ai trouvé le « de » en lisant plein d'articles. Donc je me suis dit : « OK, c'est un peu comme on avait vu avec Madame D, c'est discutable ». (PB)	Cours de traduction et révision de textes (anglais) dispensé en master .
Comme je t'ai dit, les profs nous disent souvent : « ah DeepL, c'est tout beau tout rose. On voit des phrases, elles sont magnifiques. Au final, il y a peut-être les 3/4 des choses qui ne sont pas géniales quoi. » (PC)	Formation générale : la réticence des professeurs (Brinkmann, 1979, pp.316–318) semble se répercuter sur les étudiant·e·s.
[...] parce que la météo, c'est propre au jargon de l'économie. Et puis j'ai été voir « des nuages se dissipent », ça se dit donc voilà. Je me suis un peu fié·e à mes connaissances et aux cours que j'avais eus l'année passée. (PB)	Cours de traduction à vue économique de l'anglais et de l'espagnol vers le français dispensé en master.

Dans le premier extrait, PB avait initialement enlevé le « de », car iel pensait qu'il n'était pas nécessaire. Après s'être souvenu·e des explications d'un·e professeur·e, iel a cherché des articles similaires et s'est rendu·e compte que c'était correct. Iel fait également référence à la catégorie « discutable » qui était utilisée lors d'un cours de traduction et de révision de textes de l'anglais au français pour des segments qui ne semblaient pas naturels mais qui ne présentaient pas non plus d'erreur apparente.

Dans le troisième exemple, PB explique ne pas s'être arrêté·e sur la métaphore « des nuages se dissipent », en raison de sa fréquence d'apparition dans les textes économiques traduits lors de sa formation.

Ces extraits montrent une influence plus générale de la formation des étudiant·e·s. Ces dernier·e·s n'hésitent pas à employer les acquis d'autres cours de traduction dispensés lors de leur formation pour les appliquer à un exercice de post-édition.

Leurs connaissances préalables permettent, en outre, à ces dernier·e·s d'acquérir des automatismes de documentation et même, le cas échéant, de corriger directement la TA, sans même devoir effectuer des recherches.

Les ressources utilisées tout au long du processus de post-édition sont semblables pour toustes les participant·e·s. Pour une vérification rapide, ou pour se rassurer, iels révisent ou comparent le nombre de résultats que Google génère pour une certaine cooccurrence. Lorsqu'il s'agit d'une cooccurrence qui n'évoque rien chez elleux et qu'iels n'ont donc jamais vu auparavant, iels consultent des dictionnaires de collocations, comme le dictionnaire des cooccurrences en ligne du Bureau de la traduction du Canada, qui est une ressource très plébiscitée par les professeur·e·s de la FTI. PB a également effectué des recherches de comparaison en cherchant des articles de la presse francophone similaires au sujet du texte à post-éditer. Lorsqu'un problème de compréhension survient, les informateur·ice·s semblent préférer les concordanciers bilingues tels que Reverso Context ou Linguee. Dans de rares cas, iels ont utilisé DeepL pour faciliter la compréhension du contexte.

Par ailleurs, leur charge cognitive semble être allégée par leurs connaissances préalables ; iels sont ainsi plus rapides à la réalisation de la tâche, la rapidité d'exécution étant un des éléments de la PE :

Contexte	Citation	AA citée et année où elle a été dispensée
Je demande à PC si le fait de se documenter constamment est devenu un automatisme.	Je pense que, je me souviens plus quel cours c'était, mais on le faisait tout le temps ça pendant un cours et en vrai ouais à l'EII [FTI] aussi. Bah je pense c'était depuis les ateliers de traduction en fait. (PC)	« Ateliers de traduction » : dispensés en master[67].
Dans ce passage, je demande à PB si la métonymie employée (Wall Street, qui désigne la rue associée au marché boursier à New-York) lui a posé problème.	Ça ne m'a pas paru bizarre. Ça pourrait, mais peut-être que c'est parce que j'ai eu la formation à l'EII [FTI]. (PB)	Implication des connaissances préalables de PB : cette connaissance lui permet d'éviter de se documenter.
Traduction du terme « désinflation ».	Là, on avait vu [en cours] avec « inflation », « stagflation » et tout ça, [j'ai vérifié] juste pour me rassurer quoi. (PB)	Implication des connaissances préalables de PB, cette connaissance lui permet de se documenter rapidement pour se rassurer.

67   Les ateliers de traduction sont une simulation d'un bureau de traduction, acceptant comme langues de travail toutes les langues d'étude de la formation à la FTI. Avec une approche socio-constructiviste, toustes les étudiant·e·s sont appelé·e·s à participer aux différents postes présents dans le domaine de la traduction, à savoir hiérarchiquement un·e directeur·ice, des chef·fe·s de projets, des traducteur·ice.s, des terminologues, ...

Les étudiant·e·s semblent développer, au fur et à mesure de leur formation, une réelle capacité de documentation : iels savent quelles ressources consulter en cas de problème et semblent également développer une certaine méfiance envers les moteurs de traduction automatique. Bien qu'iels soient presque certain·e·s que la traduction brute est correcte, iels n'hésitent pas à effectuer une rapide vérification pour se rassurer. Cette vérification est rendue plus aisée grâce à leur compétence en documentation.

5 DISCUSSION

D'après les données récoltées, il semblerait que la formation des étudiant·e·s en traduction influence positivement leur capacité à post-éditer ; en effet, il y a une sorte de « retour aux sources » des capacités traductionnelles qui permet à celleux-ci de ne pas être désemparé·e·s face à cette nouvelle tâche (Pym, 2012, p.13). Par ailleurs, leur charge cognitive serait allégée par leurs connaissances préalables en traduction et en économie (O'Brien, 2006, p.6 ; Hernández Morin, 2023, p.9) ; iels sont ainsi plus rapides à la réalisation de la tâche, la rapidité d'exécution étant l'un des éléments de la PE (Robert, 2010, p.3). À ce sujet, iels arrivent à mettre à contribution la sous-compétence psycho-physiologique (Hurtado Albir, 2017) qu'iels ont acquise tout au long de leur formation universitaire et qui fait partie de la compétence traductive générale. Dans ce modèle holistique, la compétence psycho-physiologique renvoie à la capacité du sujet traduisant à appliquer des ressources cognitives spécifiques au travail de traduction au-delà de la simple habileté bilingue, par exemple la gestion de la charge cognitive (*cf. supra*) ou, une certaine résilience à l'ambiguïté (ibidem).

Les étudiant·e·s semblent également s'aider de leurs connaissances préalables émanant de leur autre langue de travail (ici l'anglais) pour réaliser une tâche à partir de l'espagnol. L'apprentissage ne serait alors pas intrinsèque à une langue de travail, mais il s'étendrait à des acquis plus « généraux » qu'iels seraient en mesure d'appliquer à toutes leurs langues de travail. Au-delà des habiletés bilingues des participant·e·s et de leurs acquis linguistiques, leurs connaissances préalables relèvent de l'acquisition d'une fine compétence de documentation, d'une compréhension de certains domaines spécialisés (économique dans le cas de notre étude), mais également d'une remise en question pertinente de la traduction brute de la TA.

Nous pouvons également déduire que les apprentissages d'un cours servent également pour d'autres cours. Par exemple, un cours de traduction à vue ne ressemble en rien à un cours de post-édition. Généralement, la documentation est limitée, voire prohibée lors d'un exercice de TAV, à l'inverse de la post-édition, qui nécessite davantage de documentation. Pourtant, les étudiant·e·s ont utilisé leurs connaissances préalables de ce premier cours pour l'appliquer à un exercice de post-édition, comme le montrent les extraits analysés.

Afin de mieux comprendre cet entrelac de compétences, nous avons corroboré ces résultats avec les éléments de la maquette de formation de la FTI et les fiches ECTS (*European Credit Transfer System*) des cours dispensés en lien avec la thématique et le genre du texte source sur lequel ont travaillé les participant·e·s à notre étude. Selon la maquette de ce master (Traduction - Faculté / FTI-EII, 2023), les diplômé·e·s de la finalité multidisciplinaire doivent être capables de faire découvrir à un lectorat cible des contenus inhérents, entre autres, au domaine économique. Iels doivent également acquérir une compétence de traduction, ainsi que des « compétences en matière de stratégie de recherche documentaire ». En effet, la sous-compétence documentaire est présentée en traductologie comme un élément essentiel de la compétence traductive (Kelly 2002; Pym 2003; Sales 2006) qu'il est nécessaire de faire acquérir aux traducteur·ice·s en formation (Kuznik & Olalla-Soler, 2018). Les participant·e·s à l'étude mettent à l'œuvre un certain nombre de stratégies de documentation, allant de la documentation approfondie des sources extérieures pour obtenir une meilleure compréhension du contexte à la vérification rapide de certains termes spécialisés. La vérification rapide est principalement de l'ordre d'une recherche d'occurrences sur Google ou d'une recherche rapide dans un dictionnaire de cooccurrences, tandis que la documentation approfondie implique une utilisation de plusieurs sources, par exemple la lecture de plusieurs articles similaires. Il arrive également que les participant·e·s ne ressentent pas le besoin de se documenter, leurs connaissances préalables leur permettant d'être certain·e·s de leurs choix.

Les participant·e·s à l'étude font, par ailleurs, référence à l'activité d'apprentissage *Traduction de documents spécialisés*, dont la langue source est l'espagnol. Cette activité se situe à l'intérieur d'une unité d'enseignement plus large consacrée à la traduction multidisciplinaire. Parmi les objectifs de cette activité exprimés dans ses fiches ECTS figurent la compréhension des documents spécialisés « en utilisant les stratégies de recherche appropriées » et la capacité à appliquer « les stratégies de révision, d'évitement et de communication adéquates » afin de produire des traductions acceptables en français à partir de leur langue source de travail, en l'espèce espagnol.

Les étudiant·e·s disposent également d'une activité d'apprentissage en deuxième année de master, intitulée *Traduction spécialisée de la langue étrangère vers le français*, divisée en deux cours différents : *Traduction à vue économique* et *Traduction juridique*. Comme pour la première année de master, cette activité fait partie d'une unité d'enseignement dédiée à la traduction multidisciplinaire de l'espagnol vers le français. Parmi les objectifs d'apprentissage figurent la traduction « par écrit des textes spécialisés dans les domaines concernés dans un français correct et adapté à la nature des textes », la capacité à faire « les choix terminologiques appropriés, de sorte qu'une relecture rapide par un spécialiste du domaine concerné suffit à rendre le texte publiable » et à « justifier [les] choix terminologiques et stylistiques ».

Comme indiqué *supra*, ces cours ne s'attardent pas uniquement à la « simple » traduction à vue de textes économiques : ils servent également à préparer les étudiant·e·s à se doter du bagage nécessaire pour s'aventurer dans le monde du travail et à leur donner des compétences

Capítulo 5
Traduction automatique et post-édition à l'université :
analyse des compétences préalables des traducteur·ice·s en formation 203

holistiques leur permettant d'aborder une pléthore de sujets différents. En effet, bien que les traducteur·ice·s ne puissent pas nécessairement se documenter lors de l'exercice de traduction à vue, principalement à cause de la contrainte de temps, le programme s'assure que les apprenant·e·s aient l'occasion de se munir de tous les outils nécessaires à la documentation, qu'iels auront l'occasion de réutiliser dans d'autres cours de traduction spécialisée, quelle que soit la langue source. Par ailleurs, outre la « simple » traduction d'un terme d'une langue à une autre, les différents concepts économiques rencontrés dans les textes sont expliqués aux étudiant·e·s, leur donnant ainsi suffisamment de contexte pour qu'iels puissent acquérir une bonne connaissance du sujet traité. Le fait d'approfondir ces savoirs donne, *in fine*, la capacité aux étudiant·e·s de les transférer vers un autre domaine. C'est le cas ici : les participant·e·s ont utilisé les notions apprises au cours de traduction à vue économique pour les appliquer à un exercice de post-édition dont le texte traite également d'économie. En effet, durant les entretiens, les participant·e·s ont affirmé, à plusieurs reprises, avoir eu recours à leurs connaissances préalables pour mener à bien leur post-édition, que ce soit parce qu'iels avaient appris telle ou telle notion en cours ou parce que ces cours leur ont également servi à se documenter de manière efficace. Face à un segment concret produit par l'outil de traduction automatique, les informateur·ice·s ont été capables de mobiliser la sous-compétence thématique (Kelly, 2005) acquise dans un autre cours, voire pour une autre langue. Cette sous-compétence fait également partie du modèle holistique de la compétence traductive, dont il a été question plus haut dans cette section de discussion, et qui s'avère indispensable à l'accomplissement des tâches de post-édition.

Lors de leur formation, les étudiant·e·s ont également eu l'occasion de prendre part à des « ateliers de traduction » : comme nous l'a indiqué PC lors de l'entretien, cette UE lui a permis de développer un sens aiguisé de la documentation.

Ces résultats semblent par ailleurs montrer que l'enseignement de la post-édition en fin de formation est pertinent. En effet, sans les connaissances traductologiques nécessaires, l'apprentissage de la post-édition pourrait s'avérer plus complexe, ou du moins plus long, car les sous-compétences thématiques et documentaires ne seraient pas encore assez développées. Cette conclusion, intuitive si l'on pense aux outils de révision qu'il est nécessaire de mobiliser pour post-éditer une TA, doit encore être vérifiée par des recherches impliquant un plus grand nombre d'informateur·ice·s et privilégiant une approche longitudinale. Une analyse dans la durée des différents processus devrait permettre de mieux saisir les parcours d'acquisition des compétences.

Les étudiant·e·s en fin de formation exploitent donc cet entrelac important de sous-compétences faisant partie de la compétence traductive pour l'appliquer à l'exercice de post-édition. Pour ce qui est de nos informateur·ice·s, nous avons pu repérer des stratégies relevant de l'activation des sous-compétences psycho-physiologique, documentaire et thématique. Une recherche ciblant davantage la compétence traductive et effectuée sur une cohorte plus large devrait permettre de corroborer ces résultats très préliminaires.

6 CONCLUSION

Notre étude met en lumière l'importance des apprentissages préalables des étudiant·e·s en traduction à l'heure d'apprendre à post-éditer. Les résultats montrent que les étudiant·e·s mobilisent leurs apprentissages antérieurs pour aborder la post-édition de manière efficace. L'aptitude des étudiants consistant à se référer à des notions apprises dans des cours spécifiques souligne par ailleurs la pertinence de l'intégration de la post-édition en fin de parcours académique, au moment où les étudiant·e·s disposent d'une base solide pour faire face aux défis de ce domaine. L'influence positive des connaissances préalables se manifeste également dans la rapidité d'exécution de la tâche de post-édition et dans la capacité des étudiant·e·s à se documenter efficacement.

Capítulo 5
Traduction automatique et post-édition à l'université :
analyse des compétences préalables des traducteur·ice·s en formation   205

De surcroît, ces données qualitatives mettent en évidence une transférabilité interlinguistique marquée des connaissances qui démontre que l'apprentissage ne se limite pas exclusivement à une seule langue de travail ; *a contrario*, la formation des étudiant·e·s donne lieu à une compétence traductive qui peut être mise à contribution dans le travail avec toutes les langues. Cette compétence est à son tour composée de sous-compétences transversales que l'étudiant·e doit activer pour accomplir correctement le travail de post-édition. Ce modèle holistique de la compétence traductive (PACTE, 2000) commande une formation universitaire en traduction elle aussi holistique, qui permet aux apprenant·e·s d'appliquer avec succès leurs acquis dans les contextes variés et complexes du monde professionnel de la traduction. Compte tenu de l'évolution rapide et constante dans le domaine, cette polyvalence devient un atout essentiel, car elle prépare les étudiant·e·s à relever des défis changeants.

Enfin, cette étude préliminaire ouvre la voie à des pistes de recherches futures sur l'enseignement de la post-édition, par exemple, des études abordant l'acquisition des compétences traductives des étudiant·e·s en traduction au cours de leur formation universitaire afin de les appliquer à un exercice de post-édition, mais aussi des recherches plus larges visant l'activation des sous-compétences psycho-physiologique, documentaire et thématique lors des travaux de post-édition de la TA. Ces initiatives de recherche contribueront à renforcer les fondements pédagogiques de l'enseignement de la post-édition et à doter les étudiant·e·s d'un bagage de connaissances nécessaires pour affronter ce domaine en constante évolution.

7 BIBLIOGRAPHIE

ARENAS, A. G., VALDEZ, S., & DORST, A. G.: « Does training in post-editing affect creativity ? » *Jostrans – The Journal of Specialised Translation,* 41, 74-97. [en ligne], 2024, https://doi.org/10.26034/cm.jostrans.2024.4712. [Consulté le : 05/02/2024]

BLAIS, M. ET MARTINEAU, S., « L'analyse inductive générale : description d'une démarche visant à donner un sens à des données brutes », *Recherches qualitatives*, 2006.

BOWLES, M. A., *The think-aloud controversy in second language research*. New York : Routledge, 2010.

BREYEL-STEINER, C., & GRASS, T., « Traduction automatique et biotraduction : le mariage forcé », *Traduire, 244*, 94-106, [en ligne], 2021, https://doi.org/10.4000/traduire.2350. [Consulté le : 01/02/2024]

BRINKMANN, K., « Perspectives d'avenir de la traduction automatique », *Meta : Translators' Journal, 24*(3), 315-325, [en ligne], 2021, https://doi.org/10.7202/002146ar. [Consulté le : 17/01/2024]

CASACUBERTA NOLLA, F., et PERIS ABRIL, Á., Neural Machine Translation. *Tradumàtica: tecnologies de la traducció,* (15), 66, [en ligne], 2017, https://doi.org/10.5565/rev/tradumatica.203. [Consulté le : 12/12/2023]

CHEN, X., Machine Translation and Post-editing in Foreign Language Teaching and Learning: A Systematic review. *Journal of electronics and information science, 8*(4), [en ligne], 2023, https://doi.org/10.23977/jeis.2023.080404. [Consulté le 07/02/2024]

DANCETTE, J., « Le protocole de verbalisation : un outil d'autoformation en traduction », dans G. MARESCHAL, L. BRUNETTE, Z. GUEVEL, et E. VALENTINE (dir.), *La formation à la traduction professionnelle*, Ottawa, pp. 65-79. Les Presses de l'Université d'Ottawa, 2003.

DE FARIA PIRES, L., « Intégration de la traduction automatique neuronale à la formation universitaire des futurs traducteurs », *Myriades*, 2018, [en ligne], http://cehum.elach.uminho.pt/myriades/static/volumes/4-4.pdf

DE FARIA PIRES, L, « Master's Students' Post-editing Perception and Strategies », *FORUM. Revue Internationale d'interprétation et de traduction/ International Journal of Interpretation and Translation*, 2020, [en ligne], https://doi.org/10.1075/forum.19014.pir.

DEPRAETERE, I., « What counts as useful advice in a university post-editing training context ? Report on a case study », Annual conference of the European Association for Machine Translation, 2010, Saint-Raphaël, France. pp. en ligne. ⟨halshs-00849535⟩

DEL MAR SÁNCHEZ RAMOS, M., et PÉREZ, C. R., Traducción automática : conceptos clave, procesos de evaluación y técnicas de posedición, Grenade, Comares, 2020.ERICSSON, K. A., et SIMON, H. A., *Protocol analysis (2e éd.)*. Cambridge: MIT Press, 1993.

FARNOUD E., « Processus de la traduction : charge cognitive du traducteur », *Cognition RepréSentation Langages*, 12-2. [en ligne], 2014, https://doi.org/10.4000/corela.3615.

GAUDET, S., & ROBERT, D., L'aventure de la recherche qualitative : Du questionnement à la rédaction scientifique, Ottawa, University of Ottawa Press, 2018.

GUERBEROF ARENAS A., « Productivity and quality in the post-editing of outputs from translation memories and machine translation », [en ligne], 2012, https://www.tdx.cat/handle/10803/90247#page=1. [Consulté le : 06/02/2024].

GUERBEROF ARENAS A., MOORKENS J., « Machine translation and post-editing training as part of a master's programme », *The Journal of Specialised Translation*, (31), 217-238. [en ligne], 2019, https://www.researchgate.net/publication/330779889.

GUERRERO ROMEO L., « Traducción automática y postedición », [en ligne], 2018, http://hdl.handle.net/10609/143828. [Consulté le : 06/02/2024].

HERNÁNDEZ MORIN K., « L'intégration de la révision et de la post-édition dans la formation en traduction », *MediAzioni*, 39, A101-A115. [en ligne], 2023, https://doi.org/10.6092/issn.1974-4382/18789. [Consulté le : 06/02/2024].

HURTADO ALBIR A., *Researching Translation and Interpreting Competence by PACTE Group*, Amsterdam : John Benjamins.

KELLY, D., A Handbook for Translator Trainers. A Guide to Reflective Practice. Manchester, Routledge, 2005.

KELLY, DOROTHY, «Un modelo de competencia traductora: bases para el diseño curricular ». *Puentes: Hacia nuevas investigaciones en la mediación intercultural* 1, 9-20, 2002.

KILLMAN, J., RODRÍGUEZ-CASTRO, M., « Post-editing vs. translating in the legal context : Quality and time effects from English to Spanish », *Revista De Llengua I Dret*, [en ligne], 2022, https://doi.org/10.2436/rld.i78.2022.3831. [Consulté le: 06/02/2024]

KOPONEN M., « How to teach machine Translation Post-editing ? Experiences from a post-editing course », [en ligne], 2015, https://aclanthology.org/2015.mtsummit-wptp.1/

KUZNIK, A. et OLALLA-SOLER, C., « Results of PACTE group's experimental research on Translation Competence Acquisition. The acquisition of the instrumental sub-competence ». *Across Languages and Cultures,* 19 (1), 19-51, 2018.

MAKHACHASHVILI R., MOSIYEVYCH, L. et KURBATOVA, T., *Challenges of machine translation application to teaching ESP to construction students New Trends in Linguistics, Literature and Language Education.* ACNS Conference Series: Social Sciences and Humanities, 3. pp. 1-11, 2023.

O'BRIEN S., « Teaching post-editing : a proposal for course content », *ACL Anthology*, 2002, https://aclanthology.org/2002.eamt-1.11.

O'BRIEN, S., « Post-editing », dans Y. Gambier, L. van Doorslaer (Éds.), *Handbook of Translation Studies*, Volume 5, Amsterdam, Philadelphie, 2021, pp. 177-18.

PACTE, « Acquiring translation competence: Hypotheses and methodological problems in a research project », dans Beeby A., Ensinger, D. & Presas, M. (Eds.), Investigating Translation, Amsterdam, 2000, pp. 99-106.

PAILLÉ, P. et MUCCHIELLI, A., L'analyse qualitative en sciences humaines et sociales, [en ligne], 2012, https://shs.cairn.info/l-analyse-qualitative-en-sciences-humaines--9782200249045?lang=fr.

PLAZA-LARA, C., La traducción automática y la posedición para la enseñanza de la traducción inversa de textos turísticos, Thèse de doctorat, Universidad de Málaga, Málaga, 2018, [en ligne], https://hdl.handle.net/10630/16696.

POIBEAU, T., Babel 2.0 : Où va la traduction automatique ?, Paris, Odile Jacob, 2019.

PYM A., « Asymmetries in the teaching of translation technology », dans PYM A., GUTIERREZ COLON PLANA, M. *Evaluación de medios de aprendizaje a distancia en la formación avanzada de traductores (BFF-2002-03050)*, Ministerio de Ciencia y Tecnología, Madrid, 2006, pp. 113-124.

PYM, A., « Redefining translation competence in an electronic age. in defence of a minimalist approach », *Meta, Translators' Journal, 48*(4), 481-497, [en ligne], 2004, https://doi.org/10.7202/008533ar. [Consulté le : 13/01/2024]

RICO PÉREZ, C., « La formación de traductores en traducción automática », *Revista Tradumàtica*, 15, 75-96, [en ligne], 2017,

ROBERT, A. M.,« La post-édition : l'avenir incontournable du traducteur ? Traduire pour le théatre », 137 -144, [en ligne], 2010, https://doi.org/10.4000/traduire.460. [Consulté le : 13/01/2024]

ROLLO A., « Approche cognitive de la traduction économique : Réflexion théorique et retombées pratiques », *MonTI*, 8, 61-93. [en ligne], 2016, https://doi.org/10.6035/MonTI.2016.8.2.

SALES, D., *Documentación aplicada a la traducción: presente y futuro de una disciplina*. Gijón: Trea, 2006.

SÁNCHEZ-VALLEJO, M. A., « La Reserva Federal vuelve a subir tipos un cuarto de punto y los sitúa en el máximo nivel en dos décadas », El País, [en ligne], 2023, https://elpais.com/economia/2023-07-26/la-reserva-federal-vuelve-a-subir-tipos-un-cuarto-de-punto-y-los-situa-en-el-maximo-nivel-en-dos-decadas.html. [Consulté le : 13/11/2023]

SCHUMACHER, P., « Post-édition et traduction humaine en contexte académique : une étude empirique », *Transletters*, 3(3), 239-274, [en ligne], 2020 https://dialnet.unirioja.es/servlet/articulo?codigo=7543507. [Consulté le 13/01/2024].

TAUS & CNGL, *Machine translation postediting guidelines*, TAUS/CNGL, 2010.

TOMASZKIEWICZ, T., « Traduction automatique dans la formation des traducteurs : une analyse expérimentale de la post-édition », *Studia Romanica Posnaniensia*, 45(4), 75-89, [en ligne], (2019), https://doi.org/10.14746/strop.2018.454.005. [Consulté le 13/01/2024]

Traduction – Faculté / FTI-EII., Faculté / FTI-EII, [en ligne], 2023, https ://web.umons.ac.be/fti-eii/fr/formations/m2-tradmu/. [Consulté le : 13/11/2023]

Capítulo 6
Evaluación de la calidad de la traducción humana versus posedición de textos museísticos en traductores nóveles (francés-español)

Beatriz Sánchez Cárdenas
bsc@ugr.es
Universidad de Granada

1 INTRODUCCIÓN

La tecnología ha revolucionado el campo de la traducción. Así se refleja en los informes de EUATC[68] (*European Union of Associations of Translation Companies*), de los años 2013 a 2015, y en los informes ELIS[69] (*European Language Industry Survey*), de los años 2016 a 2023. En la actualidad, más del 30% de los textos traducidos por profesionales en Europa son posediciones de traducciones automáticas realizadas por sistemas neuronales. En España, ya en 2015 más de la mitad de las empresas declaraban utilizar traducción automática de manera habitual en aras de una mayor productividad y mejor gestión de sus proyectos (Rico Pérez y García Aragón, 2016).

La literatura científica identifica y detalla las competencias esenciales del poseditor (Sánchez-Gijón, 2016). El Marco de Competencias de la *European Masters in Translation* (EMT) considera la posedición, definida como la edición de textos traducidos automáticamente, como una habilidad tecnológica clave para el traductor profesional. En dicho

---

68 [https://elis-survey.org/repository/]
69 Ibidem.

marco, la competencia en posedición (PE) se desglosa en tres subcompetencias: competencias actitudinales y estratégicas, competencias instrumentales y competencias lingüísticas y extralingüísticas. En este artículo nos centramos en aquellas de carácter lingüístico, concretamente en la edición de segmentos obtenidos mediante traducción automática neuronal (TAN) siguiendo el encargo de traducción, lo que constituye la finalidad del traductor: adaptar el texto meta a su situación comunicativa.

Nuestra experiencia docente muestra que los traductores nóveles suelen volcarse con ciertos tipos dificultades fácilmente identificables, tales como la terminología, los idiomatismos o las referencias culturales. Prestan menos atención a aspectos como la gramática, el estilo o las colocaciones, cuya dificultad tienden a subestimar. Nos centramos aquí en la traducción (francés-español) de las colocaciones verbo-nominales semifijas[70]. Se trata de estructuras cuyos integrantes coexisten de manera recurrente con una frecuencia estadística alta, como por ejemplo *faire un rêve o remplir un accord*. Al no permitir por lo general una traducción literal (*hacer un sueño, *rellenar un acuerdo), suponen un escollo para los traductores nóveles (Huertas Barrios y Buendía Castro 2017). De manera general, queremos averiguar si los estudiantes producen una traducción de mejor calidad cuando traducen o cuando poseditan este tipo de estructuras poliléxicas.

Este capítulo se organiza de la siguiente manera: el apartado 2 presenta una panorámica de la situación actual de la enseñanza de la TAN + PE en España; el apartado 3 expone el marco teórico del trabajo, centrándose en el género textual analizado, a saber los textos museísticos, y en la unidad lingüística objeto de estudio, las estructuras verbo-nomi-

---

70   Dejamos de lado las perífrasis verbales con proyección metafórica, como *dar la cara o plantar un pino*, porque su grado de rigidez las hace menos problemáticas para los aprendices de traducción. La razón es que dichas estructuras fijas suelen contar con una traducción acuñada.

nales (francés-español); el apartado 4 describe la metodología seguida para el estudio, así como su resultados; las conclusiones se sintetizan en el apartado 5.

2 LA ENSEÑANZA DE TAN Y PE EN ESPAÑA

Según un informe de la Comisión Europea[71], en el año 2020 la mayoría de los ingresos en la industria de la traducción provinieron de la traducción automática. Sin embargo, como sucede en cualquier ámbito, los requisitos del mercado en cuanto a la nueva realidad de traducción no se han trasladado de manera inmediata a los planes de estudios, o al menos no de manera oficial. Al recorrer los planes de estudio del Grado de Traducción e Interpretación (TeI) de las principales universidades españolas en este ámbito (Granada, Valladolid, Barcelona según el ranking anual del periódico *El Mundo*), observamos que la TAN y PE están ausentes de la mayoría de los planes de estudio (Cid-Leal *et al.,* 2019). En España, los objetivos de los planes de estudio vienen marcados principalmente por la adquisición de conocimientos y el desarrollo de competencias. Sin embargo, aquellas necesarias para llevar a cabo la TAN + PE no se encuentran por lo general en las guías docentes actuales.

El informe ELIS de 2022 alerta sobre la brecha que hay entre la formación universitaria de los futuros traductores en España y las prácticas en el ámbito profesional de la traducción. Según este informe, las nuevas tecnologías en la industria de la traducción parecen no estar reflejándose lo suficiente en la educación universitaria de los futuros profesionales del sector. Se señala una desconexión entre lo que se enseña en las universidades y las prácticas profesionales actuales.

---

71   Comisión Europea 2020. European Language Industry Survey. https://ec.europa.eu/info/sites/default/fles/2020_language_industry_survey_report.pdf

Si bien la enseñanza de las tecnologías de traducción es una parte esencial de la formación de traductores (Rossi, 2017), los planes de estudio de los principales Grados de Traducción e Interpretación de España siguen sin reflejar explícitamente la incorporación a la profesión de la Traducción Automática Neuronal (TAN), de la posedición o de, aún menos por ser más reciente, la Inteligencia Artificial (IA). No es pues de extrañar que exista actualmente un debate en el ámbito académico sobre cómo debería integrarse dicha enseñanza en los futuros planes de estudios. Es una cuestión de hondo calado, pues intervienen factores complejos como la legislación española, el potencial docente de los departamentos o los recursos económicos de las Universidades.

Hace sin embargo ya más de una década que autores como Pym (2013) advirtieron de la necesidad de incorporar la TAN + PE a la formación de los jóvenes traductores. Dicha recomendación ha sido posteriormente secundada por investigadores como Leiva Rojo (2018a, 2018b, 2018c). Sin embargo, salvo algunas honrosas excepciones (Rossi, 2017), se siguen echando en falta estudios sobre cómo incorporar la enseñanza de la TAN + PE en los estudios de traducción, sobre todo en lo que a lenguas romances se refiere.

Ahora bien, Alcalde Peñalver y Santamaría Urbieta (2021), que analizan y determinan las necesidades de formación en tecnología del profesorado universitario de traducción en España, contradicen la existencia de una laguna formativa en este aspecto. Según las autoras, la TAN + PE son actualmente una práctica habitual de la docencia en traducción en España, si bien a menudo de manera oficiosa. Su estudio muestra que el profesorado aborda actualmente las destrezas necesarias para la TAN + PE en el aula. Un 92,3 % de los docentes encuestados imparte contenidos relacionados con la TAN en sus clases. La práctica de la PE en el aula está, sin embargo, menos extendida; tan solo 65,4 % de los docentes encuestados afirman integrar la PE en sus clases. Tanto para la TAN como la PE, los docentes afirman mayoritariamente haber adquirido las competencias necesarias de manera autodidacta o con cursos autofinanciados. Los datos del estudio indican que "la mayoría de los docentes realiza un gran esfuerzo de forma particular para estar en consonancia con los requisitos del mercado, sin que exista un respaldo institucional que dé respuesta a sus necesidades de actualización en materia tecnológica" (Alcalde Peñalver y Santamaría Urbieta, 2021: 87). En definitiva, los resultados del estudio de Alcalde Peñalver y Santamaría Urbieta (ibidem) apuntan a que el uso de motores de TAN en el aula es ya una práctica habitual. Esto apunta a una disonancia entre la formación real del aula y los planes de estudio. Serían no obstante necesarios estudios de mayor envergadura para conocer realmente en qué medida se están enseñando y asimilando en el entorno académico las habilidades necesarias para llevar a cabo la TAN + PE con éxito en el mundo laboral. Las autoras lamentan sin embargo que no exista suficiente apoyo a la formación continua del profesorado en el ámbito tecnológico y que dichas competencias no se vean reflejadas en las guías docentes.

Si descendemos al nivel de las combinaciones lingüísticas con lenguas romance, dicha carencia es aún más palpable. Hasta donde sabemos, no existen estudios que describan cómo se debería abordar el aprendizaje de la TAN + PE en la combinación francés-español, por citar una combinación de lenguas.

Esta investigación surge del interés por evaluar la efectividad de la TAN y la PE en el aprendizaje de la traducción. En concreto, el estudio examina la efectividad del uso de la TAN y la PE en la combinación francés-español con un grupo de estudiantes del cuarto curso del Grado en Traducción e Interpretación la Universidad de Granada[72]. Nos centramos en el error léxico, una de las tareas que mayor esfuerzo cognitivo demandan en posedición (Popovic *et al.,* 2014: 196). Analizamos es-

---

72   La Facultad de Traducción de la Universidad de Granada es un centro de reconocido prestigio en el ámbito y, según el ranking de grados y máster que cada año publica el periódico *El Mundo*, ocupa la primera posición desde hace varios años. Dicha clasificación recoge los 50 grados más populares entre los estudiantes en España y las cinco mejores universidades donde cursarlos.

tructuras verbo-nominales semifijas (*ejercer presión, ejercer influencia, ejercer un cargo*), debido a su complejidad y al desafío que representan, tanto para traductores nóveles como para los sistemas actuales de TAN.

En concreto, nos planteamos si el uso de TAN + PE supone una ventaja real frente a la traducción humana realizada con herramientas tradicionales en términos de calidad del texto meta. La PE representa a priori un ahorro de tiempo: ¿redunda esto en una mejor calidad? Este planteamiento nos conduce a dos nuevos interrogantes:

1. ¿Adquieren los estudiantes del Grado de Traducción e Interpretación que se encuentran en su última etapa de su formación las competencias necesarias para realizar una posedición eficaz?

2. ¿La formación en traducción logra, de manera indirecta, desarrollar las competencias necesarias para poseditar con la calidad necesaria o se requeriría una formación específica?

Si bien el alcance de esta investigación es limitado, aporta información al debate actual en torno a la adquisición de competencias para la posedición. En última instancia, la comprensión de la adquisición de las competencias para la posedición será crucial para entender si el actual currículo de formación en traducción responde a las demandas del mercado y cómo debería adaptarse.

3 MARCO TEÓRICO Y OBJETO DE ESTUDIO

3.1 La traducción de textos museísticos

Centramos este estudio en la traducción de textos museísticos[73], que se enmarcan en el programa de la asignatura sometida a estudio. Su in-

---

73   Bajo este concepto se engloban los sectores de la publicidad, la arquitectura, el arte y la cultura, la artesanía, el diseño, la moda, los juegos, la música, la publicidad, la tecnología, la televisión y el cine (Liao, 2018).

terés reside tanto en aspectos lingüísticos, debido a su carga literaria, como en aspectos culturales y sociales; las industrias creativas tienen por objetivo mejorar la calidad de vida y el nivel educativo de la población. En este sentido, el ICOM[74] (*International Council of Museums*), la organización internacional de museos considera que la finalidad de los museos es investigar, perpetuar, perennizar y transmitir a la sociedad el patrimonio cultural y natural mundial, presente y futuro, tangible e intangible[75]. Son además un motor esencial del crecimiento económico.

Los museos generan una gran cantidad de textos en diferentes formatos: catálogos, folletos, páginas web, cartelas, audioguías o paneles interactivos. Toda esa información es susceptible de ser traducida a otras lenguas. Este tipo de traducción desempeña un papel relevante en cuanto a la preservación y difusión del patrimonio cultural, y es una herramienta para la mediación intercultural (Sturge, 2007).

Desde el punto de vista comunicativo, y siguiendo el modelo de lingüística funcional sistémica de Halliday y Matthiessen (2014), Ravelli (2006) distingue tres metafunciones de los textos museísticos: significado representacional, significado interaccional y significado organizado (referido este último a cómo los textos se estructuran y adaptan para transmitir el significado representacional e interaccional). Por otro lado, la tipología de Liao (2018) sobre metafunciones de las traducciones de textos museísticos resulta esclarecedora:

— Informativa: Explica el contenido a los visitantes.

— Interactiva: Establece un puente entre el museo y los visitantes internacionales.

— Política: Refleja intenciones comunicativas e ideologías del museo al decidir qué y cómo traducir.

---

74   [https://icom.museum/en/]

75   [https://icom.museum/es/sobre-nosotros/misiones-y-objetivos/]

- Socioinclusiva: Promueve la igualdad lingüística en comunidades multilingües.
- Expositiva: Presenta la traducción como un artefacto cultural en sí.

Liao (ibidem) señala que estas funciones no son excluyentes y suelen darse en tándem. En definitiva, traducir los textos de los museos facilita su comprensión y promueve la inclusión. Estos textos pueden incluso considerarse un objeto expositivo en sí.

A pesar de su innegable interés, la traducción de textos museísticos ha recibido hasta la fecha escasa atención por parte de los estudios de traducción, salvo algunas excepciones (Leiva Rojo, 2018, 2020; Valdeón, 2015; Liao, 2018 *inter alia*). Resulta sorprendente que el estudio de la traducción de textos museísticos siga siendo exiguo. El vacío es aún más acuciante en la combinación francés-español, con la salvedad del presente volumen. En esta línea, Leiva Rojo (ibidem) alerta sobre la invisibilidad de los textos museísticos en el ámbito de la formación y de la investigación. Máxime cuando, como señala el autor, "la mayoría de los visitantes de los museos suele ser de localidades distintas a donde se encuentra el museo en cuestión, por lo que el volumen de visitantes que recurre a textos traducidos no es desdeñable" (Leiva Rojo, 2022).

Francia es uno de los primeros destinos turísticos a nivel mundial. Según el informe anual de actividad turística[76] de la región "Île de France", en 2022 hubo más de 900 millones de turistas en el mundo. De ellos, más de 40 millones tuvieron como destino París.

---

76 <https://pro.visitparisregion.com/chiffres-du-tourisme/conjoncture/bilans/bilan-de-l-annee-touristique-2022-a-paris-ile-de-france-mars-2023>

Según el Comité Regional de Turismo de París[77], de las personas que cada año visitan esta ciudad más de un millón y medio son españoles[78]. A pesar de estas cifras, la amplia mayoría de museos parisinos solo proporcionan información al visitante en francés y, en algunas ocasiones, en inglés. Con la llegada de la TAN, y sobre todo de la realidad aumentada y la IA, es de esperar que muchos visitantes estén ya accediendo a versiones traducidas de las exposiciones. Asimismo, es esperable y deseable que la oferta de traducciones a lenguas mayoritarias se amplíe en los grandes museos. En virtud de su interés comercial, cultural y lingüístico, los textos museísticos son un valioso material didáctico para el aula de traducción. Por tanto, es deseable fomentar la investigación sobre la traducción museística, tanto desde el punto de vista práctico como teórico (Liao 2018: 46).

3.2 Traducción de colocaciones verbo-nominales

Las estructuras poliléxicas despiertan gran interés en ámbitos como la Lexicografía, la Terminología o la Lingüística computacional. También en Traducción, ya que resultan clave para producir textos idiomáticos. Existen diferentes estructuras poliléxicas según su grado de idiomaticidad, cohesión sintáctica o lexicalización de sus componentes (Ramisch 2023): refranes, idiomatismos, compuestos nominales o colocaciones.

El presente estudio se centra en la traducción de colocaciones verbo-nominales semifijas como *culminó la ascensión o las sospechas aflo-*

---

77   https://pro.visitparisregion.com/chiffres-du-tourisme/profil-clientele-tourisme/Clienteles-de-proximite/clientele-espagnole>

78   Si bien no se disponen de datos precisos sobre el número total de hispanohablantes, es de suponer que la cifra final sería considerablemente superior si se consideraran los turistas provenientes de otros países hispanohablantes

ran que no admiten una traducción literal (**il a culminé l'ascension; *les soupçons émergent*).

Estas estructuras han sido ampliamente estudiadas por la escuela del léxico-gramática (Gross, 1994). Su visión es que los verbos restringen las categorías semánticas con las que se combinan en función de criterios semánticos. Para explicar este fenómeno, consideran que cada verbo selecciona determinadas clases semánticas de sustantivos. Por ejemplo, el verbo *comer* selecciona la clase semántica {alimentos sólidos}. Funciona bien para verbos específicos como *asestar* o *impartir*, pero menos con verbos generales como *dar* o *poner* (Bustos Plaza, 2006). Por tanto, explicar la combinatoria de las palabras en función de sus restricciones semánticas no zanja la cuestión. Como bien demostró Ignacio Bosque (2004) en su diccionario REDES, la combinatoria léxica obedece a menudo a razones de frecuencia estadística que responden únicamente a las (impredecibles e inexplicables) preferencias léxicas de los hablantes. Escapan por tanto a toda lógica y la única manera de conocerlas es… conocerlas, valga la tautología. Esto significa que para explicar qué sustantivos restringe cada verbo no queda más remedio que enumerarlos.

Resulta pues comprensible que, a los aprendices de traducción e incluso a los traductores profesionales, les cueste a veces dar con el equivalente apropiado. El estudio Leiva Rojo sobre textos museísticos (MUSA16) (2018b) lo corrobora. El autor determina mediante el análisis de un corpus paralelo (inglés-español) cuáles son los principales errores que cometen los traductores profesionales. Centrándose pues en la traducción de fraseología en textos museísticos, afirma que, a pesar de ser la fraseología un elemento recurrente en prácticamente cualquier traducción, suele pasar desapercibida en los modelos de evaluación y, por ende, en los estudios realizados sobre la evaluación de la calidad de la traducción (Leiva Rojo, 2018: 12). Su análisis concluye que los principales errores de traducción en su corpus de textos museísticos que supusieron una falta de equivalencia fueron tres: calcos, pseudoequivalencias u omisiones. No es por tanto de extrañar que la fraseología haya sido hasta ahora infravalorada en los modelos de control de calidad (Leiva Rojo, 2018b).

El dominio de las combinaciones verbo-nominales es, sin embargo, fundamental para establecer correspondencias interlingüísticas naturales y correctas (Corpas Pastor, 2008; Buendía Castro y Sánchez Cárdenas, 2012; Tutin, 2014). Los motores de TAN no siempre las resuelven satisfactoriamente, debido principalmente a su falta de conocimientos pragmáticos, culturales y lingüísticos (Ramisch, 2015; Kordoni y Simova, 2014; Corpas Pastor, 2000). Nos centramos aquí en combinaciones libres, como témoigner des dures réalités, de estructuras semirígidas con verbo soporte (Bustos Plaza, 2006), tales como mener une reflexión, o bien de metáforas cognitivas (Lakoff y Johnson, 2008) como bouscucler les codes o brasser plusieures esthétiques. En el apartado 4.3 analizamos seis estructuras seleccionadas para este estudio, a saber:

1. (T1) Mikhaïlov **mène une reflexión**

2. (T1) Mikhaïlov **bouscule les codes**

3. (T1) ...pour **témoigner des dures réalités sociales**

4. (T2) Le musée des Arts décoratifs **célèbre les années 1980**

5. (T2) Un design moderniste aux accents hightech **côtoie des univers néo-baroques et primitifs**

6. (T2) ...le créateur des années 80 **brasse plusieurs esthétiques**

4 METODOLOGÍA: ESTUDIO COMPARATIVO EN CONTEXTO EDUCATIVO

4.1 Análisis cuantitativo y cualitativo de traducciones museísticas

Llevamos a cabo un análisis de dos folletos museísticos de 1582 palabras en total con una perspectiva cuantitativa y cualitativa. Estos materiales corresponden a sendas exposiciones en la "Maison Européenne de la Photographie[79]" (MEP) y en el "Musée des Arts Décoratifs[80]" (MAD) de París, realizadas en el otoño de 2022. El encargo de traducción (ficticio) parte de los museos, que solicitan las respectivas traducciones al español de los folletos informativos de estas exposiciones temporales con el objetivo de distribuirlo a los visitantes.

Los participantes, de lengua materna español, pertenecían al 4º curso del Grado de Traducción e Interpretación de la Universidad de Granada y tienen el francés como segunda lengua. Considerando el elevado umbral de calificaciones requerido históricamente para el acceso a esta Facultad, el estudiantado se caracteriza por haber alcanzado un rendimiento académico sobresaliente durante el Bachillerato, así como en las pruebas de acceso universitario. Este contexto presenta un perfil de estudiantes que no solo han demostrado excelencia académica, sino que también exhiben un notable grado de dedicación y motivación hacia sus estudios.

El programa de la asignatura incluye la traducción de textos periodísticos, literarios, publicitarios, entre otros. En etapas formativas previas, habían adquirido competencias en terminología, herramientas documentales y técnicas de análisis de corpus. Además de un primer curso

---

79   La "Maison Européenne de la Photographie" es un reconocido museo parisino dedicado al arte fotográfico contemporáneo. La exposición del MEP recorre la obra del fotógrafo ucraniano Boris Mikhailov subrayando su habilidad para transgredir normas establecidas y fusionar diversos géneros fotográficos. La exposición proporciona una retrospectiva exhaustiva de su trabajo, situándolo en el contexto actual del conflicto bélico en Ucrania.

80   El "Musée des Arts Décoratifs" de París destaca por su prestigio en las artes decorativas, el diseño y la moda. Su vasta colección reúne obras desde la Edad Media hasta nuestros días. La exposición cuyo folleto nos ocupa estuvo dedicada a la década de los 80. Esta exposición reflejó la transformación política y artística de Francia en esa época, especialmente en campos como la moda, el diseño y las artes gráficas.

de Traducción en francés como segunda lengua, habían cursado otras asignaturas de traducción general y especializada en diversas combinaciones lingüísticas. Los estudiantes mostraron por lo general un alto grado de interés hacia la asignatura y hacia la lengua y cultura francesas. El estudio se replicó con idénticas condiciones en dos cursos consecutivos, con 22 estudiantes en cada ocasión. Se recopilaron datos de 44 participantes. Tras descartar aquellos que no eran de lengua materna española, se seleccionaron 36 cuestionarios para este estudio.

Describimos a continuación el procedimiento. En la fase de preparación previa, los estudiantes recibieron una sesión de formación teórica sobre la tipología de errores de traducción y los recursos para mejorarlos. Este contenido forma parte de las asignaturas de cursos previos por lo que se consideró suficiente una sesión de dos horas. El material didáctico consistió en traducciones de textos que presentaban dificultades similares a las de los textos objeto de estudio. Entre dichas dificultades se encontraban las estructuras verbo-nominales de traducción engañosamente fácil como las que nos ocupan. Las traducciones habían sido realizadas por estudiantes de promociones anteriores. Había por tanto diferentes versiones de traducción para cada texto. Se realizó una puesta en común del análisis crítico de las traducciones por parte del estudiantado. Para ello, se etiquetaron los errores de traducción según la tipología del Anexo 1 y se propusieron mejoras utilizando las estrategias de traducción del Anexo 2.

En cuanto a las estrategias para mejorar los segmentos con errores de traducción, la docente presentó distintas posibilidades de búsquedas en fuentes documentales. Los recursos lexicográficos utilizados fueron los diccionarios monolingües TLFI[81] y Le Petit Robert[82], los diccionarios bilingües Larousse[83] y Reverso, así como un corpus general de español,

---

81   [http://atilf.atilf.fr]
82   [https://www.lerobert.com]
83   [https://www.larousse.fr/dictionnaires/francais-espagnol]

consultado mediante las opciones de concordancia y "word sketch" de la herramienta de análisis de corpus Sketch Engine. La búsqueda en corpus permitió ilustrar, entre otros, cómo identificar combinaciones verbo-nominales idiomáticas.

4.2 Estudio de caso: Materiales y recogida de datos

Los dos folletos museísticos objeto de estudio se tradujeron con la herramienta de TAN DeepL, popular entre el estudiantado del Centro según nuestra experiencia. Con herramientas similares, como Microsoft Translator o Google Translate[84], no se constataron diferencias significativas en la traducción de las estructuras fraseológicas objeto de estudio. Se dividió a los participantes en dos grupos. Al grupo A se le entregó la TAN del texto 1 (T1) y se solicitó que hiciera una posedición. Al grupo B se le pidió una traducción humana del texto 1 con ayuda de recursos lexicográficos y herramientas de análisis de corpus, pero sin recurrir a motores de TAN ni herramientas TAO.

Se utilizó en cada grupo un cuestionario como instrumento de recogida de datos, con el objetivo de dejar constancia del proceso de reflexión y de la capacidad crítica de los estudiantes. Así, los participantes del grupo A consignaron aquellos segmentos de la TAN con errores de lengua o traducción según la tipología vista en clases previas (Anexo 1), el tipo de error, las fuentes consultadas y la propuesta de traducción mejorada (Tabla 1).

---

84 No conocemos estudios que hayan determinado que alguna de estas tres herramientas supera a las demás de manera significativa en cuanto a la traducción de estructuras fraseológicas.

Segmento TO	Segmento TA	Tipo de error	Fuente consultada	Traducción mejorada
Une réflexion sur les bouleversements qui ont accompagné l'effondrement de l'Union soviétique	Desde los años sesenta, reflexiona sobre las convulsiones que acompañaron al colapso de la Unión Soviética	La traducción de los términos "bouleversements" y "effondrement" no es la más adecuada en español. Existen términos que se utilizan más frecuentemente y son más idiomáticos. Además, hay un error en las comas, Deepl no la ha adaptado al uso correcto en español, sino que las ha dejado tal y como se utilizan en francés (con espacios).	Larousse	Desde los años sesenta, reflexiona sobre las alteraciones que acompañaron la caída de la Unión Soviética.
Conçue en étroite collaboration avec l'artiste	Concebida en estrecha colaboración con el artista	El término "conçue" está traducido literalmente como "concebida".	Linguee	Creada a partir de una estrecha colaboración con el artista.
Se situe aux frontières de la photographie documentaire	Se sitúa en las fronteras de la fotografía documental	Al igual que el segmento anterior, la traducción de "aux frontières de" es un calco. Existen formas más idiomáticas de expresarlo en español.	Linguee	Se sitúa en los límites de la fotografía documental.

Segmento TO	Segmento TA	Tipo de error	Fuente consultada	Traducción mejorada
Réconciliant l'humour et le tragique, il ne cesse de défendre la liberté de création comme un moyen de résistance.	Conciliando el humor y la tragedia, defiende constantemente la libertad creativa como medio de resistencia	Para que suene mejor en español yo introduciría un sujeto.	Ninguna	Conciliando el humor y la tragedia, Mikhaïlov defiende constantemente la libertad creativa como medio de resistencia

Tabla 1. Ejemplo de recogida de datos en traducción TAN + PE

Los datos presentados en la Tabla 1 informan sobre el proceso de posedición realizado por los participantes del grupo A. Se observa cómo los estudiantes identificaron, analizaron y mejoraron las traducciones automáticas generadas por DeepL. En concreto, en esta recogida de datos se observan los errores detectados por los participantes (traducciones literales, falsos amigos, aspectos idiomáticos...), las fuentes lexicográficas y recursos empleados (Linguee, Larousse, etc.) y las propuestas de mejora sugeridas para mejorar la TAN.

El grupo B, que trabajó sin herramientas informáticas, consignó aquellos segmentos del TO con alguna dificultad de traducción, las fuentes consultadas, las estrategias traductológicas empleadas (Anexo 2) y la traducción propuesta (Tabla 2). No se informó previamente sobre qué segmentos serían objeto de análisis para el presente artículo. Como incentivo, el ejercicio formó parte de la evaluación continua del estudiantado.

Segmento TO	Tipo de dificultad	Fuente consultada	Estrategia	Traducción propuesta
Aux frontières de	La traducción literal es confusa	Textos paralelos 1 y 2	Omisión y generalización	Navega entre
La photographie documentaire	Terminología	Textos paralelos 1 y 2	Traducción literal	Fotografía documental
La performance	Terminología	Textos paralelos 1 y 2	Transferencia	La performance
Il mène une réflexion	Idiomaticidad	Diccionario combinatorio práctico del español - Ignacio Bosque	Modulación	Ha centrado su reflexión en
Séries	Terminología	Textos paralelos 1 y 2	Traducción literal	Series (fotográficas)

Tabla 2. Ejemplo de recogida de datos en traducción humana

La tabla 2 muestra los datos recogidos en los estudiantes que hicieron una traducción humana. En concreto, los participantes reflejaron la identificación de dificultades específicas en cuanto a terminología, idiomaticidad o la imposibilidad de hacer una traducción literal. Se consignaron las fuentes consultadas (diccionarios, corpus, diccionarios...), las estrategias traductológicas empleadas tales como la transferencia o la modulación y las propuestas de traducción.

En el texto 2 (T2), se invirtieron los roles, de tal manera que cada estudiante hizo una traducción humana y una TAN + PE. Cabe señalar que los estudiantes no estaban limitados a la tipología de errores propuesta, ya que podían expresarse libremente en cuanto al problema que presentaba el segmento en cuestión. En este sentido, se valoró positivamente la identificación del tipo de error, aun cuando no fuera nombrado, siempre que se describiera de manera adecuada. El ejercicio se replicó durante el curso siguiente con la misma docente e idéntico procedimiento.

En resumen, los datos recogidos proporcionan evidencia empírica del proceso de reflexión de los estudiantes. La comparación de ambos

Capítulo 6
Evaluación de la calidad de la traducción humana versus posedición
de textos museísticos en traductores nóveles (francés-español) 227

grupos revela los resultados de dos procesos de traducción diferentes; el primero supone la mejora de una traducción existente y el segundo un ejercicio de toma de decisiones desde el inicio.

4.3 Análisis de combinatoria léxica e idiomaticidad en la traducción de estructuras verbo-nominales

El estudio se centra en un análisis cualitativo y manual de seis estructuras representativas de las combinaciones verbo-nominales analizadas (*mener une reflexión, bousculer les codes, témoigner des dures réalités, célébrer les années 1980, côtoyer des univers, brasser plusieurs esthétiques*). La elección de este enfoque se fundamenta en la necesidad de valorar la semántica profunda y la combinatoria léxica de dichas estructuras, algo que va más allá de lo que las métricas automáticas como BLEU, TER o METEOR pueden ofrecer (Sánchez Ramos y Rico Pérez, 2020). Aunque estas herramientas son útiles para evaluar la fluidez y la coherencia general de las traducciones a gran escala, son menos adecuadas para corpus pequeños. Además, carecen de las sutilezas semánticas y pragmáticas necesarias para evaluar las estructuras analizadas.

Los criterios seguidos para considerar una posedición o una traducción como correcta o incorrecta fueron se sustentaron en nuestra competencia lingüística y traductora. En caso de duda, para determinar si una traducción propuesta por un estudiante era adecuada, se realizaron búsquedas en el corpus MUSA_COMP (año 2024), compilado por Jorge Leiva, en Sketch Engine. El corpus, compuesto por textos museísticos seleccionados manualmente, cuenta con unos 15 millones de palabras. Se realizaron búsquedas complejas mediante búsquedas CQL para comprobar la idiomaticidad y la combinatoria léxica siguiendo las estrategias descritas en el capítulo 5 de Sánchez Cárdenas y López Rodríguez (2020).

El análisis de corpus facilita un examen exhaustivo del comportamiento contextual de las soluciones consideradas adecuadas. A modo de ejemplo, para identificar posibles traducciones de "bousculer les codes" se hizo en primer lugar una búsqueda del Word Sketch de romper, lo que arrojó resultados como código, molde, paradigma. Se exploraron las concordancias de romper + código|molde|paradigma. Utilizando estos datos, se diseñó la siguiente búsqueda CQL para determinar la combinatoria léxica de estos lemas:

```
[lemma="artista|creador|exposición|espacio|museo|arte|mujer|hombre"] []
{0,6} [tag="V.*"] []{0,1} [lemma="código|molde|paradigma"]
```

Se identificaron así posibles estructuras equivalentes como "subvertir los códigos", "romper el molde" o "romper paradigmas". Sin embargo, no se encontró ninguna ocurrencia para "dar un vuelco a los códigos" o "zarandear los códigos". Cabe señalar que la competencia nativa de la docente y su experiencia en el ámbito le otorga la capacidad para señalar opciones correctas o incorrectas más allá de los límites del corpus. En la corrección que se entrega a los estudiantes, las opciones incorrectas se etiquetan y justifican según la tipología del Anexo 2.

Los resultados del análisis de corpus no solo informan sobre la combinatoria léxica, sino sobre la visión de la identidad cultural que emerge de los textos museísticos. Como señala Leiva (2023: 145), los museos "traducen las culturas". Así, en la búsqueda anterior observamos que el sustantivo en posición de sujeto más común de "romper moldes" *es mujer* o *la artista* y el sintagma va a acompañado a menudo de "se atreve a". Las mujeres aparecen en el corpus como portadoras del cambio artístico y social. Se trata de un asunto que excede los límites de este capítulo, por lo que no profundizamos en las cuestiones identitarias e ideológicas que subyacen en el análisis de las estructuras analizadas.

La tabla 3 muestra algunos ejemplos de traducciones consideradas correctas o incorrectas en ambos grupos. La columna roja muestra las traducciones de los estudiantes consideradas inadecuadas. En la columna verde se muestran traducciones que se consideraron válidas. Las razones por las que las traducciones de la tercera columna se consideran inadecuadas responden a la falta de idiomaticidad debido a una combinatoria léxica inadecuada (*propinar un regalo, asestar un halago*) (*Bosque 2004*) o a un cambio en la prosodia semántica (*codearse* requiere un sustantivo humano cuyo referente goce de especial prestigio) (Kübler y Volanschi, 2012), así como a alteraciones en el sentido de la frase. Las traducciones consideradas válidas respetaban el sentido de texto de origen y la idiomaticidad de la lengua destino, lo que se confirmó mediante búsquedas en corpus y el diccionario REDES (Bosque, 2004).

Texto origen	Traducción automática	Traducciones inadecuadas de los estudiantes	Traducciones consideradas válidas
mène une reflexión	- reflexiona	-reflexiona -lleva una reflexión -realiza una reflexión	-plantea una reflexión -propicia la reflexión -fomenta la reflexión
bouscule les codes	-da un vuelco a los códigos	-da un vuelco a los códigos -zarandea los códigos -mueve los códigos -rompe los códigos	-subvierte los códigos -rompe el molde -rompe paradigmas -rompe los convencionalismos
témoigner des dures réalités	- dar testimonio de las duras realidades	-dar testimonio de las duras realidades	-reflejar la dura realidad -mostrar la difícil realidad
célèbre les années 1980	-celebra los años 80	-celebra los años 80	-rinde homenaje a -conmemora -hace un recorrido por
côtoie des univers	-se codeaba con universos	-se codeaba con universos -linda con -se une a	-coexiste con -se fusiona con
brasse plusieurs esthétiques	-mezcló varias estéticas	-mezcló varias estéticas	-conjuga diferentes estéticas

Tabla 3. Ejemplos de traducciones consideradas válidas e inadecuadas en el T1

A continuación, analizamos los datos recogidos (identificación, categorización, documentación y resolución). En el grupo A, se contabilizó el número de errores de traducción identificados por los participantes, el número de segmentos adecuadamente poseditados, así como las fuentes consultadas. En el grupo B, se realizó un cálculo similar, teniendo en cuenta el número de unidades fraseológicas adecuadamente traducidas atendiendo al encargo. Asimismo, se analizó la pertinencia de las fuentes documentales consultadas y de las estrategias traductológicas señaladas. Para la valoración de la resolución se consultaron no solo los formularios rellenados por los estudiantes sino también la traducción entregada. Esto llevó a valorar positivamente algunas traducciones adecuadamente resueltas en el texto meta aunque no correctamente referenciadas en la plantilla. La tabla 4 muestra un ejemplo de la recogida de datos donde se comparan la traducción humana con la TAN + PE.

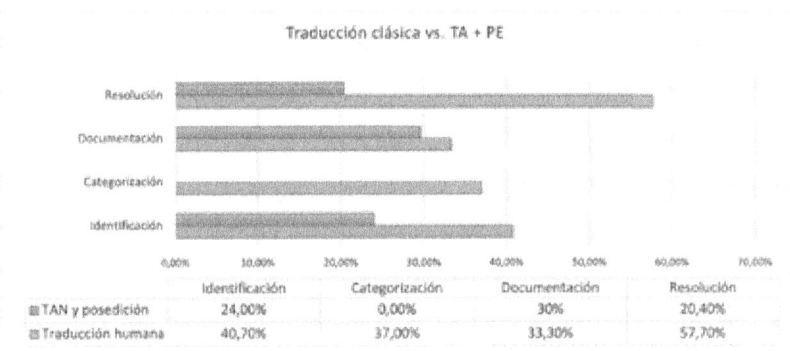

Gráfica 1. Evaluación de la TAN + PE frente a la traducción humana

Los datos de la gráfica 1 indican que el grupo de traducción humana tuvo un rendimiento superior en términos de resolución, documentación, categorización e identificación de problemas de traducción en comparación con el grupo TAN + PE. En concreto, el grupo de traducción humana logró identificar y resolver un mayor número de problemas, además de documentarse para una mayor cantidad de segmentos. En contraste, el grupo TAN + PE tuvo un desempeño más bajo en general en cuanto a las cuatro categorías analizadas.

En cuanto a la traducción satisfactoria de los segmentos analizados, el grupo de traducción humana obtuvo mejores resultados que el grupo que poseditó la TAN (57,7% frente a 24,4%), si bien en ambos casos los resultados son muy inferiores a lo esperable para estudiantes de último curso de Grado. Pudiera deberse a que el experimento se realizó en las primeras semanas de la asignatura.

El grupo TAN + PE no logra por lo general mejorar los segmentos de traducción analizados. Resulta llamativo que no se lograra ningún resultado satisfactorio a pesar de que el 24% del estudiantado identifica el segmento como problemático, e incluso un 30% realiza una búsqueda documental. En cuanto a la traducción satisfactoria de los segmentos analizados, el grupo traducción humana obtuvo mejores resultados que el de TAN (57,7% frente a 24,4%), si bien en ambos casos los resultados son muy inferiores a lo esperable para estudiantes de último curso de Grado.

Las estrategias de búsqueda documental resultan ampliamente insuficientes en ambos grupos, pero la escasez de recursos consultados es alarmante en el grupo de TAN + PE. Una posible explicación es que los estudiantes se conforman con recurrir a los sinónimos del traductor automático en detrimento de otros recursos. En futuros estudios, sería necesario ilustrar cómo la consulta de un corpus comparable u otros recursos lexicográficos pueden ayudar a solventar los problemas de traducción o a poseditar la TA.

En cuanto a la identificación del tipo de error, el más frecuente fue "demasiado literal" y "colocación incorrecta". Sin embargo, no logran detectar otro tipo de errores, por ejemplo, aquellos relacionados con la prosodia semántica (Kübler y Volanschi, 2012). En este sentido, se observa una falta generalizada de conciencia lingüística en cuanto a colocaciones, restricciones lexicales, idiomaticidad, estructuras léxico-gramaticales o prosodia semántica. Los estudiantes identifican palabras de manera aislada pero no sus estructuras léxico-gramaticales.

4.4 Interpretación de resultados

A pesar de ser este un estudio cualitativo exploratorio, emergen varias observaciones relevantes. Los datos analizados indican que la TAN + PE no facilita la mejora de calidad con respecto a la traducción humana. La capacidad de resolver con éxito la traducción de los segmentos analizados es notablemente inferior cuando los estudiantes poseditan. Así, se observa que el riesgo de calco lingüístico aumenta cuando los estudiantes poseditan en lugar de traducir.

Esto nos lleva a concluir que la TAN implica una dependencia mayor que la humana de la lengua de origen, lo que resulta en traducciones literales. Por el contrario, cuando los estudiantes traducen de manera autónoma, tienden a aplicar más estrategias y a aumentar su reflexión crítica así como su creatividad. Este estudio muestra que la posedición puede restringir de manera significativa los procesos de reflexión crítica relacionados con la identificación y la categorización de problemas de traducción. Paradójicamente, la posedición requiere para los aprendices un mayor esfuerzo cognitivo que la traducción desde cero. La TAN parece demandar un mayor esfuerzo que la traducción humana, puesto que requiere deshacerse de la influencia psicológica de la traducción automática. La posedición implica comparar tres textos: TO, TAN y traducción adecuada para el traductor. No es pues de extrañar que la TAN aumente la carga cognitiva con la humana, lo que explica que se reduzca la creatividad en virtud del modelo de esfuerzos cognitivos propuesto por Gile (2008) que, si bien se refiere a la tarea del intérprete, pudiera explicar este fenómeno.

Por tanto, parece conveniente reconsiderar la suposición de que la enseñanza de la traducción prepara para la posedición. Una conclusión preliminar de este estudio subraya la importancia de proporcionar una formación específica a los estudiantes en la identificación y resolución de errores de posedición, que van más allá de las habilidades tradicionales de traducción.

Capítulo 6
Evaluación de la calidad de la traducción humana versus posedición
de textos museísticos en traductores nóveles (francés-español)   233

En otro orden de cosas, resulta llamativo observar los reducidos índices de estrategias de documentación en ambos grupos. Esta tendencia a la escasa indagación documental podría atribuirse, en parte, al momento en el que se realizó el estudio, pues la gran mayoría de estudiantes no estaban familiarizados con las herramientas de análisis de corpus. Dado que el problema examinado está relacionado con la combinatoria léxica, es comprensible hasta cierto punto que los estudiantes no consultaran recursos lexicográficos tradicionales, pues los perciben como insuficientes para resolver este tipo de problema.

Para mitigar esta situación, sería beneficioso intensificar la formación en estrategias de análisis de corpus desde etapas tempranas de la educación y a lo largo del semestre, como sugieren Kübler et al. (2018). Puesto que estos conocimientos se integran en gran medida a lo largo de esta asignatura, resulta ineludible llevar a cabo un estudio experimental al finalizar el semestre para determinar el impacto del análisis de corpus en la mejora de la capacidad de posedición. Por último, sería conveniente ampliar estas constataciones con nuevas investigaciones que exploren otros aspectos textuales tales como la sintaxis, el uso de metáforas o los marcadores de coherencia textual, para lograr así una mejor comprensión de las habilidades necesarias para la posedición.

5 CONCLUSIONES

Existe actualmente un debate en la comunidad universitaria sobre qué criterios se deberían seguir para incorporar la TAN y la posedición y las nuevas herramientas digitales en la enseñanza. Se trata de un asunto de hondo calado que excede los límites de este artículo. En este capítulo, hemos aportado algunos datos para la reflexión.

Los hallazgos del estudio realizado revelan que los estudiantes que realizaron una traducción humana obtuvieron mejores resultados que aquellos que llevaron a cabo una posedición. La existencia de una primera versión de la traducción mediante TAN tuvo una influencia negativa en los participantes en cuanto al desempeño de las categorías evaluadas, a saber la identificación de errores de traducción, su categorización, el uso de herramientas documentales y los aciertos de traducción.

La conclusión más obvia es que los estudiantes que participaron en este estudio no poseían las destrezas necesarias para realizar con éxito una adecuada posedición. Al menos en lo que respecta a las estructuras lingüísticas objeto de estudio, a saber, las seis combinaciones verbo-nominales analizadas. Los estudiantes que realizaron una traducción humana propusieron soluciones más idiomáticas y creativas. Por el contrario, aquellos que realizaron una posedición cayeron en calcos o colocaciones incorrectas.

Resulta incuestionable que la tecnologización de los alumnos no solo consiste en aprender el uso de las herramientas informáticas en asignaturas tecnológicas, sino en su aplicación transversal en otras asignaturas.

Nuestro estudio apunta a que la enseñanza de la traducción no prepara necesariamente al estudiantado para realizar una adecuada posedición. Así pues, a pesar de que la posedición sea una realidad dentro y fuera del aula, la enseñanza de la posedición se debería reforzarse en las aulas de traducción.

Se requieren para ello estudios que aborden la adecuada enseñanza de la posedición. Sin duda, la formación de la posedición debería incluir estrategias búsquedas mediante lingüística de corpus aplicada a la traducción. Sería incluso necesario abordar la didáctica de la posedición de manera específica en cada combinación lingüística. Este refuerzo debe ir acompañado de un plan adecuado de formación continua del profesorado, que debe promoverse desde instancias superiores.

Las perspectivas que abre este estudio son numerosas. Por un lado, convendría replicar el análisis tras una formación específica en posedición con el objetivo de comprobar si el comportamiento de ambos grupos varía.

Capítulo 6
Evaluación de la calidad de la traducción humana versus posedición
de textos museísticos en traductores nóveles (francés-español) 235

Sería además necesario ampliar el análisis a otras estructuras fraseológicas y a otros tipos dificultades, como las construcciones absolutas, estructuras sintácticas propias de la lengua francesa.

Por otro lado, para profundizar en los resultados obtenidos, sería pertinente explorar si el uso de la TAN + PE supone realmente una carga cognitiva mayor que la traducción humana, aunque parezca contraintuitivo. En este sentido, nos preguntamos si la posedición genera un efecto similar a la "ilusión de competencia", definida como la ignorancia de la propia ignorancia (Dunning, 2011). Cabe incluso plantearse si estas herramientas estarán adormeciendo el pensamiento crítico del estudiantado (Barros García, 2024). Según Guerberof Arenas y Toral Ruiz (2022: 206), en un estudio en el que miden la creatividad de la traducción automática frente a la humana, la TAN + PE "obstaculiza la efectividad del proceso de traducción, ya que el traductor se convierte en evaluador y no en creador, por lo que no se ponen en marcha los mecanismos y fases de la creatividad". Sería pues necesario llevar a cabo nuevos estudios para determinar en qué medida el uso de la TAN y de la IA inhiben la creatividad y el sentido crítico en la actividad traductológica.

En última instancia, animamos a los equipos decanales del Grado de Traducción e Interpretación en España a acometer una reforma profunda de los planes estudio siguiendo las recomendaciones del marco de referencia del EMT (*European Masters in Translation*) con el objetivo de integrar las nuevas prácticas profesionales, tales como la posedición.

Agradecimientos

Gracias a Jorge Leiva por haber puesto a nuestra disposición para este estudio su exhaustivo corpus de textos museísticos en español.

Gracias a los revisores anónimos por sus valiosos comentarios, que han permitido mejorar el manuscrito inicial.

Este trabajo se ha realizado parcialmente en el marco del proyecto de I+D+i "DICIENS", con número de referencia C-HUM-106-UGR23, cofinanciado por la Consejería de Universidad, Investigación e Innovación y por la Unión Europea con cargo al Programa FEDER Andalucía 2021-2027.

6 REFERENCIAS BIBLIOGRÁFICAS

BARROS GARCIA, B., "Análisis de datos lingüísticos con técnicas de IA", Ciclo Inteligencia Artificial y Traducción Literaria, Universidad de Granada, Zenodo, 3 de junio de 2024. https://doi.org/10.5281/zenodo.11451294

GUERBEROF-ARENAS, A. & TORAL RUIZ, A., "Creativity in translation: machine translation as a constraint for literary texts", *Translation Spaces*, 11(2), 2022, pp. 184-212. https://doi.org/10.1075/ts.21025.gue

BOSQUE, I., Redes: Diccionario combinatorio del español contemporáneo: las palabras en su contexto, ediciones SM, 2004.

BUENDÍA CASTRO, M. & SÁNCHEZ CÁRDENAS B., *Linguistic knowledge for specialized text production. In Proceedings of the Eight International Conference on Language Resources and Evaluation (LREC'12)*, Calzolari, N., Choukr, K., Declerc, T., Doğan, M.U., Maegaard, B., Mariani, J., Odijk, J. & Piperidis, S. (eds), 2012, 622-626.

BUSTOS PLAZA, A., "Verbos generales y verbos específicos: conjuntos y clases de argumentos en colocaciones de verbo y sustantivo", *EPOS*, 22, 2006, pp. 51-65

CID-LEAL, P., MdC ESPÍN-GARCÍA & M. PRESAS., "TA y PE: Perfiles y competencias en los programas de formación de traductores", en M. Tolosa Igualada y A. Echeverri (Eds.), *Porque algo tiene que cambiar. La formación de traductores e intérpretes: Presente & futuro / Because something should change: Present & Future Training of Translators and Interpreters., MonTI*, 11, 2019, pp. 187-214. https://doi.org/10.6035/MonTI.2019.11.7

CORPAS PASTOR, G., "Fraseología y traducción". El discurs prefabricat", *Estudis de fraseologia teòrica i aplicada, Servei de Comunicació i Publicacions*, 2000, pp. 107-138.

CORPAS PASTOR, G., Investigar con corpus en traducción: los retos de un nuevo paradigma. Vol. 49. Peter Lang, 2008

DUNNING, D., "The Dunning–Kruger effect: On being ignorant of one's own ignorance", *Advances in experimental social psychology,* Academic Press, 2011, pp. 247-296.

ELIS 2022, European Language Industry Survey 2022. https://ec.europa.eu/info/sites/default/files/about_the_european_commission/service_standards_and_principles/documents/elis2022-report.pdf

GALLEGO-HERNÁNDEZ, D., "La traduction français-espagnol des constructions absolues dans la presse", *Synergies Espagne,* 2010, pp. 95-106.

GILE, D., "Local cognitive load in simultaneous interpreting and its implications for empirical research", *FORUM. Revue internationale d'interprétation et de traduction/International Journal of Interpretation and Translation,* John Benjamins, 2008. pp. 59-77.

GROSS, G., "Classes d'objets et description des verbes", *Langages,* 1994, pp. 15-30.

HALLIDAY, M.A.K. & C. MIM MATTHIESSEN, *An introduction to functional grammar.* Foreign Language Teaching and Research Press, 2008.

HUERTAS-BARROS, E. & BUENDÍA CASTRO, M., "Optimising resourcing skills to develop phraseological competence in legal translation: tasks and approaches", *International Journal of Legal Discourse,* 2(2), 2017, pp. 347-372. doi:https://doi.org/10.1515/ijld-2017-0015

HURTADO ALBIR, A. *Traducción y traductología,* Cátedra, 2001.

KORDONI, V. & SIMOVA, I., "Multiword Expressions in Machine Translation", LREC 2014.

KÜBLER, N. & VOLANSCHI, A., "Semantic prosody and specialised translation, or how a lexicogrammatical theory of language can help with specialised translation", en A. Boulton, S. Carter-Thomas, y E. Rowley-Jolivet (ds.), *Corpus-informed Research and Learning in ESP: Issues and Applications,* John Benjamins Publishing Company 52, 2012, pp. 103-34.

KÜBLER, N., MESTIVIER, A., & PECMAN, M., "Teaching specialised translation through corpus linguistics: translation quality assessment and methodology evaluation and enhancement by experimental approach", *Meta,* n° 63.3, 2018, pp. 807-825.

LAKOFF, G. & JOHNSON, M., *Metaphors we live by,* University of Chicago Press, 2008.

LEIVA ROJO, J., "Diseño y compilación de corpus paralelos alineados: Dificultades y (algunas) soluciones en el ejemplo de un corpus de textos museísticos traducidos (inglés-español)", *Revista de Lingüística y Lenguas Aplicadas 13,* 2018a, pp. 59-73. https://doi:10.4995/rlyla.2018.7912

LEIVA ROJO, J., "Phraseology as indicator for translation quality assessment of museum texts: A corpus-based analysis", *Cogent Arts & Humanities,* 5:1, 2018b, pp. 1-16, DOI: 10.1080/23311983.2018.1442116

LEIVA ROJO, J., "Aspects of human translation: the current situation and an emerging trend", *Hermeneus: Revista de la Facultad de Traducción e Interpretación de Soria,* n° 20, 2018c, pp. 257-294.

LEIVA ROJO, J., "Qué (no) se traduce al español en los museos de la ciudad de Nueva York. Un estudio basado en corpus", *Onomázein* Número esp. VII, 2020, pp. 83-107, https://doi:10.7764/onomazein.ne7.06

LEIVA ROJO, J., "La identidad reflejada: traducciones inglés-español en el National Museum of Ireland", *Estudios Irlandeses,* 17, 2022, pp. 144-161.

LIAO, M.H., "Museums and creative industries: The contribution of Translation Studies", The journal of specialised translation 29, 2018, pp. 45-62.

POPOVIĆ, M., A. LOMMEL, A. BURCHARDT, E. AVRAMIDIS, H. YUSZKORE-IT. "Relations between different types of post-editing operations, cognitive effort and temporal effort", en *Proceedings of the 17th annual conference of the european association for Machine Translation,* 191-198, pp. 2014.

RAMISCH, C. *Multiword expressions acquisition. A Generic and Open Framework,* Cham, Springer International Publishing, 2015.

RAVELLI, L. *Museum texts: comunication frameworks.* Routledge, 2007.

RICO PÉREZ, C. & A. GARCÍA ARAGÓN. *Análisis del Sector de la Traducción en España (2014-2015).* Universidad Europea, 2016.

ROSSI, C., "Introducing statistical machine translation in translator training: from uses and perceptions to course design, and back again" , *Revista Tradumàtica: tecnologies de la traducción,* n°115, 2017, pp. 48-62.

SÁNCHEZ CÁRDENAS, B. & LÓPEZ RODRÍGUEZ, C.I., *Retos de la traducción científico-técnica profesional: teoría, metodología y recursos,* Comares, 2020.

SÁNCHEZ RAMOS, M. M. & RICO PÉREZ, C., *Traducción automática: conceptos clave, procesos y técnicas de posedición,* Comares, 2020.

SÁNCHEZ-GIJÓN, P., "La posedición: hacia una definición competencial del perfil y una descripción multidimensional del fenómeno", *Sendebar* 27, 2016, pp. 151-162.

STURGE, K., *Representing Others. Translation, Ethnography and Museum.* Translation Theories Explored Series, Nueva York, Routledge, 2007.

TUTIN, A., *L'écrit scientifique: du lexique au discours.* Presses Universitaires de Rennes, 2014.

TUTIN, A. & FALAISE, A., "Multiword expressions in scientific discourse: a corpus-driven database", *eLex 2013, proceedings.* Tallinn, Estonia.

VALDEÓN, R. A., "Colonial museums in the US (un)translated", *Language and Intercultural Communication* 15 (3), 2015, pp. 362-75 https://doi:10.1080/147 08477.2015.1015351

Anexo 1. Tipología de errores

Errores de lengua

- GR (gramática)
- Synt (sintaxis)
- REG (registro)
- Idiom (idiomaticidad)
- lex (Léxico)
- NOM (nombre propio)
- verb. (verbosidad)
- rend. (redundancia)
- ort. (ortotipografía)
- nexo discursivo
- CIFRA (error grave con una cifra del texto)
- cifra (error leve con una cifra del texto)
- Ref cult (referencia cultural)
- pragm (pragmática)

Errores de traducción

SS (Sin Sentido): El segmento no tiene sentido y afecta al mensaje. Incomprensible: El segmento no se entiende y afecta al mensaje.

CS (Contrasentido): El segmento indica lo contrario de lo que se quiere transmitir y afecta al mensaje.

FS (Falso sentido): Desviación de sentido grave que afecta al sentido del mensaje.

fs (falso sentido): Desviación de sentido que no afecta al sentido global.

NMS: El segmento traducido no tiene el mismo sentido que el original.

OM (omisión): Omisión de una idea o de una palabra vital para el mensaje.

Om: Omisión de una idea o de una palabra secundaria.

Anexo 2. Estrategias de traducción

Tipología basada en las definiciones de Franco Aixelá, Hurtado Albir, y Newmark, elaboradas y ejemplificadas por las profesoras Esperanza Alarcón, Ana Ballester y Elvira Cámara del dpto de Traducción e Interpretación de la Universidad de Granada.

Compensación: procedimiento por el cual la pérdida de significado o efecto estilístico en una parte de la oración o del texto origen (TO) se restituye en otra parte de la oración o del texto meta (TM).

Explicitación, amplificación o ampliación: procedimiento por el cual se le da información al lector meta para hacer explícito algo que está implícito en el TO. Su finalidad suele ser la de resolver diferencias culturales. Esta estrategia, la más universal de todas, debe emplearse con todos los nombres propios (personas, instituciones, periódicos, revistas, calles, barrios...). El tipo de información que se explicita depen-

Capítulo 6
Evaluación de la calidad de la traducción humana versus posedición
de textos museísticos en traductores nóveles (francés-español) **241**

derá de lo que el contexto haga relevante en cada texto. Las explicitaciones suelen hacerse como perífrasis explicativas, notas del traductor, etc.

FR:

- *L'hôtel Matignon > El palacio de Matignon, la residencia del primer ministro francés.*

Generalización: sustitución de un término específico en la lengua origen (LO) por otro más general en la lengua meta (LM) que suele ser su hiperónimo.

-Les curistes de la station thermale > Los clientes del balneario

Modulación: cambio de punto de vista, de enfoque o de categoría de pensamiento con respecto a la formulación del TO. Suele ser una especie de estrategia "comodín" en la que se puede incluir casi todo lo que va más allá de la traducción literal.

FR:

- *Ouvert 24 heures sur 24 > Abierto las 24 horas del día.*

- *Il ne faut pas chercher midi à quatorze heures > No hay que buscarle cinco pies al gato.*

Naturalización, adaptación o domesticación: procedimiento por el cual se adapta una palabra o grupo de palabras de la LO a la pronunciación y morfología propias de la lengua meta LM. También designa el procedimiento por el cual se reemplaza un elemento cultural propio de la cultura origen por otro propio de la cultura meta.

- *Tu veux un pastis? > ¿Quieres una sangría?*

Neutralización: sustitución de una referencia cultural de la LO por otra culturalmente no atribuible a ninguna sociedad en concreto y por tanto más universal.

- *Tu veux un pastis? > ¿Te apetece tomar algo?*

Omisión o elisión: supresión en el TM de elementos de información presentes en el TO porque el traductor considera que no aportan nada al lector meta.

Particularización: sustitución de un término general por otro más preciso o concreto.

FR: *S'adresser au guichet > Preguntar en información.*

Reducción: simplificación en el TM de la información contenida en el TO, normalmente porque el TO explicita información desconocida para el lector origen que no es necesario explicitar en el TM porque es conocida para el lector meta.

FR:

- *La cuadrilla, l'équipe qui accompagne le torero > la cuadrilla.*

Traducción libre: sustitución de formantes semánticos por otros diferentes atendiendo a criterios relacionados con la macroestructura del texto. Esta estrategia se emplea a menudo en títulos de películas y libros.

FR: *Mélodie en sous-sol (Henri Verneuil, 1962) > Gran jugada en la Costa Azul*

Traducción literal: traducción de los formantes semánticos de una referencia cultural o frase, etc.

- *Se ressembler comme comme deux gouttes d'eau > Parecerse como dos gotas de agua.*

Transcripción o transferencia: el nombre propio se transfiere al TM sin ningún tipo de modificación. Esta estrategia se emplea con muchos topónimos, nombres gastronómicos y títulos de películas, entre otros:

FR: *Montpellier, Toulouse – Quiche lorraine - Belle de jour (Luis Buñuel, 1967).*

ING: *Manchester, Liverpool – Corn flakes - Pulp Fiction (Quentin Tarantino, 1994)*

Transposición: cambio de categoría gramatical.

FR: *Elle ne se contente pas d'être belle > Su belleza es lo de menos.*

Tercera parte
La TAN en interacción con otras herramientas

Capítulo 7
El contexto en la traducción automática neuronal de los términos compuestos

Melania Cabezas-García
melaniacabezas@ugr.es
Universidad de Granada

Pilar León-Araúz
pleon@go.ugr.es
Universidad de Granada

1 INTRODUCCIÓN

Los términos compuestos (e.g. *regulación pasiva por pérdida aerodinámica*) son unidades fraseológicas características del lenguaje especializado que destacan por los problemas que plantean tanto a los traductores, terminólogos y aprendices de lenguas, como a los sistemas de procesamiento del lenguaje natural (Nakov, 2013). Algunos de estos problemas se derivan de la ausencia de literalidad en la traducción de estos términos, que suelen presentar un número y tipo de formantes diferente en cada lengua. También es frecuente la omisión de elementos y la falta de especificación de la relación interna que los vincula, lo que complica su comprensión y expresión en otras lenguas.

La traducción automática ofrece múltiples posibilidades para la gestión multilingüe, como se observa en la elevada demanda de servicios de post-edición (Valdez y Lomeña Galiano, 2021). No obstante, mientras que la traducción automática de las unidades fraseológicas de la lengua general (p. ej. *a buenas horas*) se ha estudiado ampliamente (Hurskainen, 2008; Barreiro *et al.*, 2013; Constant *et al.*, 2017; Ebrahim *et al.*, 2017; Zaninello y Birch, 2020), su aplicación a los términos compuestos ha recibido menos atención, especialmente si se trata de compuestos extensos que presentan más de tres formantes (e.g. *aerogenerador de regulación por cambio de ángulo de paso*).

En este estudio analizamos la traducción automática neuronal (TAN) de los términos compuestos del francés al español. Nuestro objetivo es evaluar el rendimiento de Google Translate y DeepL en la traducción de términos compuestos en esta combinación lingüística, prestando especial atención a la influencia de los siguientes aspectos: (i) número de formantes del compuesto; (ii) tipo de formantes; (iii) presencia de contexto en la traducción automática.

Para ello, utilizamos un corpus en francés especializado en energía eólica (932 374 palabras), a partir del cual extrajimos un conjunto de términos compuestos en esta lengua, formados por 2, 3 y 4 constituyentes y distintos tipos de composición (sustantivo + adjetivo; sustantivo + sintagma preposicional; adjetivo + sustantivo). Estos términos se introdujeron sin contexto en Google Translate y DeepL (sistemas de TAN) y se tradujeron al español. Seguidamente, se compararon los resultados sin contexto con los que arrojaban estos motores cuando los compuestos se insertaban en un fragmento contextual. Los resultados obtenidos se consideraron válidos si transmitían el mismo concepto que el término original y figuraban en un corpus comparable en español, formado por textos especializados en energía eólica, escritos originalmente en esta lengua (3 022 698 palabras), o en su defecto, en Google Scholar, que incluye un amplísimo conjunto de textos especializados. Para el análisis de los errores generados, aplicamos la tipología desarrollada por Cabezas-García y León-Araúz (2023) para la traducción de compuestos del inglés al español, que se modificó con nuevos tipos de errores identificados en este estudio.

Nuestros resultados demuestran que los motores de TAN constituyen una herramienta muy valiosa para la traducción de los términos compuestos. Sin embargo, también presentan errores de distinta naturaleza y magnitud en la traducción francés-español. Un análisis detallado de estos errores puede ser de gran utilidad para mejorar las tareas de post-edición, lo que repercutiría positivamente en la calidad de la traducción, facilitaría la gestión terminológica y la alimentación de recursos lingüísticos, y mejoraría tanto la enseñanza de lenguas extranjeras como de la traducción.

Este capítulo se organiza del siguiente modo. En la Sección 2 se presentan las bases teóricas de la traducción de los términos compuestos. A continuación, en la Sección 3 se detallan los materiales y métodos del estudio. En la Sección 4 se comentan los resultados obtenidos, deteniéndonos por un lado en la traducción sin contexto (Sección 4.1) y, por otro, en la traducción con contexto (Sección 4.2). Por último, en la Sección 5 se presentan las conclusiones del estudio.

2 LA TRADUCCIÓN DE LOS TÉRMINOS COMPUESTOS

Los términos compuestos son unidades léxicas especializadas que suelen estar formadas por un sustantivo y uno o varios complementos (Nakov, 2013), p. ej. *potencia activa nominal*. Sin embargo, esta secuencia funciona como un solo sustantivo y tiene función referencial (Cabezas-García, 2020). Es frecuente encontrar términos compuestos en distintas lenguas, especialmente en el discurso especializado, donde son los principales transmisores del conocimiento científico-técnico (Faber, 2012).

Los términos compuestos se caracterizan por los problemas que ocasiona su comprensión (que implica la correcta identificación del término completo, su desambiguación estructural y el acceso a su significado) y su traducción (Cabezas-García y León-Araúz, 2022). Esta última es una tarea compleja debido a los distintos patrones de formación de términos de cada lengua. Así, existen diferencias notables entre lenguas germánicas como el inglés y lenguas romances como el español y el francés. En inglés, los términos compuestos suelen formarse por premodificación (Nakov, 2013), es decir, los modificadores se sitúan a la izquierda del núcleo y son sustantivos (*oil pollution*), adjetivos (*marine pollution*) o participios con valor adjetival (*sea-based oil pollution*). La postmodificación también se da en inglés (*angle of attack*), aunque en menor medida. En cambio, las lenguas romances forman por lo general estructuras más extensas mediante la postmodificación con adjetivos (*potencia reactiva, puissance réactive*) o sintagmas preposicionales (*fuente de energía, source d'énergie*). La premodificación adjetival también se da en las lenguas romances, aunque es menos frecuente (*alta tensión, haute tension*). De este modo, no existen diferencias notables, a nivel morfosintáctico, entre la combinación lingüística que nos ocupa: el francés y el español.

Por otro lado, los términos compuestos codifican relaciones semánticas internas (p. ej. *convertidor de red* > *convertidor* AFECTA_A *red*) que es necesario comprender antes de traducir. Para ello, el primer paso es desambiguar las dependencias estructurales en los compuestos de 3 o más formantes. Este procedimiento se conoce como *bracketing* (Nakov y Hearst, 2005; Barrière y Ménard, 2014) e implica identificar los elementos que dependen de otros, con el fin de aislar los grupos que forman el compuesto y, a partir de ahí, la relación que los une. Por ejemplo, aunque los términos *planta de energía eléctrica* y *consumo de energía final* presentan la misma estructura (sustantivo + preposición + sustantivo + adjetivo), sus dependencias estructurales y sus relaciones semánticas varían. Por un lado, el *bracketing planta de [energía eléctrica]* permite acceder a la proposición conceptual PLANTA *produce* ENERGÍA ELÉCTRICA. Por otro lado, el *bracketing [consumo de energía] final* es diferente al anterior, así como su relación interna: CONSUMO DE ENERGÍA *tiene_atributo* FINAL. Por tanto, un *bracketing* erróneo podría dar lugar a traducciones inadecuadas de los compuestos.

Todos estos factores hacen que los términos compuestos no se puedan traducir de manera literal, pues a menudo el equivalente integra elementos de diferente carga conceptual, incluye un número diferente de formantes o incluso se traduce por un término simple (Cabezas-García, 2020). Así pues, no sorprende que la traducción de los compuestos sea una ardua tarea tanto para los traductores humanos como para los sistemas de traducción automática (Cabezas-García y León-Araúz, 2022).

La traducción automática es el proceso por el cual se traduce un texto de una lengua a otra mediante un software informático (Maldonado y Liébana, 2021; Deng y Yu, 2022). Los primeros sistemas de traducción automática surgieron en la década de 1940 y se basaban en reglas, es decir, utilizaban diccionarios y reglas morfosintácticas (Jolley y Maimone, 2022). Sin embargo, estos sistemas producen errores de traducción cuando las estructuras no están incluidas en sus gramáticas o reglas, o cuando los elementos léxicos no aparecen en sus diccionarios (Maldonado y Liébana, 2021). Ello redunda frecuentemente en problemas para traducir textos de un nuevo dominio o estructuras gramaticales complejas (Maldonado y Liébana, 2021). Posteriormente, se desarrollaron motores más sofisticados, como los motores de traducción estadísticos y, por último, los neuronales. Aunque ambos sistemas utilizan el aprendizaje automático, la traducción automática estadística realiza predicciones mediante la comparación de segmentos en corpus bilingües, mientras que la TAN utiliza redes neuronales para entrenar el sistema y traducir frases completas con gran precisión (Maldonado y Liébana, 2021; Jolley y Maimone, 2022).

La traducción automática de unidades fraseológicas de la lengua general, como los proverbios (*no hay mal que por bien no venga*) y las colocaciones (*cometer un error*), ha recibido bastante atención en la literatura (Nakov, 2013; Constant *et al.,* 2017; Ortego-Antón y Seghiri, 2019; Zaninello y Birch, 2020). No obstante, estos estudios no abordan en concreto los términos compuestos, sino que suelen investigar el tratamiento de las expresiones poliléxicas con vistas a la mejora de la traducción automática.

Son escasas las investigaciones que se centran en los términos compuestos (entendidos como secuencias de elementos que representan un concepto especializado), con algunas excepciones como Valavani et al.

(2020), Hellrich y Hahn (2014) o Arcan et al. (2018). Por un lado, Valavani et al. (2020) plantean una propuesta para mejorar la calidad de la traducción automática de compuestos del alemán al griego, pertenecientes al ámbito financiero. También en el discurso especializado, aunque no centrados específicamente en los términos compuestos, Hellrich y Hahn (2014) proponen un método para la extracción de conjuntos multilingües de términos en el ámbito biomédico mediante la traducción automática, mientras que Arcan et al. (2018) realizan una propuesta para automatizar el mantenimiento de recursos terminológicos mediante traducción automática.

3 MATERIALES Y MÉTODOS

En primer lugar, empleamos un corpus de energía eólica en francés para la extracción de los términos compuestos. Este corpus, de 932 374 palabras, estaba formado por textos escritos originalmente en esta lengua, pertenecientes a un registro formal y extraídos de fuentes especializadas (revistas, libros, informes). La compilación y el análisis del corpus se realizó en Sketch Engine (Kilgarriff *et al.,* 2014; https://www. sketchengine.eu/). En la Tabla 1 se observan las tres consultas que llevamos a cabo en Corpus Query Language (CQL) para extraer las formas más habituales que presentan los términos compuestos en las lenguas romances (Cabezas-García 2020).

1: [tag="N.*"][tag="N.*|A.*"]+
2: [tag="N.*"][tag="A.*|N.*"]?[tag="S.*"][tag="D.*"]?[tag="N.*"]+[tag="A.*"]?
3: [tag="A.*"]+[tag="N.*"]

Tabla 1. Consultas en CQL para la extracción de términos compuestos en francés.

La primera consulta se centró en los términos compuestos de estructura N + N/Adj (i.e., sustantivo + sustantivo/adjetivo). Así, buscamos un sustantivo (que constituye el núcleo de los términos compuestos) mediante la etiqueta [tag="N.*"]. Este sustantivo podía estar modificado por uno o varios sustantivos o adjetivos ([tag="N.*|A.*"]+). Esta consulta arrojó términos como *réseau électrique* ('red eléctrica').

La segunda consulta se centró en los términos compuestos de estructura N + Sprep (sustantivo + sintagma preposicional). Por tanto, buscamos un sustantivo ([tag="N.*"]), que podía o no ir seguido de un adjetivo o sustantivo ([tag="A.*|N.*"]?) y que a continuación presentara una preposición ([tag="S.*"]), un posible artículo ([tag="D.*"]?), uno o varios sustantivos ([tag="N.*"]+) y un posible adjetivo que los modificara ([tag="A.*"]?). Esta consulta arrojó términos como *éolienne à vitesse variable* ('aerogenerador de velocidad variable').

Por último, la tercera consulta se centró en los términos compuestos de estructura Adj + N (adjetivo + sustantivo). Así pues, buscamos un sustantivo ([tag="N.*"]) precedido de uno o varios adjetivos ([tag="A.*"]+). Esta consulta arrojó términos como *haute tension* ('alta tensión').

A continuación, descartamos los candidatos que no eran términos compuestos (e.g., expression suivante ['expresión siguiente'], *point de vue* ['punto de vista']), además de aquellos que aparecían dentro de un compuesto más extenso. Este fue el caso, por ejemplo, de *gaz à effet*, que en nuestro corpus siempre formaba parte del compuesto *gaz à effet de serre* ('gas de efecto invernadero'). Finalmente, seleccionamos los 10 términos compuestos más frecuentes de 2, 3 y 4 formantes dentro de cada una de estas tipologías de formación de compuestos (N+Adj, N+Sprep y Adj+N). Esto supuso un total de 70 términos compuestos (Tabla 2), teniendo en cuenta que la estructura Adj+N solo genera compuestos de 2 formantes. Las categorías gramaticales de los formantes de los compuestos se indicaron en el análisis con el fin de estudiar su influencia en los errores de la traducción automática.

	N + N/Adj	N + Sprep	Adj + N
2 formantes	-réseau électrique -énergie éolienne -parc éolien -énergie renouvelable -puissance réactive -puissance active -turbine éolienne -puissance nominale -groupe diesel -bus continu	-vitesse du vent -vitesse de rotation -courbe de puissance -angle de calage -loi de gestion -éolien en mer -distribution de Weibull -production d'énergie -creux de tension -consommation d'énergie	-petite éolienne -grande éolienne -pleine charge -haute tension -petite puissance -pleine puissance -faible vent -basse tension -haute vitesse -basse troposphère
3 formantes	-parc éolien offshore -parc éolien mixte -énergie cinétique turbulente -système éolien diesel -convertisseur côté réseau -filière éolienne terrestre -puissance active nominale -potentiel éolien total -machine électrique asynchrone -indicateur énergétique éolien	-éolienne à vitesse variable -gestion de la puissance réactive -éolienne à vitesse fixe -production d'énergie éolienne -source d'énergie renouvelable -vitesse moyenne du vent -réglage primaire de fréquence -éolienne à axe horizontal -évaluation du potentiel éolien -tension du bus continu	

N + N/Adj	N + Sprep	Adj + N
4 formantes	-convertisseur statique pleine puissance -régression linéaire vitesse nacelle -vitesse moyenne mensuelle totale -puissance maximale côté batterie -marché éolien terrestre domestique -courant alternatif triphasé statorique -potentiel énergétique éolien utilisable -bus continu haute tension -convertisseur côté réseau électrique -énergie cinétique turbulente moyenne	-machine synchrone à aimants permanents -pompe à chaleur air-air -générateur synchrone à aimants permanents -appel d'offres éolien-stockage -radar profileur de vent UHF -génératrice synchrone à aimant permanent -dimensionnement du convertisseur côté réseau -puissance réactive du parc éolien -turbine éolienne à vitesse variable -système à deux convertisseurs triphasés	

Tabla 2. Términos compuestos seleccionados.

La traducción automática de los términos compuestos se llevó a cabo en dos sistemas: Google Translate y DeepL. Google Translate es un sistema multilingüe de traducción automática, desarrollado y proporcionado por Google, para traducir texto, voz, imágenes o vídeo en tiempo real de un idioma a otro. El sistema de traducción estadística puede traducir 109 idiomas, aunque en 2016 se incorporó la TAN, que está disponible para el inglés, francés, alemán, portugués, español, chino, japonés y turco (Maldonado y Liébana, 2021: 200). Por su parte, DeepL es un servicio de traducción automática en línea de DeepL GmbH, la empresa que desarrolló Linguee. Permite la traducción de 27 idiomas y utiliza TAN (Maldonado y Liébana, 2021: 200).

En una primera fase, se tradujeron los términos compuestos sin contexto en ambos sistemas. En la Figura 1 se presenta un ejemplo en Google Translate.

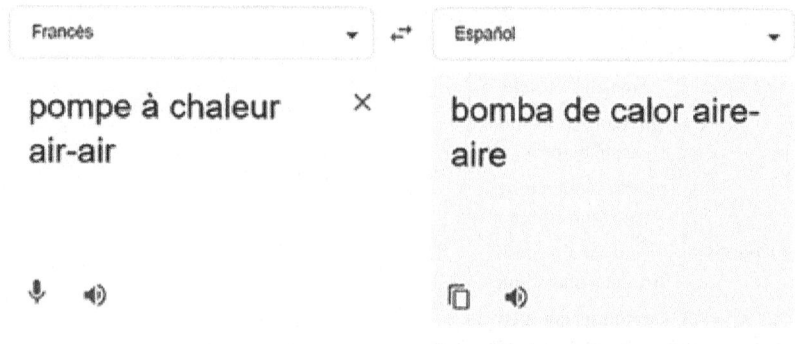

Figura 1: Traducción de *pompe à chaleur air-air* sin contexto en Google Translate.

A continuación, comprobamos la validez de las traducciones. Para ello, verificamos su uso en un corpus comparable español de 3 022 698 palabras, especializado en el campo de la energía eólica, que incluye textos escritos originalmente en esta lengua, pertenecientes a un registro formal y extraídos de fuentes especializadas (revistas, libros, informes). Al tratarse de un corpus escrito originalmente en español, y propio del ámbito especializado, se presupone la corrección de los usos lingüísticos.

Cuando la traducción del compuesto no figuraba en el corpus comparable, recurrimos a Google Scholar, que incluye textos especializados. Si aun así el término no figuraba en estos recursos, se consideraba un error de traducción, dado que la inexistencia del término en un corpus especializado sobre el tema y en un amplísimo conjunto de textos especializados como es Google Scholar indica, a todas luces, el uso inexistente (o escaso) de la traducción propuesta. Asimismo, aunque la traducción figurase en el corpus en español o en Google Scholar, se consideró errónea cuando no transmitía el mismo sentido que el término original. Por ejemplo, *convertidor de red* fue uno de los resultados propuestos para *convertisseur côté réseau*, pero a pesar de que este exista en el corpus comparable, no hace referencia al mismo concepto, pues no se trata de un sistema que convierta la red, sino de un sistema (convertidor) que se encuentra en el lado de la red (en oposición a otro que se encuentra en el lado de la máquina).

Para catalogar los errores generados por los sistemas de traducción automática, hicimos uso de la clasificación de errores de Cabezas-García y León-Araúz (2023), diseñada a partir de la traducción automática de términos compuestos del inglés al español, que en este estudio aplicamos a la combinación francés-español y modificamos con nuevos tipos de errores identificados. Esta clasificación distingue entre errores de sentido, que presentan una mayor gravedad, ya que afectan al contenido semántico, y errores de estilo, de menor gravedad dado que son comprensibles, aunque no resultan idiomáticos, por lo que solo afectarían a la situación comunicativa. Entre los errores de sentido se encuentra la expresión incorrecta de la relación semántica interna, el *bracketing* incorrecto, la traducción incorrecta de un formante y la identificación incorrecta del núcleo. Por su parte, los errores de estilo consisten en traducciones literales no idiomáticas.

En una segunda fase, buscamos aquellos términos que habían generado errores de traducción, esta vez insertándolos en un fragmento contextual que incluyera al menos otro concepto perteneciente a la misma área de conocimiento, con el fin de aportar más datos sobre el dominio que pudieran determinar otro comportamiento del motor. En la Figura 2 se presenta un ejemplo en Google Translate. Los fragmentos se extrajeron del corpus en francés y la validez de las traducciones en español se confirmó mediante el corpus comparable en español, Google Scholar y la comprobación de la correspondencia semántica del término en la lengua de partida y su traducción.

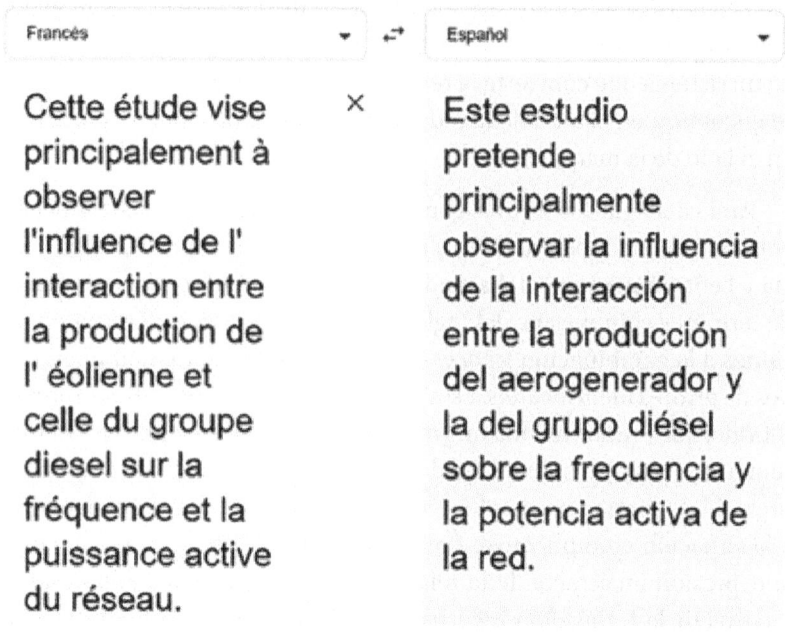

Frances | Español

Cette étude vise principalement à observer l'influence de l' interaction entre la production de l' éolienne et celle du groupe diesel sur la fréquence et la puissance active du réseau.

Este estudio pretende principalmente observar la influencia de la interacción entre la producción del aerogenerador y la del grupo diésel sobre la frecuencia y la potencia activa de la red.

Figura 2: Traducción de *puissance active* con contexto en Google Translate.

4 RESULTADOS

4.1 TAN de términos compuestos sin contexto

La traducción de términos compuestos sin contexto en Google Translate y DeepL arrojó más aciertos que errores. Como se observa en la Tabla 3, Google Translate produjo 17 errores y 53 aciertos, mientras que en el caso de DeepL fueron 12 los errores y 58 los aciertos. Por tanto, este motor de traducción neuronal ofreció mejores resultados en esta primera fase de análisis.

	Errores	Aciertos
Google Translate	17	53
DeepL	12	58

Tabla 3. Aciertos y errores en Google Translate y DeepL.

Al aplicar la clasificación de errores de Cabezas-García y León-Araúz (2023), observamos que ambos sistemas presentaron un número equilibrado de errores de cada tipo: 9 errores de sentido y 8 errores de estilo en Google Translate, y 6 errores de sentido y 6 errores de estilo en el caso de DeepL (Tabla 4). No obstante, los errores de sentido en Google Translate son superiores a los producidos en DeepL, lo que indica que los errores generados por Google Translate son más importantes en cantidad y en gravedad.

	Errores de sentido	Errores de estilo
Google Translate	9	8
DeepL	6	6

Tabla 4. Errores de sentido y de estilo en Google Translate y DeepL.

La tipología de errores de Cabezas-García y León-Araúz (2023) desgrana estos fallos, que a veces pueden coocurrir, y da cuenta de las cuestiones más complejas de los términos compuestos, que dieron lugar a traducciones erróneas. A continuación se comentan los tipos de errores identificados en nuestro análisis, que en algunos casos coincidieron con los propuestos por Cabezas-García y León-Araúz (2023) para la traducción de compuestos inglés-español, mientras que en otras ocasiones se identificaron nuevos tipos de errores propios de la traducción de compuestos del francés al español.

• ERRORES DE SENTIDO

1. Expresión incorrecta de la relación semántica interna

La relación semántica interna de los términos compuestos es una de sus principales dificultades. Plasmarla correctamente en la segunda lengua resulta fundamental para trasladar el sentido del término original. Sin embargo, los errores al trasladar la relación interna se perciben, por ejemplo, en el uso de preposiciones ambiguas que habitualmente representan otras relaciones (*de*, en el ejemplo 2 y 3).

– *bus continu > autobús continuo* (Google Translate)

> La proposición conceptual implícita en el término original es la siguiente: BUS *cause* (COURANT) CONTINU, es decir, es un circuito que rectifica una corriente alterna y produce corriente continua. Sin embargo, la traducción al español crea la confusión de que continuo modifica directamente al núcleo (*bus,* que se ha traducido incorrectamente por *autobús*), en lugar de a courant, que es un formante omitido en el término original. Un equivalente adecuado sería *bus de continua.* En este sentido, cabe destacar que si los términos se pre-editan antes de traducirlos con un motor de TA, explicitando los formantes omitidos, el motor puede producir mejores resultados.

– *appel d'offres éolien-stockage > licitación de almacenamiento de viento* (Google Translate)

> La proposición conceptual implícita en el término original es la siguiente: APPEL D'OFFRES *fonction* ÉOLIEN (ET) STOCKAGE, es decir, la licitación va encaminada a dos cuestiones: la producción de energía eólica y su almacenamiento. Sin embargo, la traducción al español se centra únicamente en la faceta de almacenamiento, además de traducir incorrectamente uno de los for-

mantes (*viento* en lugar de *energía eólica*, que es a lo que alude el término en francés).

DeepL traduce este término como *licitación para el almacenamiento de energía eólica.* Pese a que la relación de función se indica de manera explícita con la preposición *para* y *éolien* se traduce correctamente por *energía eólica,* persiste el error comentado anteriormente, ya que *energía eólica* no depende de *almacenamiento* (*almacenamiento de energía eólica*), sino que son dos elementos coordinados al mismo nivel. Un equivalente adecuado sería *licitación para la producción y almacenamiento de energía eólica.*

— *convertisseur côté réseau > convertidor de red* (DeepL)

La proposición conceptual implícita en el término original es la siguiente: CONVERTISSEUR *situé* CÔTÉ RÉSEAU, es decir, es un convertidor conectado a la red que controla la potencia activa y reactiva que se suministra a esta. Sin embargo, la traducción al español es incorrecta porque, al omitir un formante (*côté*), crea la confusión de que la red es la que se ve convertida, mientras que el término original indica que el convertidor se encuentra conectado a la red. Un equivalente adecuado sería *convertidor del lado de la red.*

2. *Bracketing* incorrecto

El *bracketing* o desambiguación estructural es una de las tareas más complejas en los términos compuestos que cuentan con más de dos formantes y consiste en aclarar las dependencias internas del compuesto. Un *bracketing* incorrecto a menudo conlleva una estructuración incorrecta del término en la lengua meta, como se aprecia en el ejemplo 4, también incluido en la categoría anterior. El *bracketing* incorrecto da siempre lugar a una mala codificación de la relación interna pero no ocurre necesariamente lo mismo al contrario.

- *appel d'offres éolien-stockage* > *licitación de almacenamiento de viento* (Google Translate) *y licitación para el almacenamiento de energía eólica* (DeepL)

> Estos términos en español surgen del *bracketing* erróneo *[*appel d'offres*] [*éolien-stockage*], mientras que el bracketing correcto es [*appel d'offres*] [*éolien*] [*stockage*], ya que tanto *éolien* como *stockage* modifican de manera independiente al núcleo *appel d'offres*. Un equivalente adecuado sería *licitación para la producción y almacenamiento de energía eólica*.

3. Traducción incorrecta de un formante

La traducción incorrecta de un formante también redunda en un error de sentido, ya que el concepto que se traslada en español es diferente del original en francés. A menudo, estas traducciones incorrectas se deben a la polisemia de algún formante del compuesto, que hace que el sistema elija un sentido incorrecto para ese término en el dominio. Esto podría explicarse porque los sistemas elegidos emplean motores generalistas no entrenados en el dominio.

- *puissance réactive* > *poder reactivo* (Google Translate)

> *puissance* se ha traducido por poder en lugar de expresar el sentido de potencia al que se alude originalmente en francés en esta área de conocimiento. Un equivalente adecuado sería potencia reactiva. Otros ejemplos en los que se produjo el mismo error en Google Translate fueron puissance active (*poder activo*), petite puissance (*pequeño poder*) y pleine puissance (*poder completo*).

- *bus continu* > *autobús continuo* (Google Translate)

> *bus* se ha traducido por autobús en lugar de expresar el sentido de *bus* o *etapa* al que se alude originalmente en francés en esta área de conocimiento. Además, el modificador continu se ha traducido en masculino haciendo

referencia a bus, pese a que no modifica a este sino a un formante omitido (*courant > courant continu*). Un equivalente adecuado sería *bus de continua*.

- *régression linéaire vitesse nacelle > regresión lineal de velocidad de cardán* (Google Translate)

    nacelle se ha traducido por *cardán* en lugar de expresar el sentido de *góndola* al que se alude originalmente en francés en esta área de conocimiento. Un equivalente adecuado sería *regresión lineal velocidad de la góndola*.

- *angle de calage > ángulo de cuña* (DeepL)

    calage se ha traducido por *cuña* en lugar de expresar el sentido de *paso* al que se alude originalmente en francés en esta área de conocimiento. Un equivalente adecuado sería *ángulo de paso*.

4. Identificación incorrecta del núcleo

Ninguno de los errores producidos por Google Translate o DeepL se encuadró en esta categoría, propuesta en el estudio anterior de Cabezas-García y León-Aráuz (2023) para la traducción automática de compuestos del inglés al español, probablemente porque el español y el francés comparten estructuras más similares (posmodificación).

5. Omisión incorrecta de un formante

Se trata de una nueva categoría de error identificada en este estudio. La omisión de formantes de los compuestos en las traducciones no implica un error de traducción siempre que se aluda al mismo concepto que el término original. De hecho, es habitual que los compuestos y sus traducciones no cuenten con el mismo número de formantes. Por ejemplo, el término francés *potentiel énergétique éolien utilisable* se tradujo en DeepL por *potencial eólico utilizable*, omitiendo el formante *énergétique* sin que se produzca un cambio de sentido. No obstante, las traducciones aquí incluidas se consideran errores porque no trasladan el concepto original, debido a la omisión incorrecta de algún constituyente.

- *filière éolienne terrestre > energía eólica terrestre* (DeepL)

    Se ha omitido el núcleo, *filière*, de manera que la traducción propuesta en español no alude al mismo concepto que el término en francés. Un equivalente adecuado sería *sector de la energía eólica terrestre.*

- *dimensionnement du convertisseur côté réseau > dimensionamiento del convertidor de red* (DeepL)

    Se ha omitido uno de los modificadores, *côté*, de manera que la traducción propuesta en español no alude al mismo concepto que el término en francés. Esto también implica un cambio en la relación semántica, como indicamos en el ejemplo 3 ya que, al omitir este formante, se crea la confusión de que la red es la que se ve convertida, mientras que el término original indica que el convertidor se encuentra conectado a la red. Un equivalente adecuado sería *dimensionamiento del convertidor en el lado de la red.*

• ERRORES DE ESTILO

6. Traducción literal no idiomática

Se trata de uno de los errores más habituales en los términos compuestos entre hablantes no nativos, ya que a menudo se calca la estructura de la lengua materna en la segunda lengua, algo que no siempre resulta idiomático. Como se puede observar, los motores de traducción automática también incurren en este error.

- *vitesse moyenne mensuelle totale > velocidad media mensual total* (Google Translate, DeepL). Un equivalente adecuado sería *velocidad media total al mes.*

- *marché éolien terrestre domestique > mercado eólico terrestre nacional* (Google Translate). Un equivalente adecuado sería *mercado nacional de la energía eólica terrestre.*

- *radar profileur de vent UHF > radar perfilador de viento UHF* (Google Translate). Un equivalente adecuado sería *radar perfilador de vientos UHF.*

- *bus continu > bus continuo* (DeepL). Un equivalente adecuado sería *bus de continua.*

7. Calco de otra lengua origen

Se trata de una nueva categoría de error identificada en este estudio. No es de extrañar que la encontremos en la combinación de idiomas que nos ocupa (francés > español). Esto se debe a que el inglés, *lingua franca* de la comunicación internacional, suele dejar su impronta en otros idiomas, aunque no forme parte de las lenguas de trabajo.

- *parc éolien > granja eólica* (Google Translate)

> El término *granja eólica* responde a un calco del inglés *wind farm*. En español existe la variante *parque eólico*, que es el término más extendido, con 6484 ocurrencias en nuestro corpus comparable. Sin embargo, es cierto que el término *granja eólica* existe, aunque su uso es mucho más reducido (5 ocurrencias en nuestro corpus) y se limita a América Latina. Por tanto, podría considerarse un error de traducción dada su reducida frecuencia y su inadecuación a contextos diferentes de América Latina (en los que, por otro lado, también prevalece el término *parque eólico*).

8. Variación no idiomática

Se trata de una nueva categoría de error identificada en este estudio, que se caracteriza por el empleo de variaciones que no resultan idiomáticas, pues existen otros términos que se han establecido en el uso.

- *convertisseur statique pleine puissance* > *convertidor estático de potencia completa* (Google Translate). Un equivalente adecuado sería *convertidor estático de plena potencia.*

- *réglage primaire de fréquence* > *configuración de frecuencia primaria* (Google Translate). Un equivalente adecuado sería *control primario de frecuencia.*

- *groupe diesel* > *unidad diésel* (DeepL). Un equivalente adecuado sería *grupo diésel.*

- *radar profileur de vent UHF* > *radar de perfil del viento UHF* (DeepL). Un equivalente adecuado sería *radar perfilador de vientos UHF.*

Si nos centramos en el tipo de compuestos que más errores suscitaron (Tabla 5), observamos que los compuestos de 2 y 4 formantes se encontraban a la cabeza, con 10 y 15 errores, respectivamente. En concreto, los errores de sentido se produjeron mayoritariamente en los compuestos de 2 formantes (7 errores de sentido frente a 3 errores en los compuestos de 3 formantes y 5 errores en los compuestos de 4 formantes). Por su parte, los errores de estilo fueron más habituales en los compuestos de 4 formantes (10 errores de estilo frente a 3 errores de este tipo en los compuestos de 2 formantes y 1 error en un compuesto de 3 formantes). Por lo tanto, cuanto más cortos (y sin contexto) sean los compuestos, más posibilidades existen de que un sistema TAN genérico produzca errores de sentido, mientras que cuanto mayor sea el compuesto, más probable será que el error sea de tipo estilístico.

	Google Translate		DeepL	
	Sentido	Estilo	Sentido	Estilo
2 formantes	6	1	1	2
3 formantes	1	1	2	0
4 formantes	2	6	3	4

Tabla 5: Clasificación de errores de sentido y de estilo en compuestos de 2, 3 y 4 formantes en Google Translate y DeepL sin contexto.

Por otro lado, el análisis de las categorías gramaticales que forman los compuestos que generaron errores de traducción también aporta datos relevantes. En la Tabla 6 se presentan los compuestos cuyas traducciones fueron erróneas, junto con la anotación gramatical de sus componentes. De este análisis se desprende que los compuestos que incluyen secuencias de sustantivos (p. ej. *dimensionnement du convertisseur côté réseau*) o adjetivos (p. ej. *vitesse moyenne mensuelle totale*) son los más problemáticos para estos sistemas de TAN, pues generaron 23 del total de 29 errores. Por tanto, además de los aspectos mencionados en la tipología de errores, estas cuestiones también se deben reforzar de cara a la pre-edición y post-edición de los términos compuestos.

Google Translate	Categorías gramaticales	DeepL	Categorías gramaticales
parc éolien	NA	groupe diesel	NN
puissance réactive	NA	bus continu	NA
puissance active	NA	angle de calage	NPrepN
bus continu	NA	convertisseur côté réseau	NNN
éolien en mer	NPrepN	filière éolienne terrestre	NAA
petite puissance	AN	vitesse moyenne mensuelle totale	NAAA
pleine puissance	AN	puissance maximale côté batterie	NANN

Google Translate	Categorías gramaticales	DeepL	Categorías gramaticales
système éolien diesel	NAN	courant alternatif triphasé statorique	NAAA
réglage primaire de fréquence	NAPrepN	appel d'offres éo-lien-stockage	NPrepNNN
convertisseur stati-que pleine puissance	NAAN	radar profileur de vent UHF	NAPrepNN
régression linéaire vitesse nacelle	NANN	dimensionnement du convertisseur côté réseau	NPrepNNN
vitesse moyenne mensuelle totale	NAAA	convertisseur côté réseau électrique	NNNA
puissance maximale côté batterie	NANN		
marché éolien terres-tre domestique	NAAA		
courant alternatif triphasé statorique	NAAA		
appel d'offres éo-lien-stockage	NPrepNNN		
radar profileur de vent UHF	NAPrepNN		

Tabla 6: Categorías gramaticales de los términos compuestos que generaron errores en Google Translate y DeepL sin contexto.

4.2 TAN de términos compuestos con contexto

Por un lado, Google Translate había producido 17 errores en la fase de traducción sin contexto (Sección 4.1). Al introducir un fragmento contextual con al menos un concepto perteneciente a la misma área de conocimiento, estos errores se redujeron a 8. En concreto, la introducción de contexto contribuyó a que se resolvieran 7 errores de sentido, principalmente en compuestos de 2 formantes (6 compuestos), aunque también en 1 compuesto de 4 formantes. Este dato resulta revelador, pues apunta a que, en compuestos breves como los de 2 formantes, el sistema necesita más contexto para suplir la (escasa) información que proporciona el propio término. Asimismo, se resolvieron 2 errores de estilo, en 1 compuesto de 2 formantes y otro de 4 formantes.

Para profundizar en los términos que siguieron generando errores en la búsqueda con contexto, en la Tabla 7 se muestran los tipos de errores que habían producido estos términos en la búsqueda inicial sin contexto y, a continuación, con contexto. En concreto, 1 error de sentido y 6 errores de estilo continuaron perteneciendo a la misma categoría, mientras que otra traducción pasó de considerarse un error de sentido en la búsqueda sin contexto a ser un error de estilo en la consulta con contexto, lo cual resulta preferible, ya que este tipo de error no afecta al contenido semántico. Por tanto, podemos concluir que la inclusión de contexto en Google Translate es preferible, ya que resuelve especialmente los errores de mayor gravedad: los de sentido.

Errores en la búsqueda sin contexto	Errores en la búsqueda con contexto	Nº de compuestos
Sentido	Sentido	1
Estilo	Estilo	6
Sentido	Estilo	1
Estilo	Sentido	0

Tabla 7. Cambios en la tipología de errores al introducir contexto en Google Translate.

Por otro lado, DeepL había producido 12 errores en la fase de traducción sin contexto (Sección 4.1). Al introducir un fragmento contextual con al menos un concepto perteneciente a la misma área de conocimiento, estos errores se redujeron a 7. En concreto, la introducción de contexto contribuyó a que se resolvieran 2 errores de sentido en compuestos de 3 formantes y 1 error de sentido en un compuesto de 4 formantes. Asimismo, se resolvieron 2 errores de estilo en 1 compuesto de 2 formantes y en otro de 4.

En la Tabla 8 se muestran los cambios en la tipología de errores al realizar la búsqueda sin contexto y, a continuación, con contexto. De los errores que prevalecieron al introducir contexto, 3 errores de sentido y de estilo, respectivamente, siguieron perteneciendo a la misma categoría de error una vez introducido el contexto. La faceta menos positiva fue el paso de un error de estilo a otro de sentido al introducir contexto, lo que perjudica en mayor medida la comunicación ya que el error concierne al significado del término. Sin embargo, concluimos que en DeepL también es recomendable la inclusión de contexto, ya que se resuelven problemas y, en los casos en los que prevalecen, no suelen agravar la tipología de error (i.e., estilo>sentido), salvo en un caso.

Errores en la búsqueda sin contexto	Errores en la búsqueda con contexto	Nº de compuestos
Sentido	Sentido	3
Estilo	Estilo	3
Sentido	Estilo	0
Estilo	Sentido	1

Tabla 8. Cambios en la tipología de errores al introducir contexto en DeepL.

En cuanto a la tipología de errores que prevalecieron al realizar la búsqueda con contexto, en Google Translate solo quedó un error de sentido (*licitación de almacenamiento de viento*), que podría incluirse en tres de las categorías (expresión incorrecta de la relación semántica interna, *bracketing* incorrecto y traducción incorrecta de un formante); y 7 de estilo, adscritos a las categorías de traducción literal no idiomática, calco de otra lengua origen y variación no idiomática. Las omisiones, por tanto, ya no se produjeron en las búsquedas con contexto. Lo mismo ocurrió con DeepL, salvo la categoría de calco, que no produjo ningún error. No obstante, sorprendentemente este motor arrojó un mayor número de errores de sentido. En concreto, cuatro términos dentro de las categorías de expresión incorrecta de la relación semántica interna, bracketing incorrecto y traducción incorrecta de un formante. Por el contrario, solo arrojó 3 errores de estilo.

GOOGLE TRANSLATE

• ERRORES DE SENTIDO

a. **Expresión incorrecta de la relación semántica interna**

licitación de almacenamiento de viento

b. *Bracketing* **incorrecto**

licitación de almacenamiento de viento

c. **Traducción incorrecta de un formante**

licitación de almacenamiento de viento

• ERRORES DE ESTILO

d. **Traducción literal no idiomática**

velocidad promedio mensual total

corriente alterna trifásica del estator

radar perfilador de viento UHF

mercado eólico terrestre doméstico

e. **Calco de otra lengua origen**

mercado eólico terrestre doméstico

f. **Variación no idiomática**

sistema diésel eólico

ajuste primario de frecuencia

convertidor estático de máxima potencia

DEEPL

- ERRORES DE SENTIDO

a. **Expresión incorrecta de la relación semántica interna**

licitación de almacenamiento de energía eólica

b. **Bracketing incorrecto**

licitación de almacenamiento de energía eólica

c. **Traducción incorrecta de un formante**

generador diésel

ángulo de ajuste

tamaño del convertidor del lado de la red

- ERRORES DE ESTILO

d. **Traducción literal no idiomática**

velocidad media mensual total

corriente alterna trifásica del estator

e. **Variación no idiomática**

radar de perfil del viento UHF

Cabe destacar que, aunque algunos de los compuestos erróneos siguieron presentando la misma forma en la búsqueda con contexto, otros presentaron formas distintas dando lugar a una tipología diferente. Por ejemplo, en Google Translate, *mercado eólico terrestre doméstico* (sin contexto: *mercado eólico terrestre nacional*) puede ubicarse tanto en la categoría de traducción literal no idiomática (ya que se trata de un calco del término francés *marché éolien terrestre domestique*) como en la categoría de calco de otra lengua origen, pues la traducción de doméstico también responde a un calco del inglés domestic que no es idiomático en español.

En cuanto al número de formantes, en la Tabla 9 se observa que los compuestos de 2 formantes en contexto dejan de producir errores en Google Translate pero DeepL sigue arrojando 2 errores de sentido. Los de tres formantes solo generan 2 errores en Google Translate (de estilo), mientras que los de 4 formantes generan errores de sentido y estilo en ambos motores (un total de 11 errores, de los cuales 3 son de sentido y 8 de estilo). Google Translate genera menos errores de sentido que DeepL (1 vs. 2) pero más de estilo (5 vs. 3).

	Google Translate		DeepL	
	Sentido	Estilo	Sentido	Estilo
2 formantes	0	0	2	0
3 formantes	0	2	0	0
4 formantes	1	5	2	3

Tabla 9. Clasificación de errores de sentido y de estilo en compuestos de 2, 3 y 4 formantes en Google Translate y DeepL con contexto.

Por lo tanto, se observa que introducir contexto en los motores de TAN mejora los resultados. En concreto, los errores en los compuestos de 2 formantes se han reducido drásticamente (han pasado de generar 10 errores a generar solo 2). También llama la atención que los compuestos más largos siguen presentando un elevado número de errores (de 14 errores han pasado a 11), lo que indica que estos términos son los más problemáticos para los motores de traducción automática, tanto desde el punto de vista del sentido como del estilo.

Por último, de entre los compuestos que siguen dando error, destacan de nuevo las largas secuencias de sustantivos y adjetivos, como se aprecia en la Tabla 10.

Google Translate	Categorías gramaticales	DeepL	Categorías gramaticales
système éolien diesel	NAN	groupe diesel	NN
réglage primaire de fréquence	NAPrepN	angle de calage	NPrepN
convertisseur statique pleine puissance	NAAN	vitesse moyenne mensuelle totale	NAAA
vitesse moyenne mensuelle totale	NAAA	courant alternatif triphasé statorique	NAAA
marché éolien terrestre domestique	NAAA	appel d'offres éolien-stockage	NPrepNNN
courant alternatif triphasé statorique	NAAA	radar profileur de vent UHF	NAPrepNN
appel d'offres éolien-stockage	NPrepNNN	dimensionnement du convertisseur côté réseau	NPrepNNN
radar profileur de vent UHF	NAPrepNN		

Tabla 10. Categorías gramaticales de los términos compuestos que generaron errores en Google Translate y DeepL con contexto.

5 CONCLUSIONES

A la luz de los resultados, podemos afirmar que los motores de TAN constituyen una herramienta valiosa para la traducción de los términos compuestos, pues la evaluación y clasificación de los datos arrojados por Google Translate y DeepL nos permite comprobar que en ambos motores son mucho más numerosos los aciertos que los errores. A diferencia de otros estudios en los que DeepL ofreció mejores resultados para la traducción de compuestos del inglés al español que Google Translate (Cabezas-García y León-Araúz, 2023), en la combinación francés-español, Google Translate presenta un rendimiento bastante similar al de DeepL.

Asimismo, nuestro estudio demuestra que, para sacar un mayor partido a los motores de TAN, los tipos de errores más comunes pueden utilizarse como guía para pre-editar los términos compuestos antes de insertarlos en estos sistemas o bien para posteditar los resultados obtenidos. Por un lado, la pre-edición de los términos compuestos puede consistir en introducir los compuestos incluyendo los formantes que se hayan podido omitir en el término de partida (p. ej. *bus de courant continu* en lugar de *bus continu*) o introducir los términos en contexto, especialmente si son de dos formantes, ya que se ha demostrado que la inclusión de contexto ayuda especialmente a resolver los errores en los compuestos de dos formantes.

Por otro lado, la post-edición de los términos compuestos implicará revisar con especial énfasis aquellos términos con mayores secuencias de sustantivos y adjetivos (p. ej. *vitesse moyenne mensuelle totale*) o aquellos cuya relación semántica se encuentra implícita (p. ej. *appel d'offres éolien-stockage* > APPEL D'OFFRES *fonction* ÉOLIEN (ET) STOCKAGE).

Por último, este estudio abre interesantes vías de investigación, como el análisis de la TAN de compuestos de más de cuatro formantes, la evaluación de los resultados al pre-editar los compuestos o el desarrollo de una metodología para integrar la TAN en las clases de traducción especializada, mejorando sus resultados por medio de técnicas de pre-edición y post-edición.

6 REFERENCIAS BIBLIOGRÁFICAS

ARCAN, M., MONTIEL-PONSODA, E., MCCRAE, J. P., y BUITELAAR, P., "Automatic Enrichment of Terminological Resources: the IATE RDF Example", en *Proceedings of LREC 2018*, 2018, pp. 930-937.

BARREIRO, A., MONTI, J., ORLIAC, B., y BATISTA, F., "When multiwords go bad in machine translation", en *MT Summit Workshop Proceedings on Multi-word Units in Machine Translation and Translation Technology*, 2013, pp. 26-33.

BARRIERE, C. y MENARD, P. A., "Multiword noun compound bracketing using Wikipedia", en *Proceedings of the First Workshop on Computational Approaches to Compound Analysis, ACL y Dublin City University*, Dublín, 2014, pp. 72–80.

CABEZAS-GARCÍA, M., *Los términos compuestos desde la Terminología y la Traducción*, Peter Lang, Berlín, 2020.

CABEZAS-GARCÍA, M. y LEÓN-ARAÚZ, P., "Méthodes d'exploitation des corpus pour la traduction de termes complexes", *Meta*, 67(1), 2022, 94-118.

CABEZAS-GARCÍA, M. y LEÓN-ARAÚZ, P., "Machine versus corpus-based translation of multiword terms", *Digital Scholarship in the Humanities*, 38, 2023, 6-16.

CONSTANT, M., ERYIGIT, G., MONTI, J., VAN DER PLAS, L., RAMISCH, C., ROSNER, M. y TODIRASCU, A., "Multiword Expression Processing: A Survey", *Computational Linguistics*, 43(4), 2017, 837-892.

DENG, X. y YU, Z., "Systematic Review of Machine-Translation-Assisted Language Learning for Sustainable Education", *Sustainability*, 14, 2022, 7598.

EBRAHIM, S., HEGAZY, D., GADAL-HAQQ, M., MOSTAFA, M., y EL-BELTAGY, S. R., "Detecting and Integrating Multiword Expression into English-Arabic Statistical Machine Translation", *Procedia Computer Science*, 117, 2017, 111-118.

FABER, P., *A cognitive linguistics view of terminology and specialized language*, De Gruyter Mouton, Berlín, Boston, 2012.

HELLRICH, J. y HAHN, U., "Enhancing Multilingual Biomedical Terminologies via Machine Translation from Parallel Corpora", en *Natural Language Processing and Information Systems. 19th International Conference on Applications of Natural Language to Information Systems, NLDB 2014*, Springer, Heidelberg/Nueva York/Dordrecht/Londres, 2014, pp. 9-20.

HURSKAINEN, A., "Multiword Expressions and Machine Translation", *Technical Reports in Language Technology*, Report No 1, 2008, 1-18.

JOLLEY, J. R. y MAIMONE, L., "Thirty Years of Machine Translation in Language Teaching and Learning: A Review of the Literature", *L2 Journal,* 14(1), 2022, 26-44.

KILGARRIFF, A., BAISA, V., BUŠTA, J., JAKUBÍČEK, M., KOVÁŘ, V., MICHEL-FEIT, J., RYCHLÝ, P. y SUCHOMEL, V., "The Sketch Engine: ten years on", *Lexicography,* 1(1), 2014, 7-36.

MALDONADO, M. C. y LIÉBANA, M., "Los motores de traducción automática y su uso como herramienta lexicográfica en la traducción de unidades léxicas aisladas", *Círculo de Lingüística Aplicada a la Comunicación,* 88, 2021, 189-211.

NAKOV, P., "On the interpretation of noun compounds: syntax, semantics, and entailment", *Natural Language Engineering,* 19, 2013, 291-330.

NAKOV, P. y HEARST, M., "Search engine statistics beyond the n-gram: application to noun compound bracketing", en *Proceedings of the Ninth Conference on Computational Natural Language Learning, CoNLL 2005,* ACL, Ann Arbor, 2005, 17–24.

ORTEGO ANTÓN, M. T. y SEGHIRI, M., "La traducción automática de locuciones nominales del español al inglés: a pain in the neck?", en C. Carrasco, M. Cantarero Muñoz y C. Díez Carbajo (Eds.), *Traducción y sostenibilidad cultural: sustrato, fundamentos y aplicaciones* Ediciones Universidad de Salamanca, Salamanca, 2019, pp. 331-342.

VALAVANI, C., ALEXANDRIS, C. y MIKROS. G. K., "Improving machine translation output of German compound and multiword financial terms: a com parison with cross-linguistic data", *Human-Intelligent Systems Integration,* 2, 2020, 29-34.

VALDEZ, C. y LOMEÑA GALIANO, M., "Exploration de la traduction automatique neuronale espagnol-français : Pour une traductologie de corpus appliquée à l'analyse des outils de traduction", *Revue de Traduction et Langues,* 20(1), 2021, 85-111.

ZANINELLO, A. y BIRCH, A., "Multiword Expression aware Neural Machine Translation", en Proceedings of the 12th Conference on Language Resources and Evaluation (LREC 2020), ELRA, Marsella, 2020, pp. 3816–3825.

Capítulo 8
Traduction neuronale français-italien en contexte institutionnel : outils et stratégies au service d'une traduction inclusive

Ilaria Cennamo
ilaria.cennamo@unito.it
Università di Torino

Michela Tonti
michela.tonti@unibg.it
Università degli studi di Bergamo

1 INTRODUCTION

L'objectif de cette contribution est de montrer l'apport qualitatif issu de la reformulation intralinguistique de textes institutionnels publiés en ligne par l'Office européen de sélection du personnel (EPSO) de l'Union européenne, destinés à une traduction automatique neuronale (TAN) du français à l'italien et de l'italien au français. Le système de TAN adop té dans le cadre de cette étude est *eTranslation*, à savoir le moteur neuronal, lancé en novembre 2017, qui a été conçu par la Commission euro-péenne dans le but institutionnel spécifique de fournir une plateforme multilingue capable « de connecter les institutions de l'Union euro-péenne aux administrations publiques, aux universités [...] ainsi qu'aux entreprises (PME) et aux ONG [...] situés dans un État membre de l'UE, en Islande, en Norvège, au Liechtenstein ou en Ukraine »[85]. *eTranslation*

---

85   https://commission.europa.eu/resources-partners/etranslation_fr (consul-té le 1 septembre 2023).

couvre plusieurs domaines discursifs (juridique, financier, général etc.) et traduit à partir de et vers n'importe quelle langue officielle de l'UE, ainsi qu'à partir de et vers l'arabe, le chinois, l'islandais, le japonais, le norvégien, le russe, le turc et l'ukrainien. Ce système est présenté par la Commission comme un outil offrant des traductions automatiques brutes qui nécessitent une vérification humaine, compétente en matière de traduction, et donc une post-édition.

Cette contribution concerne, tout particulièrement, la traduction automatique de l'inclusivité dans le domaine discursif institutionnel européen. L'apport qualitatif issu de la reformulation linguistique des textes à traduire est donc à concevoir en rapport avec l'inclusivité du discours généré en langue d'arrivée. Les stratégies de pré-édition (d'abord) et de postédition (ensuite) de l'inclusivité seront présentées grâce à l'adoption du système neuronal E-MIMIC[86] conçu par l'Ecole Polytechnique de Turin, en collaboration avec l'Université de Bologne[87], et avec la contribution des linguistes impliqués dans le projet de recherche européen *Artificial Intelligence for European Integration* (ai4ei)[88], pour promouvoir une communication institutionnelle inclusive (*cf.* 4.2).

[86] Nous tenons à remercier Moreno La Quatra, ingénieur informatique, docteur de recherche de l'Ecole Polytechnique de Turin, pour sa collaboration à cette étude.

[87] Nous tenons à remercier Rachele Raus, Professeure des universités de langue et traduction française à l'Université de Bologne, responsable du groupe francophone de recherche « Droits et variétés linguistiques en Europe à l'aune de l'intelligence artificielle » (*ai4ei*), pour ses suggestions et pour sa relecture attentive de cet article.

[88] Les auteures de la présente contribution ont participé activement en qualité de linguistes au projet E-MIMIC : Michela Tonti (Université de Bergame) a été membre du Team E-MIMIC où elle a été chargée du suivi des activités d'élaboration des critères linguistico-discursifs à implémenter dans l'outil ; Ilaria Cennamo (Université de Turin) a été membre du groupe de recherche pour les langues italienne et française pour les activités d'annotation et de finalisation des critères linguistico-discursifs intégrés dans E-MIMIC :

Cette problématique de recherche sera abordée dans les quatre paragraphes de cet article, selon la progression suivante : à partir de la prise en compte de la conception de « langage inclusif » élaborée au sein des institutions européennes, accompagnée d'un aperçu des questionnements principaux qui ont émergé récemment en France et Italie à cet égard (*cf.* 2, 2.1., 2.2.), on proposera une première définition de l'inclusivité comme problème de traduction (*cf.* 3) afin de présenter notre étude traductologique centrée sur la combinaison linguistique français > italien pour laquelle E-MIMIC sera adopté comme outil d'aide à la post-édition (*cf.* 4, 4.1., 4.1.1, 4.1.2, 4.1.3, 4.2). Finalement, nous montrerons les résultats obtenus dans la traduction italien > français grâce aux stratégies de pré-édition offertes par E-MIMIC (*cf.* 5). Dans son ensemble, cette contribution souhaite montrer les possibilités d'amélioration des prestations traductives dont *eTranslation* pourrait bénéficier grâce à l'apport offert par E-MIMIC, notamment, comme outil d'aide à la post-édition semi-automatisée et/ou comme outil de pré-édition. Plus généralement, notre réflexion vise à mettre en valeur les opérations de reformulation intralinguistique des textes à traduire en tant que stratégies permettant de réduire la portée des interventions nécessaires en phase de post-édition, mais également, en tant que technique qui pourrait être intégrée dans l'élaboration de systèmes d'apprentissage profond multilingues, supervisés (Raus et al. 2022 : 9).

2 LE LANGAGE INCLUSIF SELON L'UE

L'introduction sur le plan international de la notion de « genre » à partir de 1995 suite à la 4e Conférence mondiale sur les femmes organisées à Pékin par l'ONU (4-15 septembre 1995) a permis de faire émerger une nouvelle facette de l'inclusion qui ne concernait pas que les femmes

https://www.jmcoe.unito.it/content/e-mimic-empowering-multilingual-inclusive-communication (consulté le 19 décembre 2023).

mais également des identités non binaires, lesquelles ne pouvaient pas se retrouver dans les dichotomies de la langue, même si à l'époque la question ne se posait pas encore exactement en ces termes. Au niveau institutionnel européen, des efforts ont été réalisés dans une perspective de genre et le Parlement européen a été l'une des premières organisations internationales à adopter des lignes directrices multilingues en matière de langage neutre du point de vue du genre. Dans l'optique de réserver un traitement égal à tous les genres, des efforts sont déployés depuis les années 1980 afin de proposer l'emploi d'un langage non sexiste/équitable/neutre, de manière à ne privilégier aucun genre et à ne pas perpétuer les préjugés en la matière. Nous mentionnons, à cet égard, que le Parlement a publié ses premières lignes directrices multilingues en matière de langage neutre du point de vue du genre en 2008. Une mise à jour de ces lignes directrices intitulées *Usage d'un langage neutre du point de vue du genre au Parlement européen* rédigées par le Groupe de Haut Niveau sur l'égalité des genres et la diversité a été mise en place en 2018. L'objectif est de veiller à ce que, dans la mesure du possible, un langage inclusif du point de vue du genre soit employé dans les communications et les documents du Parlement. L'invitation vise à encourager les services administratifs à accorder toute l'attention voulue à la question de la prise en considération de la dimension de genre dans le langage, au sein de la rédaction, de la traduction ou de l'interprétation. Les moyens préconisés à cet effet sont diversifiés : promotion de noms collectifs, de mots épicènes, de mots génériques – comme individu, personne ou autre – ou des reformulations neutralisant l'appartenance sexuelle, etc. ; et ils tiennent également compte de ceux que l'on considère comme des minorités : personnes handicapées, plus âgées, etc. Parmi les actions et les documents qui constituent une preuve forte de la prise de position à l'égard de la communication inclusive, nous rappelons également le document publié en 2018 par le Conseil de l'Union européenne. La brochure ayant pour titre : *Communication inclusive au SGC* tient compte du rôle politique de cette institution et de l'environnement multilingue qui est le sien. Elle a pour objectif d'établir un cadre cohérent pour une communication écrite et orale inclusive, auquel l'ensemble des services peut se référer pour la rédaction et l'illustration de documents, ainsi que pour la conception de matériel audiovisuel, destinés à être diffusés aussi bien à l'intérieur qu'à l'extérieur du SGC. Nous concluons cette première partie par le vote d'une résolution sur une « approche intégrée de l'égalité des femmes et des hommes au Parlement européen » de la part du Parlement européen le 15 janvier 2019. Dans son article 15, cette résolution « salue l'adoption, en juillet 2018, des nouvelles lignes directrices pour un langage neutre du point de vue du genre, qui rendent mieux compte des évolutions linguistiques et culturelles et offrent des conseils pratiques dans toutes les langues officielles de l'Union concernant l'utilisation d'un langage inclusif et équitable du point de vue du genre [...] rappelle qu'il est essentiel que les lignes directrices suscitent l'adhésion générale du public, et invite tous les députés européens, ainsi que les fonctionnaires, à promouvoir et à appliquer systématiquement ces lignes directrices dans le cadre de leur travail quotidien » (Résolution du Parlement européen, 2019).

2.1 Le langage inclusif en France : synopsis

Il est indéniable qu'en France, le débat sur l'écriture inclusive est depuis toujours strictement orienté sur la féminisation. La loi n° 83-635 du 13 juillet 1983 portant modification du code du travail et du code pénal fait « obligation aux employeurs de ne plus utiliser d'annonces d'emplois exclusivement rédigées au masculin, mais de mentionner les deux genres (ouvrier/ère), d'indiquer que l'emploi est offert aux candidats des deux sexes et d'utiliser des mots neutres pour qu'il résulte clairement de sa rédaction que l'offre s'adresse dans les mêmes conditions aux candidats des deux sexes ». Une Commission de terminologie est créée en février 1984, chargée « d'étudier la féminisation des titres et des fonctions et, d'une manière générale, le vocabulaire concernant les activités des femmes ». En mars 1986, ses travaux produisent, entre autres, une circulaire ayant valeur sur le plan juridique relative à la féminisation des noms de métier, fonction, grade ou titre. Cette féminisation affecte « les décrets, arrêtés, circulaires et directives ministériels »; les corres-

Capítulo 8
Traduction neuronale français-italien en contexte institutionnel:
outils et stratégies au service d'une traduction inclusive **283**

pondances et documents qui émanent des administrations, services ou établissements publics de l'Etat ; les textes des marchés et contrats auxxquels l'Etat ou les établissements publics de l'Etat sont parties ; les ouvrages d'enseignement, de formation ou de recherche utilisés dans les établissements, institutions ou organismes dépendant de l'Etat, placés sous son autorité, ou soumis à son contrôle, ou bénéficiant de son concours financier ». N'ayant pas obtenu le résultat espéré, une nouvelle circulaire est promulguée en mars 1998 alors qu'un guide d'aide à la féminisation des noms de métiers, titres, grades et fonctions : *Femme, j'écris ton nom...* (Becquer, Cerquiglini, et Cholewka) est publié en 1999. Sa portée juridique est bien spécifique car il sert de point de référence pour la rédaction des textes officiels. Par ailleurs, la loi pour l'égalité réelle entre les femmes et les hommes du 4 août 2014, évoque dans son article 1, « une approche intégrée de l'égalité » dans tous les domaines, ce qui laisserait croire que la féminisation des noms de métiers s'est imposée au niveau juridique, alors que l'officialisation des formes d'écriture dites neutres ou non genrées reste toujours controversée. Cependant, la circulaire du 21 novembre 2017, relative aux règles de féminisation et de rédaction des textes publiée au Journal officiel de la République française, apporte des précisions sur la manière d'accorder les titres et les fonctions des personnes en référence à leur sexe : « Les textes qui désignent la personne titulaire de la fonction en cause doivent être accordés au genre de cette personne » (Philippe, 2017). Certes, les règles dictées par la Circulaire de 2017 ordonnent que dans « les actes administratifs, le masculin [étant] une forme neutre, il convient de l'utiliser pour les termes susceptibles de s'appliquer aussi bien aux femmes qu'aux hommes ». En revanche, pour les textes destinés à être publiés au JO, la Circulaire demande à ne pas faire usage de l'écriture dite inclusive, qui désigne « les pratiques rédactionnelles visant à substituer à l'emploi du masculin, lorsqu'il est utilisé dans un sens générique, une graphie faisant ressortir l'existence d'une forme féminine ». Cette circulaire a fait débat car une association *Groupement d'information et de soutien sur les questions sexuées et sexuelles* (GISS) a déposé un recours devant le Conseil d'Etat contre cette décision. L'Association conteste notamment l'affirmation de la neutralité du masculin, une définition erronée de ce qu'est l'écriture inclusive et l'interdiction de son usage dans les communications et textes officiels. Le 28 février 2019, le Conseil d'Etat a rejeté le recours, confirmant que l'écriture inclusive ne s'applique pas aux textes officiels car elle ne porte pas préjudice aux personnes que les requérantes qualifient « genre non binaire ». L'avancée du processus de visibilisation des femmes dans le langage juridique semblerait subir pour le moment un coup d'arrêt, au 1er mars 2019, avec cette décision.

2.2 Le langage inclusif en Italie : synopsis

Les questionnements liés au genre se développent en Italie grâce à l'intervention de la linguiste Alma Sabatini, auteure de *Raccomandazioni per un uso non sessista della lingua italiana. Per la scuola e per l'editoria scolastica* (1986) ainsi que de l'ouvrage *Il sessismo nella lingua italiana* (1987). À partir de 1984, une Commission Nationale est créée en Italie pour la promotion des droits de la femme et de l'égalité entre les sexes, elle est établie par la Présidence du Conseil des Ministres ; Alma Sabatini prend part activement à ces travaux. La linguiste fixe comme objectif de valoriser la présence féminine dans la langue par l'explicitation du genre grammatical du féminin. Cependant, ses ouvrages précurseurs ne connaissent pas de relais politique et institutionnel en Italie et il faudra attendre qu'au fil des années le concept d'égalité entre homme et femme bénéficie, au sein du pays, d'une relecture profonde grâce à l'introduction du concept de genre, tel qu'il a été élaboré aux Etats-Unis, pour désigner l'ensemble des caractéristiques socioculturelles qui vont avec l'appartenance à l'un ou à l'autre sexe. L'idée que le langage représente un levier d'action politique à l'intérieur du processus ainsi enclenché pour la réalisation de « l'égalité en tant que possibilité dont chaque individu des deux sexes dispose pour s'épanouir pleinement dans n'importe quel domaine »[89] (Sabatini, 1987 : 23) représente donc un pas fondamen-

---

89   Notre traduction.

Capítulo 8
Traduction neuronale français-italien en contexte institutionnel :
outils et stratégies au service d'une traduction inclusive   285

tal vers l'affirmation de l'identité de genre et de la culture de l'égalité des chances. Il s'agit de deux objectifs fondamentaux du développement social et des processus éducatifs qui seront reconnus officiellement par la directive du président du Conseil des ministres (PCM) du 27 mars 1997.

Les propositions d'Alma Sabatini ont un écho dans le *Codice di stile delle comunicazioni scritte ad uso delle amministrazioni pubbliche* publié par le Dipartimento per la Funzione Pubblica della Presidenza del Consiglio dei Ministri (1993), un chapitre entier est consacré à l'« Usage non sexiste et non discriminatoire de la langue ». Pour la première fois, il est recommandé aux administrations publiques d'avoir recours à des usages de la langue non discriminatoires, conformément aux préconisations d'Alma Sabatini. Dans la même lignée, nous inscrivons des actes officiels comme la Directive du 23 mai 2007 « Misure per attuare parità e pari opportunità tra uomini e donne nelle amministrazioni pubbliche », transposition de la Directive 2006/54/CE du Parlement et du Conseil européen. Suite à la réforme du Chapitre V, partie seconde, de la Constitution (2001), communes, provinces et régions adoptent des initiatives individuelles, globalement louables. Il s'agit d'actions positives comme des délibérations de conseil municipal, des projets de formation – nous mentionnons le projet *Genre & Langage*, promu par le Comité municipal égalité des chances de Florence, à l'instar de la loi régionale 16 du 2 avril et développé en collaboration avec l'Accademia della Crusca, d'où découlent les lignes directrices *Linee guida per l'uso del genere nel linguaggio amministrativo* rédigées par la linguiste Cecilia Robustelli en 2012. Parmi les initiatives régionales à cet effet, nous soulignons la loi régionale 6/2014 de l'Emilie-Romagne pour l'égalité et la lutte à la discrimination de genre ainsi que la loi de la région Sardaigne 9/2016 ; elles invitent à prendre connaissance des textes en usage au sein des administrations concernées afin de vérifier la mise en place d'une représentation adéquate des femmes et des hommes tout en avançant d'éventuelles interventions dans les textes pour éviter ainsi de possibles cas de discrimination.

Le 27 octobre 2017, la Ministre de l'Education introduit dans le monde de l'école et de la société civile, son Plan national « pour promouvoir au sein des écoles de tous niveaux, l'éducation au respect pour contrecarrer toute forme de violence et de discrimination », selon les principes exprimés par l'article 3 de la Constitution italienne. En vertu de ce Plan, des lignes directrices sont reformulées (Robustelli, 2018) sur la base de celles conçues en 2012 ; le paragraphe 2 est consacré à l'usage du féminin et du masculin dans le langage. Si le document s'adresse en priorité à la communication institutionnelle du Ministère de l'Education Nationale Italienne (MIUR), comme il est précisé dès l'intitulé, le groupe de travail propose néanmoins leur pleine application pour une communication claire et correcte du point de vue du genre grammatical au sein de toute institution italienne.

Cependant, le cap n'est pas encore franchi car le 27 juillet 2022, l'amendement demandant l'adoption du langage de genre dans la communication institutionnelle du Sénat a été rejeté. Le volet semble se refermer à nouveau en Italie.

3 TRADUCTION AUTOMATIQUE ET LANGAGE INCLUSIF

Le langage inclusif (Alpheratz, 2018a ; Alpheratz, 2018b, 7 ; Viennot, 2018) représente un problème de traduction qui concerne plus en général le phénomène de la variation linguistique (Gadet 2007, 2017, 2021), tout en se démarquant de la conceptualisation traditionnelle des dimensions variationnelles du langage (Weinreich, [1953] 1967; Coseriu, [1957] 1988; Weinreich, Labov & Herzog 1968; Labov 1972) : diatopique, diastratique et diaphasique. Il s'agirait d'une variation *diaéthique*, à savoir d'« une variation relevant de la conscience de genre, d'identité, d'égalité et de la performativité du langage » (Alpheratz, 2018a, 7) qui a « pour objectif la visibilité/valorisation/prise en compte/reconnaissance de catégories sociales minorisées par un discours dominant qui les invisibilise » (Alpheratz, 2019). Plus précisément, traduire le langage inclusif implique une opération sur deux niveaux, intralinguistique et interlinguistique, dont le résultat est observable sur le plan de leur pertinence discursive. Pour cette raison, la traduction de variantes inclusives (Ramos Pinto, 2009; Del Rey Quesada, 2020), notamment lorsqu'on intègre la traduction automatique dans le processus (Rabinovich *et al.,* 2017; Savoldi *et al.,* 2021; Ponti *et al.,* 2019) demande une approche stratégique (Bigler *et al.,* 2015; Jakiela *et al.,* 2018; Weatherall, 2002) fondée sur l'identification de critères discursifs visant la pertinence des choix langagiers par rapport à leur contexte cible.

Ces dernières années, les recherches expérimentales menées au carrefour de la traduction automatique et de l'inclusion se multiplient en mettant en relief les implications sociales issues de l'adoption de la traduction neuronale. Le domaine des langues des signes représente un exemple fécond d'études qui unissent l'analyse des prestations automatiques aux spécificités sémiotiques des langues des signes, tout en établissant le lien avec l'oralité (De Coster et al. 2023). La notion d' « inclusion numérique », par ailleurs, met en avant la nécessité de services de traduction automatique respectueux du multilinguisme à l'ère du marché mondialisé car : « a translator is vital for the effective use of digital services » (Ngoni, 2022 : 2). Dans le domaine des sciences du langage et du traitement automatique du langage, on souligne notamment l'importance liée à la préparation ciblée des données multilingues en input afin d'améliorer la qualité de l'output neuronal grâce à la capacité de généralisation qui caractérise cette dernière génération de traducteurs automatiques : « we find that linguistic input features improve model quality according to three metrics : perplexity, BLEU and CHRF3 » (Sennrich et Haddow 2016). En même temps, la réécriture (ou *rewriting*) est étudiée comme stratégie de post-édition : « Another way of achieving gender-fair language, even with *Machine Translation,* would be to perform rewriting [...], that is, intralingual translations from gender-exclusive to gender-fair language. This could be considered a form of gender-specific automated post-editing of machine translation » (Castilho *et al.,* 2023 : 171). Par ailleurs, une attention particulière est accordée à deux problématiques principales : à la traduction neuronale appliquée aux langues minoritaires (Ranathunga *et al.*, 2023 ; Gaspari, 2022 ; Pym *et al.*, 2022) d'où la nécessité de corpus multilingues plus équitables ; et, aux biais de genre véhiculés par les traductions neuronales (Wisniewski *et al.*, 2021 ; Luccioli *et al.*, 2019 ; Marzi *et al.*, 2021 ; Savoldi *et al.*, 2021 ; Piergentili *et al.*, 2023) d'où l'importance d'une pré-édition des corpus d'entraînement permettant au moteur neuronal de corriger cette tendance (Raus *et al.*, 2022).

En ligne avec l'horizon dessiné par ces études, dans le paragraphe 3 de cette contribution nous allons tester les prestations traductives d'*eTranslation* en rapport avec l'inclusivité et, notre analyse traductologique sera articulée autour de deux moments principaux : la présentation des stratégies de reformulation intralinguistiques d'E-MIMIC (Attanasio *et al.*, 2021) comme stratégies d'aide à la post-édition, du français à l'italien (*cf.* 4.2) ; et la présentation des stratégies de reformulation intralinguistiques d'E-MIMIC comme stratégies de pré-édition pour la traduction de l'italien au français (*cf.* 5). Dans leur ensemble (*cf.* 4 et 5), nos résultats montreront qu'une reformulation ciblée des textes traduits et/ou à traduire peut améliorer le degré d'inclusivité des prestations automatiques fournies par *eTranslation*.

4 ETRANSLATION ET L'INCLUSIVITÉ

Les exemples de traductions automatiques effectuées par *eTranslation* qui font l'objet de ce paragraphe ont été conçus dans le but de montrer la non prise en compte de l'inclusivité, comme variante linguistique, de la part de ce moteur européen traduisant du français vers l'italien des phrases issues de l'UE même. Plus particulièrement, les phrases de départ ont été tirées des portails de l'EPSO[90] (*European Personnel Selection*

---

90   Les contenus de ces sites web portent sur la description des profils de carrière pour rejoindre les institutions européennes, sur la présentation des

Capítulo 8
Traduction neuronale français–italien en contexte institutionnel:
outils et stratégies au service d'une traduction inclusive   **289**

Office)[91], à savoir « l' office interinstitutionnel [...] chargé de sélectionner principalement les personnes qui travailleront pour le Parlement européen, le Conseil de l'Union européenne, la Commission européenne, la Cour de justice de l'Union européenne, la Cour des comptes européenne, le Comité économique et social européen, le Comité des régions, le Service européen pour l'action extérieure, le Médiateur européen et le Contrôleur européen de la protection des données. Chacune de ces institutions recrute du personnel dans la liste de candidats retenus que lui fournit EPSO »[92].

L'intérêt lié à cette analyse traductologique de l'inclusivité comme objet d'une traduction automatique neuronale réside non seulement dans le fait d'en observer les mises en discours en rapport avec l'utilisation des noms de métiers[93] et les enjeux associés à leur traduction en italien. Cela concerne surtout le fait de montrer que, s'il est important d'utiliser un moteur de TAN entraîné sur des corpus de manière personnalisée (Gema Ramírez-Sánchez, 2022, 167) afin que ce moteur assure

opportunités professionnalisantes adressées aux universités et sur la publication des opportunités professionnelles offertes par l'UE.
https://eu-careers.europa.eu/fr/eu_career_profiles
https://eu-careers.europa.eu/fr/eu-careers/eu_careers_student_ambassadors
https://eu-careers.europa.eu/fr/eu-careers/staff-categories (consultés le 3 septembre 2023)

91   En français « Office européen de sélection du personnel » : https://european-union.europa.eu/institutions-law-budget/institutions-and-bodies/search-all-eu-institutions-and-bodies/european-personnel-selection-office-epso_fr (consulté le 2 octobre 2023)

92   EPSO: https://eu-careers.europa.eu/fr/about-epso (consulté le 1 octobre 2023).

93   Le traitement des noms de métier représente en sciences du langage une problématique de recherche établie, comme en témoignent parmi d'autres les études de Paveau (2002), Brick et Wilks (2002), Dister (2004), Lenoble-Pinson (2006 et 2008) et Buvet (2018).

des prestations suffisamment correctes dans les domaines de travail de l'institution qui s'en sert, il est d'autant plus important de post-éditer de manière ciblée ainsi que de pré-éditer (Monti 2019, 107) les corpus d'entraînement afin d'orienter le traitement neuronal des données textuelles vers la résolution automatique de problèmes de traduction spécifiques (dans notre cas, la traduction de l'inclusivité), en réduisant ainsi la portée de la post-édition de ces prestations.

4.1 eTranslation et les noms de métier : analyse traductologique de la non-inclusivité

L'analyse des contenus publiés en langue française (notre langue de départ) sur le portail EPSO nous a permis de noter un recours établi de la part de l'*Office* à des stratégies discursives non inclusives (NI) que nous nous proposons de décrire à l'aide des trois catégories suivantes : 1) l'emploi du « masculin générique » (Lévy *et al.,* 2017 ; Coady, 2015 ; Omer, 2020 ; Michel, 2017) dans la référence aux noms de métier ; 2) l'adoption d'une « masculinisation » sur le plan morphosyntaxique (Viennot, 2020a ; 2020b ; 2022) et 3) l'emploi des « doublets » (Vázquez Gómez, 2022 ; Rabatel et Rosier, 2019).

4.1.1 L'emploi du masculin générique dans les noms de métier

Dans le Tableau 1, on peut voir une sélection de phrases tirées du portail EPSO (dans sa version française, consultable en ligne) qui sont marquées par l'adoption de noms de métiers au masculin générique. Cette stratégie discursive NI est la plus visible et la plus récurrente au sein du site web de l'EPSO.

Le masculin générique dans les noms de métiers
Le travail des **agents de la fonction publique** de l'UE a une incidence directe sur la croissance de l'Union européenne et le bien-être des citoyens.

Les **chargés de mission** conseillent et aident les **hauts fonctionnaires** en matière de conception, de mise en œuvre et d'évaluation des politiques menées par l'UE dans un large éventail de domaines
Les **experts en communication** jouent un rôle crucial pour établir des liens entre l'Union européenne et les citoyens.
Les **assistants en communication** apportent un soutien à diverses tâches, comme l'établissement et le maintien de contacts avec les médias et la mise en œuvre de campagnes de communication.
Les **assistants informatiques** soutiennent la mise en œuvre de projets informatiques en contribuant à la conception de solutions, à la rédaction de cahiers des charges et à la planification du budget et des ressources.
Face à l'ampleur et à la complexité des défis actuels, l'UE doit de plus en plus s'appuyer sur des **experts** pour traiter de questions liées à l'environnement, à la santé, à l'alimentation, au numérique et d'autres enjeux mondiaux.
Des **professionnels expérimentés** et disposant de solides compétences dans divers domaines sont très recherchés.
Grâce à leur expertise unique, les scientifiques, **chercheurs** et autres spécialistes apportent une contribution précieuse aux institutions et aux responsables politiques pour relever les défis scientifiques.
Les **experts** sont souvent chargés d'élaborer des politiques et de nouvelles lois.
Les **chargés des relations extérieures** coopèrent avec les services diplomatiques nationaux des États membres de l'UE et les différentes institutions de l'UE afin de contribuer à harmoniser l'action extérieure de l'Union européenne.
Les **statisticiens** apportent une contribution essentielle à la prise de décision et à l'élaboration des futures politiques de l'UE.
Les juristes-linguistes sont notamment chargés de suivre les procédures législatives tout au long du processus et d'agir en qualité de **conseillers**.
Le multilinguisme est l'un des principes fondateurs de l'Union européenne et les **traducteurs**, **correcteurs**, juristes-linguistes et interprètes jouent un rôle fondamental à cet égard.

Les **chauffeurs** ont notamment pour tâches de véhiculer des membres du personnel de l'UE, des fonctionnaires des États membres, des corps diplomatiques et d'autres personnalités à Bruxelles, Luxembourg et Strasbourg et dans d'autres lieux où se déroulent les activités et les réunions de l'UE.
Les **huissiers du Parlement européen** assistent généralement les **députés** et les autres personnalités lors des séances plénières de l'institution, des réunions des organes parlementaires et d'autres manifestations parlementaires.
Tu pourrais être notre prochain **ambassadeur** !
Il existe 3 catégories de **fonctionnaires permanents** de l'UE : les **administrateurs** (AD), les **assistants** (AST) et les **secrétaires/commis** (AST/SC)
Les **agents contractuels** sont recrutés de deux manières différentes.

Tableau 1. Catégorie NI n°1.

En langue italienne (langue d'arrivée), *eTranslation* produit des traductions qui conservent les tendances NI indiquées par le Tableau 1. Plus précisément, les phrases en italien résultent NI pour deux raisons : d'abord, car les noms de métiers sont restitués littéralement par la machine, au masculin, comme on peut le noter dans le cas de la traduction automatique fournies à partir des phases du tableau 1 :

Le masculin générique dans les noms de métiers
Le travail des **agents de la fonction publique de** l'UE a une incidence directe sur la croissance de l'Union européenne et le bien-être des citoyens.
Il lavoro dei funzionari dell'UE ha un impatto diretto sulla crescita dell'Unione europea e sul benessere dei cittadini.
Les chargés de mission conseillent et aident les **hauts fonctionnaires** en matière de conception, de mise en œuvre et d'évaluation des politiques menées par l'UE dans un large éventail de domaines
I responsabili della missione consigliano e assistono alti funzionari nell'elaborazione, nell'attuazione e nella valutazione delle politiche dell'UE in un'ampia gamma di settori.

Les **experts en communication** jouent un rôle crucial pour établir des liens entre l'Union européenne et les citoyens.

Gli esperti di comunicazione svolgono un ruolo cruciale nella creazione di legami tra l'Unione europea e i cittadini.

Les **assistants en communication** apportent un soutien à diverses tâches, comme l'établissement et le maintien de contacts avec les médias et la mise en œuvre de campagnes de communication.

Gli assistenti di comunicazione forniscono supporto per vari compiti, come l'instaurazione e il mantenimento di contatti con i media e l'attuazione di campagne di comunicazione.

Les **assistants informatiques** soutiennent la mise en œuvre de projets informatiques en contribuant à la conception de solutions, à la rédaction de cahiers des charges et à la planification du budget et des ressources.

Gli assistenti informatici sostengono l'attuazione di progetti informatici contribuendo alla progettazione di soluzioni, alla stesura delle specifiche e alla pianificazione del bilancio e delle risorse.

Face à l'ampleur et à la complexité des défis actuels, l'UE doit de plus en plus s'appuyer sur des **experts** pour traiter de questions liées à l'environnement, à la santé, à l'alimentation, au numérique et d'autres enjeux mondiaux.

Data la portata e la complessità delle sfide attuali, l'UE deve sempre più contare su esperti per affrontare questioni ambientali, sanitarie, alimentari, digitali e altre questioni globali.

Des **professionnels expérimentés** et disposant de solides compétences dans divers domaines sont très recherchés.

Professionisti esperti con forti competenze in vari campi sono molto ricercati.

Grâce à leur expertise unique, les scientifiques, **chercheurs** et autres spécialistes apportent une contribution précieuse aux institutions et aux responsables politiques pour relever les défis scientifiques.

Con le loro competenze uniche, scienziati, ricercatori e altri specialisti danno un prezioso contributo alle istituzioni e ai responsabili politici per affrontare le sfide scientifiche.

Les **experts** sont souvent chargés d'élaborer des politiques et de nouvelles lois.

Gli esperti hanno spesso il compito di sviluppare politiche e nuove leggi.

Les **chargés des relations extérieures** coopèrent avec les services diplomatiques nationaux des États membres de l'UE et les différentes institutions de l'UE afin de contribuer à harmoniser l'action extérieure de l'Union européenne.

I funzionari delle relazioni esterne cooperano con i servizi diplomatici nazionali degli Stati membri dell'UE e con le varie istituzioni dell'UE al fine di contribuire ad armonizzare l'azione esterna dell'Unione europea.

Les **statisticiens** apportent une contribution essentielle à la prise de décision et à l'élaboration des futures politiques de l'UE.

Gli statistici forniscono un contributo essenziale al processo decisionale e alla definizione delle future politiche dell'UE.

Le multilinguisme est l'un des principes fondateurs de l'Union européenne et les **traducteurs**, **correcteurs**, juristes-linguistes et interprètes jouent un rôle fondamental à cet égard.

Il multilinguismo è uno dei principi fondanti dell'Unione europea e i traduttori, i correttori di bozze, i giuristi-linguisti e gli interpreti svolgono un ruolo fondamentale al riguardo.

Les **chauffeurs** ont notamment pour tâches de véhiculer des membres du personnel de l'UE, des fonctionnaires des États membres, des corps diplomatiques et d'autres personnalités à Bruxelles, Luxembourg et Strasbourg et dans d'autres lieux où se déroulent les activités et les réunions de l'UE.

I compiti dei conducenti comprendono il trasporto di personale dell'UE, funzionari degli Stati membri, corpo diplomatico e altre personalità a Bruxelles, Lussemburgo e Strasburgo e in altri luoghi in cui si svolgono attività e riunioni dell'UE.

Les **huissiers du Parlement européen** assistent généralement les **députés** et les autres personnalités lors des séances plénières de l'institution, des réunions des organes parlementaires et d'autres manifestations parlementaires.
Gli ufficiali giudiziari del Parlamento europeo di solito assistono deputati e altre personalità nelle sessioni plenarie dell'istituzione, nelle riunioni degli organi parlamentari e in altri eventi parlamentari.
Tu pourrais être notre prochain **ambassadeur** !
Potresti essere il nostro prossimo ambasciatore!
Il existe 3 catégories de **fonctionnaires permanents** de l'UE: les **administrateurs** (AD) , les **assistants** (AST) et les **secrétaires/commis** (AST/SC)
Esistono 3 categorie di funzionari permanenti dell'UE: amministratori (AD), Assistenti (AST) e Segretari/Clerks (AST/SC).
Les **agents contractuels** sont recrutés de deux manières différentes.
Gli agenti contrattuali sono assunti in due modi diversi.

Tableau 1a. E-Translation - Catégorie n°1.

Ensuite, la non-inclusivité résiste en langue d'arrivée car les noms de métiers épicènes[94] (garants d'inclusivité) en langue française ne le sont pas toujours symétriquement en italien. Dans ce cas, *eTranslation* a tendance à sélectionner le genre masculin en italien (même si ce dernier n'est pas morphologiquement indiqué en français, langue de départ).

---

94   Pour une définition de « mot épicène » : https://dictionnaire.lerobert.com/definition/epicene (consulté le 10 novembre 2023).

Les chauffeurs ont notamment pour tâches de véhiculer des membres du personnel de l'UE, **des fonctionnaires** des États membres, des corps diplomatiques et d'autres personnalités à Bruxelles, Luxembourg et Strasbourg et dans d'autres lieux où se déroulent les activités et les réunions de l'UE.

I compiti dei conducenti comprendono il trasporto di personale dell'UE, funzionari degli Stati membri, corpo diplomatico e altre personalità a Bruxelles, Lussemburgo e Strasburgo e in altri luoghi in cui si svolgono attività e riunioni dell'UE.

Le multilinguisme est l'un des principes fondateurs de l'Union européenne et les traducteurs, correcteurs, **juristes-linguistes et interprètes** jouent un rôle fondamental à cet égard.

Il multilinguismo è uno dei principi fondanti dell'Unione europea e i traduttori, i correttori di bozze, i giuristi-linguisti e gli interpreti svolgono un ruolo fondamentale al riguardo.

Les juristes-linguistes sont notamment chargés de suivre les procédures législatives tout au long du processus et d'agir en qualité de conseillers.

I giuristi-linguisti hanno la responsabilità di seguire le procedure legislative durante tutto il processo e di agire in qualità di consulenti.

Grâce à leur expertise unique, **les scientifiques**, chercheurs et **autres spécialistes** apportent une contribution précieuse aux institutions et **aux responsables politiques** pour relever les défis scientifiques.

Con le loro competenze uniche, scienziati, ricercatori e altri specialisti danno un prezioso contributo alle istituzioni e ai responsabili politici per affrontare le sfide scientifiche.

Tableau 1b. E-Translation - Catégorie n°1.

4.1.2 La production de contenus masculinisés au niveau morphosyntaxique

S'agissant de phrases appartenant à un genre de discours numérique en matière de travail destiné au grand public, la syntaxe adoptée est généralement linéaire et conforme aux exigences de clarté et de simplification des contenus associées désormais conventionnellement à la communication numérique. La masculinisation morphosyntaxique est, en effet, observable notamment au niveau de l'accord établi entre les noms de métiers et leurs attributs (adjectifs et verbes adjectivaux au participe passé), tout comme indiqué par le Tableau 2 ci-dessous.

La masculinisation morphosyntaxique
Les juristes-linguistes sont notamment chargés de suivre les procédures législatives tout au long du processus et d'agir en qualité de conseillers.
Les fonctionnaires européens contribuent à façonner des décisions qui bénéficient au grand public.
Les chargés de mission conseillent et aident **les hauts fonctionnaires** en matière de conception, de mise en œuvre et d'évaluation des politiques menées par l'UE dans un large éventail de domaines
Une carrière d'administrateur couvre les grades AD 5 à AD 16. AD 5 est le niveau d'entrée des **diplômés** universitaires. Les grades AD 15 et AD 16 sont réservés **aux directeurs généraux.**
Il existe 3 catégories de **fonctionnaires permanents** de l'UE: les administrateurs (AD) , les assistants (AST) et les secrétaires/commis (AST/SC)
Les agents contractuels sont recrutés de deux manières différentes: via la procédure CAST permanente ou une procédure de sélection ad hoc.

Tableau 2. Catégorie NI n°2.

En langue italienne (langue d'arrivée), *eTranslation* reproduit, encore une fois, des traductions, grammaticalement correctes, qui conservent les tendances NI indiquées par cette deuxième catégorie. En effet, la proximité morphosyntaxique entre les deux langues en traduction facilite la conservation littérale des traits morphologiques et syntaxiques du masculin générique s'avérant acceptables et compréhensibles également en italien, langue d'arrivée.

La masculinisation morphosyntaxique
Les fonctionnaires européens contribuent à façonner des décisions qui bénéficient au grand public. *I funzionari europei contribuiscono a plasmare le decisioni a beneficio del grande pubblico.*
Les chargés de mission conseillent et aident **les hauts fonctionnaires** en matière de conception, de mise en œuvre et d'évaluation des politiques menées par l'UE dans un large éventail de domaines. *I responsabili della missione consigliano e assistono alti funzionari nell'elaborazione, nell'attuazione e nella valutazione delle politiche dell'UE in un'ampia gamma di settori.*
Une carrière d'administrateur couvre les grades AD 5 à AD 16. AD 5 est le niveau d'entrée **des diplômés universitaires**. Les grades AD 15 et AD 16 sont réservés **aux directeurs généraux**. *Una carriera di amministratore copre i gradi da AD 5 a AD 16. Ad 5 è il livello di ingresso dei laureati. I gradi AD 15 e AD 16 sono riservati ai direttori generali.*
Il existe 3 catégories de **fonctionnaires permanents** de l'UE: les administrateurs (AD), les assistants (AST) et les secrétaires/commis (AST/SC). *Esistono 3 categorie di funzionari permanenti dell'UE: amministratori (AD), Assistenti (AST) e Segretari/Clerks (AST/SC).*
Les agents contractuels sont recrutés de deux manières différentes: via la procédure CAST permanente ou une procédure de sélection ad hoc. *Gli agenti contrattuali sono assunti in due modi diversi.*

Tableau 2a. e-Translation - Catégorie NI n°2.

Tout particulièrement, dans le tableau 2a, on peut observer que la masculinisation morphosyntaxique dans les phrases italiennes restituées par *eTranslation* est se retrouve non seulement au niveau de l'accord en genre et en nombre établi entre les noms de métiers et leurs attributs (adjectifs et verbes adjectivaux au participe passé), mais aussi au niveau des déterminants (*gli, i, dei, ai*) qui en italien sont sélectionnés par ce moteur neuronal dans leur forme (dominante) masculine, au pluriel. En fait, il existerait également les variantes correspondantes pour le genre féminin (*le, alle, delle, alle*), alors qu'en français, ce n'est pas le cas, car *les, des et aux* n'indiquent pas d'appartenance morphologique à un genre masculin ou féminin.

4.1.3 L'emploi des doublets pour les substantifs, les adjectifs et les pronoms personnels à la troisième personne

En ce qui concerne l'emploi des doublets, on peut remarquer qu'il s'agit d'une stratégie discursive NI adoptée par *EPSO* de manière plus régulière, notamment dans les paragraphes qui témoignent d'une visée plus ouvertement interactive. Dans le tableau 3, les doublets sont mis en relief en gras alors que la visée interactive (signalée par les tutoiement et vouvoiement adoptés de la part de l'instance énonciative) est indiquée en italique.

L'emploi des doublets
Pour être **engagé(e)** à un poste d'**administrateur/-trice**, *vous devez* être titulaire d'un diplôme dans un domaine en rapport avec la nature des fonctions.
Pour être **engagé(e)** à un poste d'**assistant(e)**, *vous devez* posséder un diplôme de l'enseignement supérieur dans un domaine approprié et plusieurs années d'expérience professionnelle en rapport avec la fonction.
Tu es **étudiant(e)** universitaire *et tu souhaites* acquérir une expérience professionnelle et nouer des contacts?
Tu es **ouvert(e), motivé(e)** et enthousiaste à l'égard de l'UE?
[Description du rôle] Être **actif/-ve** sur le web et les réseaux sociaux.

Tableau 3. Catégorie NI n°3.

Contrairement aux deux catégories précédentes, l'emploi des doublets (catégorie n°3) n'apparaît que dans une seule phrase traduite en italien, comme on peut le voir dans les exemples suivants au tableau 3a, et ce, probablement en raison d'une divergence qui concerne l'adoption de cette pratique rédactionnelle, plus utilisée en français qu'en l'italien institutionnel.

L'emploi des doublets
Pour être **engagé(e)** à un poste d'**administrateur/-trice**, *vous devez* être titulaire d'un diplôme dans un domaine en rapport avec la nature des fonctions. *Per essere impiegato come **amministratore**, è necessario possedere una laurea in un campo relativo alla natura delle funzioni.*
Pour être **engagé(e)** à un poste d'**assistant(e)**, *vous devez* posséder un diplôme de l'enseignement supérieur dans un domaine approprié et plusieurs années d'expérience professionnelle en rapport avec la fonction. *Per essere impiegato come **assistente**, è necessario avere un diploma di istruzione superiore in un campo appropriato e diversi anni di esperienza professionale relativa alla posizione.*
Tu es **étudiant(e)** universitaire *et tu souhaites* acquérir une expérience professionnelle et nouer des contacts? *Sei uno studente universitario e vuoi acquisire esperienza professionale e stabilire contatti?*
Tu es **ouvert(e)**, **motivé(e)** et enthousiaste à l'égard de l'UE? *Sei aperto, motivato ed entusiasta dell'UE?*
[Description du rôle] Être **actif/-ve** sur le web et les réseaux sociaux. *Sii attivo/**va** sul web e sui social network.*

Tableau 3a. e-Translation - Catégorie NI n°3.

Compte-tenu des tendances NI observées au sein des prestations d'*eTranslation*, dans la section suivante nous montrerons l'intérêt lié aux stratégies de reformulation proposées par E-MIMIC qui pourrait être adopté comme un outil d'aide à la post-édition semi-automatisée afin de minimiser l'impact de ces tendances NI dans les différentes langues officielles de l'UE.

Capítulo 8
Traduction neuronale français-italien en contexte institutionnel:
outils et stratégies au service d'une traduction inclusive   301

4.2 E-Mimic et la post-édition de l'inclusivité

Le projet *Empowering Multilingual Inclusive comMunICation* (E-MI-MIC) vise à répondre à une lacune spécifique observée un premier lieu dans le langage administratif italien dans lequel le masculin « neutre » ou « non marqué » l'emporterait (Sabatini, 1993) sur des formes plus inclusives. L'outil E-MIMIC, qui sera décrit de manière plus détaillée au paragraphe 4, a donc été conçu comme un outil de détection et de reformulation d'emplois discursifs discriminatoires. L'entraînement neuronal qui est à la base de cet outil est fondé sur l'apprentissage automatique en amont de critères linguistiques et discursifs ayant été défini dans un premier temps pour leur application au langage administratif et institutionnel italien, et ensuite français.

Il s'agit donc d'une application d'apprentissage profond capable de reformuler des textes institutionnels non inclusifs dans un langage institutionnel inclusif en corrigeant des cas de discrimination variés : de genre, de barrières linguistico-visuelles, de perception ou bien de critères liés à l'âge. Cette application s'adresse en premier lieu aux administrations publiques de divers pays de langues romanes en tant que support à une rédaction inclusive (Raus *et al.,* 2022). Le paradigme novateur du projet E-MIMIC est témoigné par le fait que cet outil s'appuie sur des critères élaborés à partir des langues romanes, l'italien d'abord et le français ensuite, sans recourir à l'anglais, dont l'utilisation est majoritaire dans les technologies linguistiques d'apprentissage profond.

Les principes de fonctionnement de E-MIMIC appliqués à la langue italienne nous permettent de montrer que les stratégies de reformulation intralinguistique opérées par ce système pour corriger les emplois discursifs discriminatoires peuvent être conçues comme des stratégies d'aide à la post-édition qui pourraient s'avérer applicables afin de produire des discours institutionnels multilingues (dans le contexte d'EP-SO) plus respectueux de l'inclusion.

Dans ce paragraphe on montrera, plus précisément, trois stratégies de reformulation intralinguistique en italien qui sont adoptées par

E-MIMIC pour rendre inclusives certaines phrases en italien relevant des discours EPSO. Il s'agit des trois stratégies suivantes :

1) la reformulation à l'aide du substantif « persona » à la place d'un nom de métier au masculin générique (*cf.* tableau 4) :

Gli agenti contrattuali sono assunti in due modi diversi: attraverso la procedura CAST permanente o una procedura di selezione ad hoc.   *Le persone assunte come agente contrattuale sono assunte in due modi diversi: attraverso la procedura CAST permanente o una procedura di selezione ad hoc.*
Gli esperti hanno spesso il compito di sviluppare politiche e nuove leggi.   *Le persone esperte hanno spesso il compito di sviluppare politiche e nuove leggi.*
Se **il candidato** ha un livello di formazione corrispondente a un corso universitario completato di soli tre anni, deve anche aver successivamente acquisito un'esperienza professionale pertinente di almeno un anno.   *Se la persona candidata ha un livello di formazione corrispondente a un corso universitario completato di soli tre anni, deve anche aver successivamente acquisito un'esperienza professionale pertinente di almeno un anno.*
Precedentemente, i concorsi si concentreranno maggiormente sulle qualifiche dei candidati e su una serie di prove scritte   *Precedentemente, i concorsi si concentreranno maggiormente sulle qualifiche delle persone candidate e su una serie di prove scritte.*
Al termine del concorso, la commissione giudicatrice redige l'elenco di riserva contenente i nomi **dei candidati prescelti**.   *Al termine del concorso, la commissione giudicatrice redige l'elenco di riserva contenente i nomi delle persone candidate prescelte.*

Tableau 4. Persona.

2) la référence au domaine d'expertise à la place du nom de métier (*cf.* tableau 5) :

Con le loro competenze uniche, **scienziati, ricercatori** e **altri specialisti*** danno un prezioso contributo alle istituzioni e ai responsabili politici per affrontare le sfide scientifiche.

*Con le loro competenze uniche, **la scienza, la ricerca** e **altre figure specializzate*** danno un prezioso contributo alle istituzioni e ai responsabili politici per affrontare le sfide scientifiche.*

I funzionari delle relazioni esterne cooperano con i servizi diplomatici nazionali degli Stati membri dell'UE e con le varie istituzioni dell'UE al fine di contribuire ad armonizzare l'azione esterna dell'Unione europea.

*Le **relazioni esterne** cooperano con i servizi diplomatici nazionali degli stati membri dell'UE e con le varie istituzioni dell'UE al fine di contribuire ad armonizzare l'azione esterna dell'Unione europea.*

Gli specialisti delle relazioni esterne contribuiscono alla promozione e alla tutela degli interessi e dei valori dell'UE nelle relazioni con i paesi terzi e le organizzazioni intergovernative.

*Le **relazioni esterne** contribuiscono alla promozione e alla tutela degli interessi e dei valori dell'UE nelle relazioni con i paesi terzi e le organizzazioni intergovernative.*

Gli statistici forniscono un contributo essenziale al processo decisionale e alla definizione delle future politiche dell'UE.

*Le **scienze statistiche** forniscono un contributo essenziale al processo decisionale e alla definizione delle future politiche dell'UE.*

Tableau 5. Domaine d'expertise.

3) la reformulation syntaxique de la phrase (*cf.* tableau 6), non seulement du syntagme qui contient le nom de métier :

Gli assistenti informatici sostengono l'attuazione di progetti informatici contribuendo alla progettazione di soluzioni, alla stesura delle specifiche e alla pianificazione del bilancio e delle risorse.

L'attuazione di progetti informatici contribuisce alla progettazione di soluzioni, alla stesura delle specifiche e alla pianificazione del bilancio e delle risorse.

Per candidarsi, è necessario **essere cittadini** dell'Unione europea e almeno tre lingue ufficiali dell'Unione europea.   *Per candidarsi, è necessario **possedere la cittadinanza** dell'Unione europea e almeno tre lingue ufficiali dell'Unione europea.*
I **candidati** per un tirocinio devono essere in possesso di una laurea.   *Chi si **candida** per un tirocinio deve essere in possesso di una laurea.*
Gli assistenti di comunicazione forniscono supporto per vari compiti, come l'instaurazione e il mantenimento di contatti con i media e l'attuazione di campagne di comunicazione.   ***L'assistente di comunicazione* fornisce** *supporto per vari compiti, come l'instaurazione e il mantenimento di contatti con i media e l'attuazione di campagne di comunicazione.*

Tableau 6. Reformulation phrastique.

Après avoir montré l'apport qualitatif issu d'E-MIMIC en phase de post-édition, nous émettons l'hypothèse (qui sera vérifiée au paragraphe 4) que ces stratégies de reformulation opérées par E-MIMIC peuvent constituer également des stratégies de pré-édition des textes à traduire. Cela permettrait à *eTranslation* de produire des traductions plus inclusives par rapport aux prestations traductives fournies par le moteur de l'UE en l'absence de ce type de pré-édition ciblée.

5 LES STRATÉGIES DE PRÉ-ÉDITION : L'APPORT DE E-MIMIC

À la lumière de l'expérience menée sur un outil conçu *ad hoc* dans le cadre d'une collaboration avec des ingénieurs rattachés à l'École Polytechnique de Turin et avec l'Université de Bologne, nous avons entamé un parcours heuristique de modélisation du dispositif amplement reconductible à une campagne réfléchie d'annotation des données dont nous allons rendre compte à l'aide d'exemples représentatifs de l'intervention apportée par l'annotateur humain. La prédiction de l'outil E-MIMIC est en effet le fruit d'une double tâche, à savoir de la tâche d'annotation et de celle de reformulation, dont nous nous efforcerons d'expliquer la différence dans la perspective de mieux faire comprendre l'importance du rôle de l'annotateur par rapport à celui de l'expert en pré-édition. Ensuite, nous présenterons le résultat de la traduction de l'italien vers le français de *e-Translation* avec pour point de départ un texte source préalablement reformulé de façon inclusive par l'outil E-MIMIC.

5.1 Un aperçu de la pré-édition

Globalement, selon la littérature que nous détaillons ci-dessous, l'expert en pré-édition a des compétences linguistiques différentes de celles de l'annotateur. La pré-édition prévoit, en effet, la réécriture de parties du texte source (TS) de façon à assurer une meilleure qualité de la sortie lorsque les textes sont traduits par la machine. Le rôle de l'expert en pré-édition s'intègre physiologiquement et progressivement dans l'avancement de la production de textes, le texte ainsi modifié étant destiné à la publication et donc à la réception humaine. Cette tâche peut comporter l'application d'une série de règles formelles, parfois appelées règles linguistiques surveillées qui cernent les mots et les structures spécifiques autorisés ou plutôt interdits dans un texte (*cf.* O'Brien, 2003). Elle peut comprendre une courte liste de simples « corrections » appliquées à un texte comme la correction d'erreurs orthographiques ou l'établissement de signes de ponctuation standard en sont des exemples représentatifs. En fonction du contexte, la pré-édition peut entraîner les deux sous-tâches. De toute façon, son objectif principal vise à améliorer la possibilité d'obtenir un texte cible (TC) de meilleure qualité lorsque le TS est traduit automatiquement. La pré-édition est donc vivement recommandée dans les flux de travail de la traduction multilingue. L'apparition de la TAN (*Neural Machine Translation* (NMT) en anglais, a notamment conduit à la remodélisation de l'utilité des conseils en matière de pré-édition et d'écriture supervisée (voir Marzouk, Hansen-Schirra, 2019). Cependant, il est notoire que la pré-édition a apporté une contribution notable au développement de la traduction automatique tout en assurant un franc succès à cette technologie. Une bonne connaissance de la traduction automatique a permis de cerner à l'avance les aspects de la langue ou bien ceux du TS qui auraient fort probablement engendré des erreurs dans les traductions produites par un système donné de traduction automatique, qu'il soit basé sur des règles ou sur un modèle statistique. Cependant, puisque l'un des traits qui caractérisent la TAN réside dans l'absence d'erreurs systématiques, il peut s'avérer difficile de faire des prédictions certaines du type d'erreur qui pourrait se produire et donc, toute tentative de prévenir des erreurs spécifiques peut paraître inopportune. L'amélioration considérable en termes de fluidité et de correction des traductions obtenues grâce à la TAN pourrait également suggérer que les mesures adoptées pour améliorer la sortie sont superflues. Autrement dit, dans le cadre de la TAN, il semblerait que la tâche de pré-édition ne soit plus à priori indispensable. Il n'en demeure pas moins vrai que les progrès de la traduction automatique n'amenuisent pas les avantages de l'activité de pré-édition. Cependant, si certaines approches traditionnelles de pré-édition pourraient ne plus être capitales, d'autres deviennent essentielles et ce, lorsque la tâche de la pré-édition est incluse dans un pipeline de traduction pour laquelle une intervention de post-édition n'est pas envisagée (O'Brien, 2022). Cela correspond à notre cas de figure, car l'outil de traduction automatique *eTranslation* ne prévoit aucune intervention en post-édition.

5.2 La prédiction de E-MIMIC à la confluence de l'annotation et de la pré-édition

Nous soulignons que le choix de miser sur la pré-édition et notamment sur l'annotation est, comme le précise Raus (2024) :

> une prise de décision plutôt rare dans le panorama de l'industrie linguistique s'appuyant sur des algorithmes d'IA au vu du fait que la post-édition est à priori privilégiée. La post-édition pour la plupart automatisée ou semi-automatisée serait choisie en fonction de l'amélioration de la qualité du texte traduit qu'elle est

Capítulo 8
Traduction neuronale français-italien en contexte institutionnel :
outils et stratégies au service d'une traduction inclusive   307

censée apporter (O'Brien *et al.*, 2018 ; Monti, 2019 : 13). Néanmoins, il s'agirait d'un choix qui ne se révèle pas toujours efficace (Toral, 2019)[95]

Or, l'expert en pré-édition qui travaille en traduction assistée par ordinateur n'intervient pas sur le modèle, puisqu'il œuvre en dehors du modèle pour améliorer les données. La campagne d'annotation, telle qu'elle a été conçue pour entraîner et spécialiser en amont le modèle de reformulation BARTHez[96] à la base du dispositif E-MIMIC s'est appuyée aussi bien sur une batterie d'étiquettes que sur la reformulation qui est une tâche de transformation orientée à la réécriture de segments de texte. Le jeu d'étiquettes a été sélectionné dans l'optique de corriger les déséquilibres en matière d'inclusivité et les catégories qui ont fait l'objet de l'annotation de E-MIMIC sont essentiellement de type morphosyntaxique, sémantique, pragmatique. Il est donc indéniable que l'annotateur, qui jusque-là s'occupait uniquement d'intervenir en phase de préparation des corpus monolingues ou parallèles, accomplit dès lors des tâches d'interprétation et de conceptualisation de solutions face à des observables non inclusifs. Ces derniers sont par la suite reformulés comme s'il s'agissait d'une traduction intralinguistique, en l'occurrence de l'italien d'Italie vers l'italien relevant de la même variante diatopique, du français de France vers la même expression linguistique et en espagnol d'Espagne. L'annotation est donc une interpolation de métadonnées alors que la reformulation intralinguistique porte sur la reformulation du texte administratif comme traduction intralinguistique, à l'instar

---

[95]   Notre traduction.

[96]   BARThez, basé sur BART, a été pré-entraîné sur un très grand corpus monolingue français. Contrairement aux modèles de langue française déjà existants basés sur BERT, tels que CamemBERT (MARTIN *et al.*, 2019) et FlauBERT (LE *et al.*, 2019), BARThez semble bien s'adapter aux tâches génératives. Il a été évalué sur des tâches d'analyse de sentiments, d'identification de paraphrases et des tâches d'inférence du langage naturel (EDDINE, TIXIER, VAZIRGIANNIS, 2020).

d'une traduction interlinguistique. Dans la traduction intralinguistique, le système linguistique doit être reformulé pour être interprété. Il faut donc recourir à la synonymie, qui n'est pas une équivalence absolue, ou bien à des tournures périphrastiques. En l'occurrence, nous avons introduit un protocole de consignes et d'instructions de solutions envisageables pour reformuler en perspective inclusive.

Les résultats de la prédiction de E-MIMIC sont donc le fruit d'une campagne d'annotation[97] et d'une campagne de pré-édition au sein de laquelle nous intégrons la reformulation intralinguistique. Dans celle-ci, réside l'hypothèse centrale de notre travail qui se fonde sur une interprétation des signes verbaux au moyen d'autres signes de la même langue, à l'instar des mécanismes de la traduction interlinguistique dont l'IA ne change pas les procédures.

5.3 Des exemples de reformulation intralinguistique qui parviennent à corriger la pré-édition de eTranslation avec une approche interlinguistique

Notre propos est de démontrer qu'une pré-édition efficace peut sensiblement améliorer les résultats de sortie d'un traducteur automatique comme *eTranslation* qui ne bénéficie pas d'une post-édition. Nous présentons une étude qualitative sur la base d'un échantillon d'énoncés formulés sans tenir compte des critères de l'écriture inclusive. Nous avons eu recours à des phrases en italien issues des discours EPSO qui ont bénéficié de la reformulation intralinguistique adoptée par E-MIMIC pour qu'elles soient plus inclusives. Cet exemple a été illustré au paragraphe 3.2 dans le but d'éclairer les stratégies de prédiction de E-MIMIC suite à la campagne d'annotation et de reformulation que nous avons menée en italien et avec une approche intralinguistique. Nous avons soumis

---

[97]   Pour une plus ample illustration sur la campagne d'annotation conduite sur le dispositif E-MIMIC, nous renvoyons à la contribution TONTI (2024).

ces énoncés au traducteur automatique *eTranslation* afin qu'ils soient traduits en français. Nous souhaitions ainsi mesurer l'apport de la prédiction E-MIMIC à la réussite de la pré-édition de textes à traduire dans une perspective interlinguistique inclusive.

Dans ce paragraphe nous montrerons, plus précisément, deux stratégies de reformulation intralinguistique en italien qui sont adoptées par E-MIMIC pour rendre inclusives certaines phrases en italien relevant des discours EPSO et qui ont été correctement élaborées en traduction de l'italien vers le français. Il s'agit des stratégies suivantes :

1) Stratégie de la reformulation ayant recours à un <u>nom de propriété et d'état</u>

Per candidarsi, è necessario essere cittadini dell'Unione europea e avere almeno tre lingue ufficiali dell'Unione europea.
Per candidarsi, è necessario possedere la cittadinanza dell'unione europea e almeno tre lingue ufficiali dell'unione europea.
Pour postuler, vous devez avoir la citoyenneté de l'Union européenne et au moins trois langues officielles de l'Union européenne.

Tableau 7. Reformulation à l'aide d'un nom de propriété et d'état

L'actant non inclusif « cittadini » a été remplacé et reformulé à l'aide du nom de propriété et d'état (Riegel *et al.,* 2009) « cittadinanza », à savoir « citoyenneté » nom qui désigne un ensemble d'éléments et, dans les cas qui nous intéressent en rédaction épicène, un ensemble de personnes appartenant à cette catégorie. Le nom « citoyenneté » s'interprète comme un regroupement catégoriel formant une entité homogène. L'emploi de ces noms permet, entre autres, d'obtenir un texte plus court, varié et inclusif. *eTranslation* a correctement traduit à partir de la reformulation de E-MIMIC proposée en phase de pré-édition et donc de transformation de segments du texte afin d'assurer une meilleure traduction dont la qualité, en l'occurrence, se mesure dans le passage d'une langue à l'autre.

2) Stratégie de la reformulation ayant recours à un <u>nom collectif</u>

Al termine del concorso, i commissari redigono l'elenco di riserva contenente i nomi dei candidati prescelti.
Al termine del concorso, la commissione giudicatrice redige l'elenco di riserva contenente i nomi delle persone candidate prescelte.
À la fin du concours, le jury établit la liste de réserve contenant les noms des lauréats.

Tableau 8. Reformulation à l'aide d'un nom collectif

L'actant non inclusif « i commissari » est remplacé par le nom collectif « le jury » alors que la solution de reformulation proposée par E-MIMIC, à savoir « delle persone candidate prescelte » ne rencontre pas de solution traductive heureuse dans le passage vers le français car *eTranslation* ne parvient pas à traduire à partir de la suggestion donnée. Le masculin générique des « lauréats » est tout à fait cohérent du point de vue sémantique mais il ne l'est guère du point de vue des pratiques inclusives. Selon les principes de neutralité du langage du point de vue du genre et de langage inclusif – les discours que nous analysons relèvent de l'Office européen de sélection du personnel (EPSO)[98] – le masculin dit « générique » est tout à fait discriminatoire et implique que des stratégies soient recherchées et recommandées dans le langage administratif ; nous allons aborder les problèmes qui persistent dans le rendu traductif de *eTranslation* dont la solution non inclusive « lauréats » est un clair exemple.

5.4 Des exemples de reformulation intralinguistique qui ne parviennent pas à corriger la pré-édition de *eTranslation*

Dans cette section, nous proposons un éventail d'exemples qui n'ont pas été travaillés correctement par le traducteur automatique *eTranslation*, et nous essayerons de formuler des hypothèses à cet égard.

---

98   Sa mission, nous le rappelons est de fournir des procédures de qualité élevée pour la sélection du personnel des institutions, organes et agences de l'UE.

Se il candidato ha un livello di formazione corrispondente a un corso universitario completato di soli tre anni, deve anche aver successivamente acquisito un'esperienza professionale pertinente di almeno un anno.
Se la persona candidata ha un livello di formazione corrispondente a un corso universitario completato di soli tre anni, deve anche aver successivamente acquisito un'esperienza professionale pertinente di almeno un anno.
Si le candidat a un niveau de formation correspondant à un cycle universitaire complet de trois ans seulement, il doit également avoir acquis par la suite une expérience professionnelle pertinente d'au moins un an.

Tableau 9 Exemple de reformulation non recevable par *eTranslation* à l'aide de la tournure périphrastique avec « persona » > « personne »

Au vu de cet échantillon de résultats, il ressort qu'à l'aide des réglages utilisés, une intervention de pré-édition n'est pas prise en compte. Il s'agit d'une observation remarquable car les lignes directrices multilingues *Usage d'un langage neutre du point de vue du genre au Parlement européen* dans leur version mise à jour en 2018 précisent que les avis de vacances devraient être rédigés dans un langage inclusif du point de vue du genre, de manière à encourager à la fois les hommes et les femmes à poser leur candidature (Groupe de Haut Niveau sur l'égalité des genres et la diversité 2018 : 8).

Or, l'introduction du substantif « personne » avec conversion du nom de métier ou du nom de personne en adjectif que nous avons introduit est irrecevable par *eTranslation*, pourtant, parmi les techniques rédactionnelles suggérées par les lignes directrices figure, entre autres, l'emploi de formes non marquées comme le substantif « personne », l'exemple fourni *ad hoc* est le suivant : - (NI) Le candidat qualifié pour le poste recevra une convocation > - (I) La personne apte à remplir le poste recevra une convocation (Groupe de Haut Niveau sur l'égalité des genres et la diversité 2018 : 2). Par ailleurs, cette solution semble la plus logique et cohérente du point de vue dictionnairique aussi, d'après les définitions respectivement du CNRTL : « personne » désigne aussi bien l'individu de l'espèce humaine sans distinction de sexe que l'individu en tant qu'exerçant une fonction selon le Larousse.

Il personale temporaneo occupa posti che richiedono diversi tipi di qualifiche e specializzazioni e possono essere sia posti di assistente che di livello superiore.
Les agents temporaires occupent des postes nécessitant différents types de qualifications et de spécialisations et peuvent occuper à la fois des postes d'assistant et des postes de rang supérieur.

Tableau 10 Exemple de reformulation non recevable par **eTranslation** *à l'aide de la tournure périphrastique avec « il personale » > « le personnel »*

Un autre exemple de reformulation intralinguistique appliquée à notre pré-édition de *eTranslation* est représenté par le nom collectif « il personale temporaneo » à savoir « le personnel » en tant qu'ensemble des personnes employées dans un service. Cette solution est également préconisée par les lignes directrices du Groupe de Haut Niveau sur l'égalité des genres et la diversité (2018 : 11) car la référence à un collectif d'individus permet de ne pas occulter l'un des sexes et nous rapportons l'exemple retenu par les lignes directrices du Groupe : - (NI) Les infirmières se tiennent à la disposition de la population > - (I) Le personnel infirmier se tient à la disposition de la population.

La sortie de *eTranslation* privilégie le masculin générique proposant « les agents temporaires », la préconisation des *Lignes directrices* d'utiliser un langage non-sexiste en français qui ne consiste pas tant en une neutralisation des termes qu'en un souci d'accorder une visibilité égale à tous les genres est complètement ignorée par le moteur de traduction automatique adopté par l'UE. Il s'impose de rappeler qu'il s'agit de l'outil officiellement choisi pour traduire les documents de l'UE. Néanmoins, il faut préciser que « agent temporaire » ne répond pas aux critères d'écriture inclusive mais il répond à un critère de précision (personne employée par un service public ou une entreprise privée, servant d'intermédiaire entre la direction et les usagers).

Du point de vue computationnel, la réponse aux solutions offertes par le traducteur automatique réside dans l'usage privilégié d'un corpus qui ignore complètement les pratiques inclusives et que l'on peut remarquer dans le matériel utilisé au préalable pour l'entraînement du programme. Les solutions inclusives proposées apparaissent visiblement méconnues et donc trop faiblement représentées au niveau statistique pour que le moteur puisse les sélectionner.

Lors d'une analyse comparative entre les traductions non inclusives proposées par *eTranslation* présentées au §4 et les traductions inclusives issues de la post-traduction de E-MIMIC, nous retenons que pour impacter efficacement, il faut intervenir avec un volume de données bien plus ample afin de pouvoir dépasser l'usage déferlant du masculin générique. Néanmoins, si une poignée de solutions comme celles proposées respectivement dans le Tableau 7. « Reformulation à l'aide d'un nom de propriété et d'état » et dans le Tableau 8. « Reformulation à l'aide d'un nom collectif » ont des bénéfices dans la chaîne composée de E-MIMIC, de la pré-édition du texte et de sa traduction par *eTranslation*, des solutions plus efficaces sont à envisager.

6 CONCLUSIONS ET PERSPECTIVES

Avec notre dispositif E-MIMIC nous intervenons sur la TAN intralinguistique, mais nos exemples montrent l'applicabilité de cette approche de pré-édition dans un cadre opérationnel interlinguistique qui pourrait être intégré dans *eTranslation* pour améliorer les prestations de cette dernière. Certes, les résultats peu satisfaisants constatés jusqu'à présent sont reconductibles à une seule raison, le pré-entraînement du programme *eTranslation* repose sur un corpus qui n'est guère inclusif. Il serait néanmoins possible d'envisager une perspective d'amélioration pour *eTranslation* sur la base d'E-MIMIC grâce à une intervention d'injection directe de listes de correspondance à l'intérieur de *eTranslation*, perspective de recherche à creuser dans notre publication à venir.

7 RÉFÉRENCES BIBLIOGRAPHIQUES

ALPHERATZ, M., « Français inclusif : conceptualisation et analyse linguistique ». *SHS Web of Conferences* 46, 2018a

ALPHERATZ, M. *Grammaire du français inclusif.* Villedieu-sur-Indre : Éditions Vent solars, 2018b.

ALPHERATZ, M. « Français inclusif : du discours à la langue ? » *Le Discours et la Langue Revue de linguistique française et d'analyse du discours* 111, 2019, 53-74.

ATTANASIO, G., GRECO, S., LA QUATRA, M., CAGLIERO, L., TONTI, M., CERQUITELLI, T., RAUS, R., « E-MIMIC : Empowering Multilingual Inclusive Communication » dans IEEE International Conference on Big Data (Big Data), [en ligne], 2021. < https://ieeexplore.ieee.org/document/9671868>. [Consulté : 12/09/2023].

BECQUER, A., CERQUIGLINI, B., CHOLEWKA, N., *Femme, j'écris ton nom... Guide d'aide à la féminisation des noms de métiers.* La Documentation française, Paris, 1999.

BIGLER, R. S., CAMPBELL L. « Gendered language: Psychological principles, evolving practices, and inclusive policies ». *Policy Insights from the Behavioral and Brain Sciences* 2 (1), 2015, 187-194.

BRICK, N., WILKS C. « Les partis politiques et la féminisation des noms de métier ». *Journal of French Language Studies* 12.1, 2002, 43-53.

BUVET, P-Λ. « Les noms de métier : diversité, non fixité et invariance ». *Lexicologie (s): approches croisées en sémantique lexicale*, 2018.

CASTILHO, S., Caro Quintana, R., STASIMIOTI, M., and SOSONI, V. *Proceedings of the New Trends in Translation and Technology Conference* - NeTTT 2022. 4-6 July, 2022, Rhodes Island, Greece.

COADY, A. « La construction discursive du masculin générique : une analyse historique ». *EFiGiES ateliers.* 2015.

Codice di stile delle comunicazioni scritte ad uso delle amministrazioni pubbliche, Dipartimento per la Funzione Pubblica della Presidenza del Consiglio dei Ministri, Roma, 1993.

4e Conférence mondiale sur les femmes (4-15 septembre 1995), <www.un.org/fr/conferences/women/beijing1995>. [Consulté : 12/09/2023].

Capítulo 8
Traduction neuronale français–italien en contexte institutionnel:
outils et stratégies au service d'une traduction inclusive   315

Conseil de l'Union européenne, *La Communication inclusive au SCG*, [en ligne], (2018), https://www.consilium.europa.eu/media/35450/fr_brochure-inclusive-communication-in-thegsc.pdf. [Consulté : 12/09/2023].

COSERIU, E., Sincronía, diacronía e historia. El problema del cambio lingüístico. Madrid: Gredos, [1957] 1988.

DE COSTER, M., SHTERIONOV, D., VAN HERREWEGHE, M. et DAMBRE, J., « Machine translation from signed to spoken languages: state of the art and challenges ». Univ Access Inf Soc, 2023.

DEL REY QUESADA, S. « The analysis of linguistic variation in Translation Studies. A proposal for classifying translational phenomena between source text and target text ». *Hikma: Estudios de Traducción* 19 (1), 2020, 209-237.

Direttiva PCM 27 mars 1997, <https://www.gazzettaufficiale.it/atto/serie_generale/caricaDettaglioAtto/originario?atto.dataPubblicazione-Gazzetta=1997-05-21&atto.codiceRedazionale=097A3877>. [Consulté : 12/09/2023].

Direttiva 2006/54/CE <https://eur-lex.europa.eu/legal-content/IT/LSU/?uri=CELEX%3A32006L0054>. [Consulté : 12/09/2023].

DISTER, A. « La féminisation des noms de métier, fonction, grade ou titre en Belgique francophone. État des lieux dans un corpus de presse ». *JADT. 7es Journées internationales d'Analyse statistique des Données Textuelles*, 2004.

GADET, F. « La variation de tous les français », *Linx* (57), 2007, 155-164.

GADET, F. « Variatio delectat : variation et dialinguistique », *Langage et société* N° 160-161 (2), 2017,75-91.

GADET, F. « Variation ». *Langage et société* Hors-série (HS1), 2017, 331-336.

GASPARI, F., GALLAGHER, O., REHM, G., GIAGKOU, M., PIPERIDIS, S., DUNNE, J., WAY, A. « Introducing the Digital Language Equality Metric: Technological Factors ». In Itziar Aldabe, *et al.*, (Eds), *Proceedings of the Workshop Towards Digital Language Equality* (TDLE 2022; co-located with LREC 2022), Marseille, France.

RAMÍREZ-SÁNCHEZ. G., « Custom machine translation » dans Dorothy Kenny (Ed.), *Machine translation for everyone: Empowering users in the age of artificial intelligence,* 2022, Berlin : Language Science Press, pp. 165–186.

Groupe de Haut Niveau sur l'égalité des genres et la diversité. *Usage d'un langage neutre du point de vue du genre au Parlement européen*, (2018), <https://

www.europarl.europa.eu/cmsdata/187098/GNL_Guidelines_FR-original. pdf>. [Consulté : 12/09/2023].

WISNIEWSKI, G. ZHU, L., BALLIER, N., YVON, F., « Biais de genre dans un système de traduction automatique neuronale : une étude préliminaire ». *Traitement Automatique des Langues Naturelles*, 2021, 11-25.

EDDINE, M.K, TIXIER A., VAZIRGIANNIS, M., « BARThez: a Skilled Pretrained French Sequence-to-Sequence Model » [en ligne], (2020), < https://arxiv. org/pdf/2010.12321v1.pdf>. [Consulté : 12/09/2023].

JAKIELA, P. OZIER. O., « Gendered Language », *SSRN Electronic Journal*, 2020.

LABOV, W., *Sociolinguistic patterns,* Philadelphia: University of Pennsylvania Press, 1972.

LE, H., VIAL, L., FREJ, J., SEGONNE, V., COAVOUX, M., LECOU-TEUX, B., ALLAUZEN, A., CRABBÉ, B., BESACIER, J., SCHWAB, D., « FlauBERT: Unsupervised Language Model Pre-training for French » [en ligne], (2019), <https://arxiv.org/abs/1912.05372>. [Consulté : 12/09/2023].

LENOBLE-PINSON, M., « Chercheuse ? chercheur ? chercheure ? Mettre au féminin les noms de métier et les titres de fonction ». *Revue belge de philologie et d'histoire* 84.3, 2006, 637-652.

LENOBLE-PINSON, M., « Mettre au féminin les noms de métier : résistances culturelles et sociolinguistiques ». *Le français aujourd'hui* 4, 2008, 73-79.

LÉVY, J.-D., LANCREY-JAVAL, G., HAUSTER, M. *L'écriture inclusive*. Mots-Clefs, 2017.

LUCCIOLI, A., *Stereotipi di genere e traduzione automatica dall'inglese all'italiano: uno studio di caso sul femminile nelle professioni*. Mémoire de maitrise, *Alma Mater Studiorum–Università di Bologna,* 2019.

MARTIN, L., MULLER, B., ORTIZ SUAREZ, P., DUPONT, Y., ROMARY, L., VILLE-MONTE DE LA CLERGERIE, É., SEDDAH, D. SAGOT, B., « CamemBERT : a Tasty French Language Model » [en ligne], (2019), <https://arxiv.org/abs/1911.03894>. [Consulté : 12/09/2023].

MARZI, E., « La traduction automatique neuronale et les biais de genre : le cas des noms de métiers entre l'italien et le français ». *Synergies Italie*, 17, 2021, 19-36.

MARZOUK, S., HANSEN-SCHIRRA, S., « Evaluation of the impact of controlled language on neural machine translation compared to other MT architectures », *Machine Translation,* 33, 2019, 179-203.

MICHEL, L., « Le 'masculin culturel', un pied de nez au 'masculin générique' ». *Genre et sciences du langage : Enjeux et perspectives,* 2017, 59-77.

MONTI, J., *Dalla Zairja alla traduzione automatica. Riflessioni sulla traduzione nell'era digitale,* Naples : Paolo Loffredo, 2019.

NGONI, V. *English–Bukusu Automatic Machine Translation for Digital Services Inclusion in E-governance.* 2022. PhD Thesis. University of Nairobi.

O'BRIEN, S., « Controlling controlled English. An analysis of several controlled language rule sets », dans *Controlled language translation,* Dublin City University, 15-17 mai 2003.

O'BRIEN, S., SIMARD, M., GOULET, M.-J., « Machine translation and self-postediting for academic writing support: Quality explorations », dans MOORKENS, J., CASTILHO, S., GASPARI, F., DOHERTY, S. *Translation quality assessment: From principles to practice,* Springer, Svizzera, 2018, pp. 237-262.

O'BRIEN, S., « How to deal with errors in machine translation: Postediting », in KENNY, D. (Ed.), *Machine translation for everyone: Empowering users in the age of artificial intelligence,* Language Science Press, Berlin, 2022, pp. 105-120.

OMER, D., « La fin du masculin générique ? Expériences et débats autour de l'écriture inclusive » *Romanica,* 31, 2020, 181-202.

PAVEAU, M.-A., « La féminisation des noms de métiers : résistances sociales et solutions linguistiques. » *Le français aujourd'hui* 136.1, 2002, 121-128.

PHILIPPE, É., *Circulaire du 21 novembre 2017 relative aux règles de féminisation et de rédaction des textes publiés au Journal officiel de la République française.* <https://www.legifrance.gouv.fr/jorf/id/JORFTEXT000036068906>. [Consulté : 12/09/2023].

PIERGENTILI, A., FUCCI, D., SAVOLDI, B., BENTIVOGLI, L. et NEGRI, M., « Gender neutralization for an inclusive machine translation: From theoretical foundations to open challenges » dans *Proceedings of the First Workshop on Gender-Inclusive Translation Technologies* (GITT 2023). European Association for *Machine Translation,* 2023. p. 71-83.

PONTI, E. M., O'HORAN, H., BERZAK, Y., VULIĆ, I., REICHART, R., POIBEAU, T., SHUTOVA, E., KORHONEN, A., « Modeling Language Variation and Universals: A Survey on Typological Linguistics for Natural Language Processing ». *Computational Linguistics* 45 (3), 2019, 559-601.

PYM, A., AYVAZYAN, N., PRIOLEAU, J., « Can raw machine translation ensure inclusion? The case of public-health information in Catalonia ». *Right to Languages: Linguistic Policies and Translation and Interpreting in Public Services and Institutions,* Universitat de València, 2022.

RABATEL, A., et ROSIER, L. « Les défis de l'écriture inclusive. » *Le Discours et la Langue Revue de linguistique française et d'analyse du discours,* 11, 2019.

RABINOVICH, E., PATEL, R. N., MIRKIN, S., SPECIA, L., & WINTNER, S. « Personalized machine translation: Preserving original author traits » dans *Proceedings of the 15th Conference of the European Chapter of the Association for Computational Linguistics,* edited by Mirella Lapata, P. & Koller, A. 2017, 1074-1084. Valencia: Association for Computational Linguistics.

RAMOS PINTO, S. « How important is the way you say it? : A discussion on the translation of linguistic varieties ». *Target, 2009,* 2, 289-307.

RANATHUNGA, S., EN-SHUIN A.L., PRIFTI SKENDULI, M., SHEKHAR, R., ALAM, M., KAUR, R., « Neural machine translation for low-resource languages: A survey ». *ACM Computing Surveys,* 2023, Vol. 55 (11), 1-37.

RAUS, R., TONTI, M., CERQUITELLI, T., CAGLIERO, L., ATTANASIO, G., LA QUATRA, M., & GRECO, S., « L'analyse du discours et l'intelligence artificielle pour réaliser une écriture inclusive : le projet EMIMIC », *SHS Web of Conferences,* 138, 01007.

RAUS R. (2024), « Deep learning e traduzione intralinguistica: riformulare i testi della pubblica amministrazione in modo inclusivo », *Studi italiani di linguistica teorica e applicata,* 3, 2023, 555-569.

Résolution du Parlement européen du 15 janvier 2019 sur les orientations de l'Union européenne et le mandat de l'envoyé spécial de l'Union européenne pour la promotion de la liberté de religion ou de conviction à l'extérieur de l'Union européenne (2018/2155(INI)). [Consulté : 12/09/2023].

RIEGEL, M., PELLAT, J.-C., RIOUL, R., *Grammaire méthodique du français,* PUF, Paris, [1994], 2009.

ROBUSTELLI, C., « Lingua e identità di genere », *Studi Italiani di Linguistica Teorica e Applicata*, 29, 2000, 507-527.

ROBUSTELLI, C., *Linee guida per l'uso del genere nel linguaggio amministrativo*, Progetto Genere e linguaggio. Parole e immagini delle comunicazione, Comune di Firenze, Firenze, 2012.

ROBUSTELLI, C., *Linee Guida per l'uso di genere nel linguaggio amministrativo del MIUR 2018*, [en ligne], (2018), https://www.miur.gov.it/. [Consulté : 12/09/2023].

SABATINI, A., *Raccomandazioni per un uso non sessista della lingua italiana. Per la scuola e per l'editoria scolastica*, in *Il sessismo nella lingua italiana*, Presidenza del Consiglio dei Ministri e Commissione Nazionale per la Parità e le Pari Opportunità tra uomo e donna, 1986.

SABATINI, A., *Il sessismo nella lingua italiana*, Presidenza del Consiglio dei Ministri, DTORAL, A., "Post-editese: An Exacerbated Translationese", in *Proceedings of MT Summit XVII*, Dublin, 1, 2019, 273 -281.ipartimento per l'informazione e l'editoria, 1987.

SAVOLDI, B., Gaido, M., Bentivogli, L., Negri, M., et Turchi, M. « Gender bias in machine translation ». *Transactions of the Association for Computational Linguistics*, 2021, 9, 845-874.

SENNRICH, R., HADDOW, B., « Linguistic input features improve neural machine translation». *arXiv,* 2016.

TONTI, M. « L'annotation humaine au tournant de l'intelligence artificielle et de l'écriture inclusive : le dispositif E-MIMIC », *Synergies Italie*, 20, 2024,147-178.

VÁZQUEZ GÓMEZ, D. « Le langage inclusif : l'état des lieux d'une langue en évolution. Application en cours de FLE. », Mémoire de Master, Universidad de Valladolid, 2022.

VIENNOT, É. *Le langage inclusif : pourquoi, comment*. Les Éditions iXe, 2020.

VIENNOT, É. *Non, le masculin ne l'emporte pas sur le féminin !* Les Éditions iXe, 2020.

VIENNOT, É. « De la parenthèse au point médian. Des nouveaux habits de l'écriture inclusive et de la malhonnêteté de ses opposant· es» *Travail, genre et sociétés* 1, 2022, 165-168.

VIENNOT, É. *Le langage inclusif. Pourquoi ? Comment ? Petit précis historique et pratique.* Donnemarie-Dontilly: Editions Ixe, 2018.

WEATHERALL, A. Gender, language and discourse. London/New York, Routledge, 2005.

WEINREICH, U., LABOV, W., et HERZOG, M. 1968. « Empirical foundations for a theory of language change » dans Winfred. P. Lehmann & Yakov Malkie (Eds.) *Directions for Historical Linguistics: a Sym*, Austin: University of Texas Press, 1968, pp. 95-188.

WEINREICH, U. *Languages in contact. Findings and problems.* London: Mouton, [1953] 1967.

Capítulo 8
Traduction neuronale français-italien en contexte institutionnel:
outils et stratégies au service d'une traduction inclusive   321

Capítulo 9
ChatGPT y estudiantes de traducción: ¿combinación ganadora o desastre artificial? Estudio exploratorio de la calidad de textos poseditados de castellano a francés por estudiantes de Máster a partir de ChatGPT

Loïc de Faria Pires
Loic.DEFARIAPIRES@umons.ac.be
Université de Mons

1 INTRODUCCIÓN

1.1 ChatGPT en la actualidad

Cuando se le pregunta a un traductor sobre la traducción automática, es probable que la primera cosa que le venga a la mente sea "DeepL" o "Traductor de Google". Sin embargo, un nuevo concurrente llamado "ChatGPT" está ganando importancia en el mundo de la traducción. Aunque se hable de dicha herramienta con cada vez más frecuencia, por ejemplo, en el marco de la enseñanza universitaria en traducción, a los traductores no siempre les resulta claro su funcionamiento. Según definen Lopezosa et al. (2023: 12):

> ChatGPT es un modelo de lenguaje desarrollado por la empresa OpenAI. Según declara esta compañía de investigación, utiliza técnicas de procesamiento de lenguaje natural (NLP) (Guida y Mauri, 1986) para generar respuestas coherentes y naturales en tiempo real. Así

mismo, declaran sus desarrolladores que este chatbot se basa en un modelo denominado GPT-3, del que se dice que ha sido entrenado en una amplia variedad de tareas (OpenAI, 2022).

Así pues, está claro que ChatGPT no sólo se dedica a traducir textos, sino que se trata de una herramienta entrenada para producir respuestas a solicitudes realizadas por el humano que lo está usando en un momento dado. Por ejemplo, es capaz de "confeccionar contenidos; emitir respuestas rápidamente en cuestiones tan diversas como elaborar una canción y poemas; realizar cálculos, códigos de programación, ensayos, redacciones sobre conocimientos generales [...]" (Diego Olite *et al.*, 2023: 7). Es capaz de realizar estos tipos de tareas de modo similar a un cerebro humano, ya que "Las conexiones neuronales y los estados de las neuronas, permiten a los seres vivos percibir el entorno y tomar decisiones" (Escudero Mancebo, 2023: 1) y "[d]e forma similar, las redes neuronales artificiales son sensibles al entorno (datos de entrada), y reaccionan actuando con el mismo (datos de salida), adaptando su estado al problema concreto para el que sean entrenadas (parámetros internos)" (ibidem).

Numerosas polémicas han surgido en los últimos meses con respecto a los desafíos planteados por ChatGPT en distintos contextos académicos, principalmente alimentadas por el hecho de que ciertos estudiantes usen esta herramienta redactar trabajos automáticamente. Si nos basamos en nuestra propia experiencia, ChatGPT está en el centro de las preocupaciones de nuestra Facultad de Traducción e Interpretación (UMONS), y plantea numerosos retos en términos de plagio, respeto de la propiedad intelectual, traducción, etc.

1.2 Uso por los estudiantes

El tema más controvertido con respecto a ChatGPT no está en la bondad de sus respuestas, sino en si se convertirá en la herramienta utilizada por quien necesite escribir un texto para hacerlo sin el esfuerzo humano necesario y, por tanto, sin adquirir aquellas competencias para las que fue diseñada la tarea intelectual (García-Peñalvo, 2023: 24-6).

Esta afirmación de García-Peñalvo es de especial relevancia en el marco de las carreras universitarias. Muchos estudiantes tienden a usar ChatGPT no como una ayuda, sino en calidad de interfaz que puede llevar a cabo el trabajo en su lugar, lo que les impide adquirir las habilidades que supuestamente tendrían que adquirir. Y, por supuesto, en el marco de las carreras de traducción en particular, ChatGPT no es el único responsable, ya que el traductor de Google así como DeepL ya representan un reto desde hace bastante tiempo. Muy a menudo se ha dicho que recurrir a un motor de TAN puede perjudicar a los estudiantes en la adquisición de las competencias traductoras, especialmente durante los primeros años de carrera. Sin embargo, Tavares et al. hacen hincapié en la futilidad de impedir el uso de la TAN durante las clases de traducción:

> Fighting students' use of MT may well be another lost battle. As shown by the results of the questionnaire, students do use it for all types of translation assignments, even adopting it before mastering CAT tools. Moreover, they may be expected to rely still more heavily on machine-generated translations in the near future as the efficiency of NMT systems continues to grow[99] (Tavares *et al.*, 2023: 11).

[99] "Oponerse al uso de la traducción automática por parte de los estudiantes podría representar otra lucha inútil. Tal y como demuestran los resultados del cuestionario, los estudiantes la usan para todos tipos de tareas de traducción, e incluso empiezan a usarla antes de dominar las herramientas de traducción asistida por ordenador. Además, es probable que su dependencia a la TA se vuelva aún más grande en un futuro próximo, puesto que los sistemas de TAN seguirán volviéndose más eficaces". [Nuestra traducción]

Además, no se trata simplemente de "no oponerse" a un uso de la TAN por parte de los estudiantes universitarios en traducción, sino de enseñarles a usarla correctamente en un marco profesional. Por ejemplo, O'Brien (2021: 180) subraya que no importa tanto el momento de introducción de clases de posedición en las carreras de traducción como el mero hecho de que existan: "Where this training is placed in the translator training curriculum is not so important. What is important is that training in post-editing is included because it is a skill set that is required by many in today's translation landscape"[100]. Una de las habilidades fundamentales destacadas en el modelo EMT (*European Master's in Translation*) precisamente está vinculada con el hecho de poder recurrir de manera razonable a motores de TAN como parte de un ciclo de trabajo: "Understand the basics of MT systems and their impact on the translation process, and integrate MT into a translation workflow where appropriate"[101] (EMT, 2022: 9). Nitzke et al. (2019: 295) ponen de relieve la entrada reciente de conceptos como el *big data* o la inteligencia artificial al mercado de la traducción, lo que desemboca en la necesidad, tanto para los estudiantes de traducción como para los profesionales de la traducción y los profesores de traducción, de adaptarse a dichos cambios de paradigma y a los profundos cambios que están teniendo lugar en el mercado laboral, particularmente gracias a las clases de posedición propuestas en los entornos universitarios (Guerberof Arenas y Moorkens, 2019: 232).

---

100   "No es muy importante el momento en que se incluye dicha clase en la carrera de traducción. Lo que sí importa es que se incluya una clase de posedición, ya que enseña un conjunto de habilidades que resultan necesarias para muchos en el mercado laboral de la traducción de hoy". [Nuestra traducción]

101   "Entender los elementos fundamentales de los sistemas de TA así como sus efectos en el proceso de traducción, e integrar la TA a un flujo de trabajo siempre y cuando sea necesario". [Nuestra traducción]

Así pues, en el presente capítulo, consideramos el uso de la TAN no como una amenaza para los estudiantes, sino como una necesidad y una herramienta en su formación cuyo dominio les puede resultar muy útil en el mercado laboral que integrarán después de su carrera de traducción. De esta manera, nos asociamos a la línea de Klimova et al. (2022: 667) cuando comentan que "[...] machine translation is not likely to replace human translation in the near future"[102].

2 MARCO TEÓRICO

2.1 ChatGPT y traducción automática neuronal (TAN)

Ya se han llevado a cabo estudios sobre la calidad de la TAN proporcionada entre castellano y francés por motores como DeepL o Google, por ejemplo, en el sector jurídico (Sánchez Ramos y Cerasela Nodis, 2022) o turístico (Cuadrado Rey y Navarro Brotons, 2024). Sin embargo, la emergencia muy reciente de ChatGPT explica una relativa escasez de publicaciones respecto a la calidad de los textos que traduce. Puesto que la presente investigación toma como base un texto traducido automáticamente por ChatGPT, cabe analizar los trabajos que ya se hayan realizado con este motor. Para entender lo siguiente, es preciso explicar lo que es un modelo de lengua de gran escala (LLM, *Large-Scale Language Model*): "One of the interesting properties of large language models (LLMs) such as GPT (Brown *et al.,* 2020b) is their (implicit) support for multilingual Q&A. Prompting the model in the right way allows us to

---

102   "[...] es poco probable que las herramientas de traducción automática sustituyan a los traductores humanos en un futuro próximo". [Nuestra traducción]

translate text between languages (Vilar *et al.,* 2022)"[103] (Kocmi & Federmann, 2023: 1).

Wang et al. (2023) compararon las producciones de ChatGPT con las del traductor de Google y de DeepL para textos traducidos automáticamente de inglés a chino. Lo hicieron recurriendo a dos tipos de evaluación: una métrica automática BLEU (*Bilingual Understudy Evaluation*) y una evaluación humana. Las conclusiones fueron algo contradictorias: mientras que la métrica automática parece indicar una calidad generalmente más alta de las TAN procedentes de los dos sistemas comerciales Google y DeepL (Wang *et al.,* 2023: 5), la evaluación humana indica todo lo contrario. Unas de las explicaciones proporcionadas por los autores son las siguientes: la métrica BLEU sólo mide la similitud entre la TA y traducciones de referencia, mientras que los evaluadores humanos también consideran otros factores como la fluidez y la coherencia del discurso (ibidem: 5-6). Además, los autores indican que ChatGPT y los modelos comerciales tienen ventajas y desventajas distintas: ChatGPT entiende mejor la información a nivel del discurso, mientras que los sistemas comerciales funcionan mejor a nivel de las palabras (ibidem: 6), lo que también podría explicar lo anterior.

Moslem et al. también destacan que los modelos de lengua de gran escala como ChatGPT pueden proporcionar mejores resultados en términos de TA en bruto que los modelos que recurren a una arquitectura de tipo codificador-decodificador (*encoder-decoder*), particularmente cuando se trata de lenguas para las que se dispone de una gran cantidad de recursos (Moslem *et al.,* 2023: 1), tal y como es el caso de castellano y francés (Ravindran, 2023: 262).

---

103 "Una de las propiedades interesantes de los modelos de lengua de gran escala como GPT (Brown *et al.,* 2020b) es su capacidad (implícita) de proporcionar preguntas y respuestas de forma multilingüe. Una parametrización correcta del modelo nos permite traducir textos entre idiomas (Vilar *et al.,* 2022)". [Nuestra traducción]

2.2 TAN y contenidos literarios ES-FR

A pesar de que a menudo se destaque que la TAN suele tener dificultades cuando trata textos de ámbito literario, parece que la situación ha ido cambiando recientemente, lo que justifica nuestra decisión de trabajar con un texto literario en el presente estudio. También existe cierto vacío en la investigación en posedición basada en textos literarios, y especialmente cuando se trata del uso de ChatGPT como motor de traducción automática (López Tineo y Mendoza Álvarez, 2024: 11). Además, la traducción a nivel de documento implementada por ChatGPT vuelve su uso relevante para textos considerados como más complejos para la máquina, como por ejemplo los textos literarios, aunque los resultados todavía contengan errores problemáticos (Wang *et al.,* 2023: 6).

Hansen et al. (2022: 5). hacen hincapié en la necesidad de entrenar motores específicamente construidos para traducir textos literarios, y proponen dos maneras principales de hacerlo: entrenar un motor de TAN exclusivamente con datos literarios (o incluso con datos literarios que proceden de sólo un tipo de obra, como novelas de *heroic fantasy*, o adaptar motores generales enriqueciéndolos con datos literarios. Tales motores específicos permiten proporcionar al traductor traducciones automáticas en bruto de mejor calidad que los motores genéricos (DeepL y Google, en este caso). Sin embargo, los autores insisten en el hecho de que, aun así, los resultados que se pueden obtener para un texto literario traducido automáticamente por un motor específico siguen siendo más débiles que para los demás tipos de textos (ibidem: 16).

A pesar de la inexistencia de estudios relativos a la calidad de textos literarios traducidos de castellano a francés con ChatGPT, al menos hasta el momento de realizar el presente estudio, cabría preguntarse si la arquitectura de tipo LLM usada en este caso puede proporcionar resultados satisfactorios para textos literarios, dada su capacidad a reconocer mejor elementos contextuales y discursivos. Aunque no dispongamos de ejemplos de trabajos científicos llevados a cabo en posedición español <> francés recurriendo a la TAN de ChatGPT, sí podemos anali-

Capítulo 9
ChatGPT y estudiantes de traducción: ¿Combinación ganadora o desastre artificial?
Estudio exploratorio de la calidad de textos poseditados de castellano a francés
por estudiantes de Máster a partir de ChatGPT   329

zar algunos trabajos previos realizados tomando como base motores comerciales como DeepL o Google, con el objetivo de determinar las grandes tendencias que se observaron en términos de calidad y compararlas con los resultados obtenidos aquí. Cabe mencionar que los trabajos presentados no se llevaron a cabo con textos literarios, pues nos resultó imposible encontrar artículos que trataban dichos textos en la combinación lingüística que nos interesa aquí. No obstante, sí existen trabajos basados en la posedición de textos de otros idiomas, como por ejemplo los pares alemán <> español (Castillo Bernal, 2022) o inglés <> español (Ferragud Ferragud, 2023).

Se puede, por ejemplo, hacer referencia al estudio llevado a cabo por Valdez y Lomeña Galiano, en el que se llevó a cabo una investigación de la calidad de propuestas de TAN español > francés para textos de índole periodístico (Valdez y Lomeña Galiano, 2021: 85). Los autores recurrieron al sistema DeepL (ibidem: 87) para traducir automáticamente un corpus de textos periodísticos económicos. Algunos problemas menores destacados fueron los siguientes: modulaciones léxicas que modifican el sentido de ciertas palabras, explicitación de elementos implícitos por parte de DeepL (ibidem: 108), etc. También aparecieron errores de TAN más graves, como por ejemplo elementos no existentes en lengua meta (ibidem). A pesar de ello, los autores también destacan que, por lo general, las TAN proporcionadas por DeepL respetan el significado del texto original (ibidem: 109).

Otro estudio, aunque basado en la combinación inversa (francés > español), es el de Sánchez Ramos y Cerasela Nodis (2022). En el marco de su investigación, estudiaron la TAN de textos jurídico-administrativos (Sánchez Ramos y Cerasela Nodis, 2022: 1) por los motores neuronales comerciales Systran y DeepL (ibidem, 2022: 8). Si observamos los resultados logrados por las autoras, vemos que tanto para DeepL como para Systran, los errores relacionados con la terminología son mayoritarios, así como los son las ocurrencias incorrectas de traducción literal (ibidem: 13-14). Tal y como explican: "los más frecuentes suelen ser los errores léxicos, seguidos de los errores gramaticales y, finalmente, los errores de estilo. Dentro de la categoría de errores léxicos, predominan los errores de terminología y de traducción literal" (ibidem: 15).

Si es verdad que estos dos artículos son relevantes con respecto al estudio realizado aquí, no nos permiten sacar conclusiones definitivas. Además, sólo el primero presenta un estudio realizado en la dirección español > francés. Ahora bien, ambos estudios permiten subrayar que los errores más frecuentes tienden a estar relacionados con cuestiones de léxico y terminología y con elementos inventados por el propio motor de TAN, a pesar de que, en la dirección que nos interesa, el sentido general del texto no parece sufrir demasiadas alteraciones graves durante el proceso de traducción automática.

3 OBJETIVOS

Los objetivos de la presente investigación son varios. En primer lugar, pretendemos investigar la usabilidad de TAN en bruto proporcionada por ChatGPT para el texto literario propuesto aquí, mediante una evaluación de la calidad media y de los errores presentes en ésta. Un segundo objetivo es evaluar la calidad de las versiones poseditadas por los estudiantes participantes y compararla con la TAN en bruto, con la finalidad de determinar si la posedición permite mejorar la calidad de la TAN en bruto. También se pretende investigar los errores corregidos e introducidos por los estudiantes durante el proceso de posedición, e identificar los elementos del texto fuente que le plantean más problema a ChatGPT.

4 METODOLOGÍA

4.1 Participantes y condiciones del estudio

Para este estudio, en relación con los elementos pedagógicos detallados anteriormente, decidimos trabajar con estudiantes de primer año de Máster de la Facultad e Traducción e Interpretación de la Universidad de Mons. Se trata de un grupo de estudiantes que tienen el español en su combinación lingüística básica (es decir, que estudian español desde el primer año de grado). Son estudiantes ya familiarizados con la traducción de español a francés, pero que supuestamente nunca han llevado a cabo tareas de posedición, ya que las clases de posedición se imparten durante el segundo año de Máster. A menudo se dice que un buen poseditor debe, en primer lugar, ser un buen traductor, aunque todos los traductores buenos no necesariamente sean poseditores buenos (De Almeida, 2013: 47). En este marco, la motivación de este estudio era ver cómo estudiantes con bastante experiencia en traducción y sin experiencia en posedición llevan a cabo una tarea de posedición usando una herramienta que muchos de ellos conocen (y usan): ChatGPT. Se decidió trabajar con estudiantes con el objetivo de identificar los problemas mayoritarios en sus producciones y formular propuestas didácticas que pudiesen optimizar la enseñanza de la posedición español > francés a nivel universitario.

A los estudiantes se les otorgó un plazo de dos horas para poseditar el texto. Según estimaba Anne-Marie Robert (2010: 143), se podía esperar una productividad de posedición de unas 3500 palabras al día para textos generales, sin tener en cuenta el hecho de que la calidad de la TA en bruto ha mejorado considerablemente desde esa época para todos los tipos de textos, sobre todo desde la implementación de la TAN. Si consideramos estudios más recientes, se puede destacar el estudio de Briva-Iglesias et al. en el que traductores profesionales poseditaron un texto jurídico de inglés a castellano a partir de una TAN y llegaron a una productividad media de 1234 palabras por hora (Briva-Iglesias *et al.*, 2023: 75) Nuestro objetivo era otorgarles a los estudiantes participantes una duración suficiente para llevar a cabo la tarea, así que les otorgamos dos horas para poseditar un texto de 793 palabras con un motor de TAN, es decir el doble de tiempo para poseditar una cantidad de palabras muy inferior (tomando en cuenta el ámbito distinto del texto y el hecho de que la combinación lingüística es diferente en nuestro caso).

Cabe mencionar que se trabajó con estudiantes voluntarios. Puesto que la carga de trabajo es bastante elevada durante el segundo semestre de primer año de Máster, y que el autor del estudio no impartía clase de posedición a estos estudiantes, la participación en el estudio se realizó fuera de sus horas de clase. Esto explica el número reducido de participantes. En cuanto a las instrucciones, simplemente se les dijo que tenían dos horas para poseditar el texto y obtener un resultado de calidad equivalente a una traducción humana desde cero, que imperativamente tenían que parar después de dos horas de trabajo, y que podían usar todos los recursos de búsqueda y documentos de referencia que usarían para una traducción humana.

4.2 Descripción y división del texto

El texto elegido para nuestro estudio, escrito por Arturo Pérez-Reverte y publicado el 26 de marzo de 2022 en *XLSemanal*, tiene como título "El caso del traductor recalcitrante"[104] y contiene 793 palabras. Varios elementos explican nuestra elección. En primer lugar, se puede esperar que estudiantes de Máster puedan poseditar esta cantidad de palabras en un marco de dos horas, si nos basamos en las cifras del mercado, como destacado en la sección anterior. En segundo lugar, también se seleccionó este texto por el tema que trata: se habla de escritores y de traductores literarios, lo que hace que los estudiantes supuestamente sabían algo del tema tratado en el texto. De ese modo, no se añaden dificultades relacionadas con el tema, puesto que el ejercicio de posedición ya era una tarea nueva para los estudiantes participantes. Además, también se decidió usar este texto dado su carácter literario, ya que estos textos, recordémoslo, producen resultados poseditados de calidad inferior a los demás tipos de documentos (Hansen *et al.,* 2022:

---

104   https://www.abc.es/xlsemanal/firmas/arturo-perez-reverte/el-caso-del-traductor-recalcitrante-arturo-perez-reverte.html [última visita el 27 de junio de 2023]

16). Puesto que el texto forma parte de la columna *Patente de corso* de Pérez-Reverte[105], consideramos que el texto es de índole literario gracias a la definición siguiente.

> [...] pervive la propuesta por Martínez Albertos (1982), desarrollada por Santamaría (1990) y Santamaría y Casals (2000), que Gómez Calderón sintetiza así: 'existen, de acuerdo con la taxonomía clásica dos modelos de columna: la de análisis, propia del periodismo interpretativo, y la de opinión, netamente subjetiva; dentro de ésta queda enmarcada, como género algo marginal, la columna literaria o personal, cultivada de ordinario por periodistas de prestigio [...] (López Pan, 2011: 48-49)

Recurriendo a un texto literario como éste, fue posible que los estudiantes tuviesen que llevar a cabo una posedición completa, que "tiene como objetivo eliminar todo error de la TA y conseguir una traducción de alto nivel, a la par de la traducción tradicional manual. El texto debe ser correcto desde una perspectiva gramatical y terminológica, así como estilística, y gozar de una fluidez nativa" (Anaberri, 2014: 472). Quisimos seleccionar un texto que necesitara un nivel de posedición que conllevara más cambios que simples correcciones puntuales.

Finalmente, otro elemento que nos interesó fue la presencia de elementos inventados. Los motores de TAN a menudo tienen dificultades con la traducción de nombres propios inventados, ya que sus datos de entrenamiento no contienen elementos relacionados con dichos nombres, lo que puede desembocar en traducciones erróneas, ausencia de traducción, etc. En el presente texto, el autor menciona un país ficticio llamado *Uredakke*, por ejemplo, cuyos habitantes son los *uredakos*.

---

105   https://www.perezreverte.com/prensa/patentes-corso/ [última visita el 25 de junio de 2023]

4.3 Método de análisis

Con fines de evaluación, se dividió el texto en 14 partes de tamaño generalmente equivalente, sin interrumpir las ideas principales, con el objetivo de trabajar con unidades suficientemente largas para una evaluación coherente, pero no demasiado largas, para permitir un análisis detallado de los fenómenos. Puesto que no se disponía de traducciones de referencia para este texto, no fue posible llevar a cabo ninguna evaluación automática de la calidad. Así pues, decidimos implementar una evaluación humana por dos profesionales. Ambos tienen un título de Máster de traducción, un doctorado en traductología, investigan en traducción y tienen experiencia investigadora y profesional en posedición de textos de español a francés.

Se evaluaron tanto las posediciones realizadas por los estudiantes como la traducción automática en bruto de ChatGPT. Las modalidades de evaluación fueron similares. En primer lugar, se llevó a cabo una evaluación de la calidad mediante una escala numérica tipo Likert (1 a 5, 1 = calidad muy mala; 5 = calidad excelente). A menudo se usan dichas escalas para la evaluación de la calidad en traducción y posedición (Moorkens *et al.,* 2018: 18), pero un contexto insuficiente puede sesgar las evaluaciones de los evaluadores (ibidem), por lo que cada segmento que analizar en el presente artículo contenía por lo menos 40 palabras, y los estudiantes tenían acceso a la integralidad del texto en todo momento. En segundo lugar, se realizó una anotación humana de los problemas de traducción tanto en la TAN en bruto como en las producciones de los estudiantes, para realizar una comparación. Dicho tipo de evaluación es muy frecuente en estudios de calidad de la TA y/o posedición (*cf.* Popović y Belz, 2021; Freitag et al., 2021, etc.). Cabe destacar que este proceso se llevó a cabo de manera anónima: los evaluadores no sabían qué texto estaban evaluando, y, en el caso de las posediciones, desconocían la identidad de los participantes.

Para la escala tipo Likert, se usaron tres criterios. Los dos primeros fueron criterios bastante habituales en la evaluación de la calidad en

Capítulo 9
ChatGPT y estudiantes de traducción: ¿Combinación ganadora o desastre artificial?
Estudio exploratorio de la calidad de textos poseditados de castellano a francés
por estudiantes de Máster a partir de ChatGPT   335

traducción: se trata de la fidelidad al texto fuente y de la fluidez lingüística de las producciones (como se hizo, por ejemplo, en la investigación de Mitchell *et al.,* 2014). La fidelidad tiene que ver con la similitud entre el texto fuente en español y la versión traducida automáticamente o poseditada a francés, mientras que la fluidez tiene que ver con el carácter correcto o incorrecto de la lengua que se usa para expresar el texto. A estos criterios se añadió otro, al que llamamos "Literario", y que tiene que ver con el respeto de las características literarias del documento (estilo, belleza del texto...), con el objetivo de determinar si la TAN y la posedición afectan las características profundas de este tipo de documento. Se les explicó estos tres criterios a los evaluadores, que recibieron como consigna evaluar la fidelidad y la fluidez en función del respeto del sentido del texto fuente y de la expresión correcta en lengua meta, respectivamente, y el carácter literario en función del respeto percibido de las características literarias y estilísticas que se podrían esperar de este tipo de texto en lengua meta.

El análisis de los datos presentados más abajo se compone de varias partes. En primer lugar, se lleva a cabo una comparación de las evaluaciones numéricas otorgadas por los evaluadores a cada segmento de texto traducido automáticamente o poseditado. De este modo, se dispone de dos evaluaciones numéricas para la TAN en bruto de ChatGPT, y de dos evaluaciones numéricas del texto poseditado por cada uno de los participantes. Después, se comparan las valoraciones de la TAN en bruto y de las posediciones, con el fin de determinar cuál de ambas modalidades provee los mejores resultados (es decir observar para cada participante y cada segmento si el proceso de posedición permitió mejorar la TA en bruto o no).

Tras este primer análisis, se establece una lista de los errores que identificaron ambos evaluadores en la TAN en bruto de ChatGPT y en cada una de las versiones poseditadas, de modo a seleccionar los más frecuentes y relevantes a fines de nuestro estudio.

5 RECUPERACIÓN DE LA TA EN BRUTO DE CHATGPT

Puesto que ChatGPT no es exclusivamente una herramienta de traducción automática, cabe mencionar el procedimiento de recuperación de la TA en bruto. En primer lugar, se formuló una pregunta corta al motor, en francés: *"Traduis le texte suivant de l'espagnol vers le français"*[106]. Entre las comillas se pegó el texto del artículo.

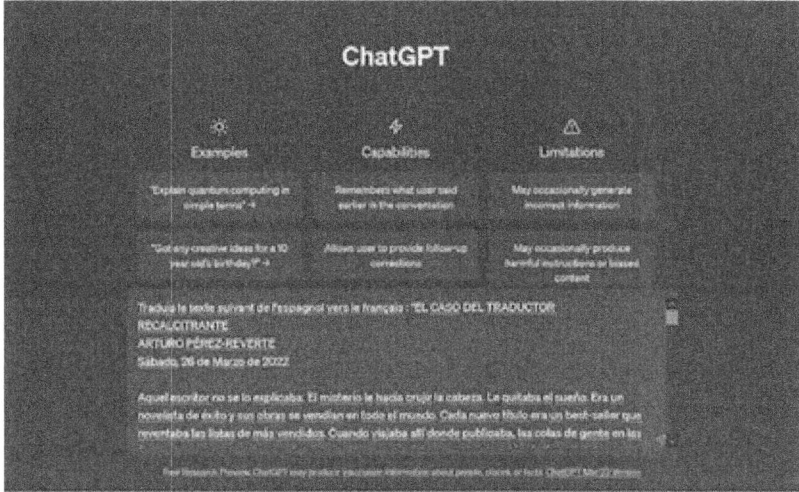

Imagen 1 - Solicitud ChatGPT

Después de unos segundos, empezó a aparecer la traducción automática que analizaremos a continuación.

---

[106]   "Traduce el siguiente texto de español a francés: [Nuestra traducción]

Capítulo 9
ChatGPT y estudiantes de traducción: ¿Combinación ganadora o desastre artificial?
Estudio exploratorio de la calidad de textos poseditados de castellano a francés
por estudiantes de Máster a partir de ChatGPT   337

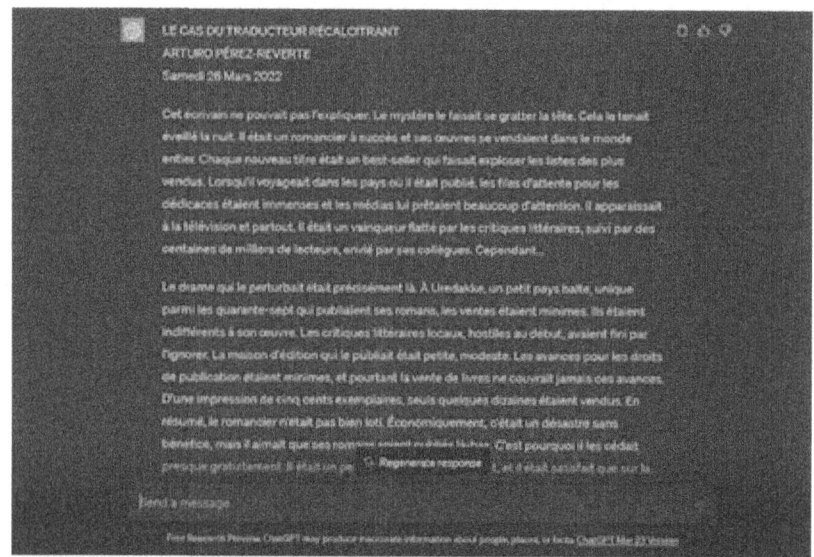

Imagen 2 - Respuesta ChatGPT

Así pues, se puede observar que el proceso de recuperación es algo más complicado en comparación con motores comerciales clásicos de TAN, ya que, en el caso de ChatGPT, si bien puede proporcionar traducciones automáticas, no es su única función. Una vez recuperado el texto traducido automáticamente, se trabajó en la tabla siguiente (similar para la TAN y las versiones poseditadas).

Texto meta	Texto para editar	Fidélité	Fluidité	Littéraire	Comentarios
EL CASO DEL TRADUCTOR RECALCITRANTE ARTURO PÉREZ-REVERTE Sábado, 26 de Marzo de 2022	LE CAS DU TRADUCTEUR RÉCALCITRANT ARTURO PÉREZ-REVERTE Samedi 26 Mars 2022	1-2-3-4-5	1-2-3-4-5	1-2-3-4-5	
...	...	1-2-3-4-5	1-2-3-4-5	1-2-3-4-5	
...	...	1-2-3-4-5	1-2-3-4-5	1-2-3-4-5	

Imagen 3 - Tabla de análisis

6 RESULTADOS

6.1 Resultados cuantitativos (ChatGPT y posedición)

En esta primera sección dedicada a nuestros resultados, pretendemos ilustrar las puntuaciones otorgadas por ambos evaluadores a la TAN en bruto de ChatGPT y a cada posedición de dicho texto producida por cada participante. Para evaluar las traducciones, calculamos una puntuación media para cada criterio, que representa la media de las puntuaciones otorgadas a los 14 segmentos individuales del texto. Las medias de las puntuaciones otorgadas por cada evaluador se presentan de manera separada, pero las interpretaciones de estas cifras se llevarán a cabo de modo común. De esta manera se puede tener en cuenta la subjetividad inherente a la evaluación manual de textos traducidos automáticamente y poseditados (Candel-Mora, 2022: 122).

En cada columna se presentan los resultados de ChatGPT (TA en bruto) o de un estudiante (posedición). En cada línea, se presentan los resultados relativos a un criterio, en el orden siguiente: fidelidad, fluidez y literario. La segunda columna contiene las puntuaciones otorgadas a ChatGPT, y en las siguientes las de las posediciones de los estudiantes.

EVAL1	ChatGPT	EST1	EST2	EST3	EST4	EST5
Fidelidad	4,43	4,14	4,71	4,86	4,36	4,57
Fluidez	4,07	4	4,07	4,64	4,42	4,64
Literario	3,36	3,5	3,64	4	4,14	3,79

Tabla 1 - Resultados generales, evaluador 1

EVAL2	ChatGPT	EST1	EST2	EST3	EST4	EST5
Fidelidad	3,71	3,71	3,71	4,21	3,43	3,86
Fluidez	4,21	4,71	4,71	4,71	4,29	4,64
Literario	3,92	4,36	4,79	4,93	4,14	4,71

Tabla 2 - Resultados generales, evaluador 2

Analizaremos aquí los resultados por criterio. En la sección siguiente, se ilustrarán ejemplos de fenómenos relativos a cada criterio. Nos limitaremos aquí al análisis de los resultados numéricos.

Empezando con el criterio de fidelidad, los resultados son algo sorprendentes. Se puede observar que, para cada evaluador, existen casos en que el proceso de posedición no necesariamente aumenta el grado de fidelidad del texto, e incluso hay casos en los que se observa una disminución de calidad entre la TAN en bruto de ChatGPT y la versión poseditada por un estudiante. En las evaluaciones del evaluador 1, se puede observar esta disminución de calidad en términos de fidelidad en el texto de los estudiantes 1 y 4 (2 estudiantes/5). En la evaluación del evaluador 2, este fenómeno sólo se produce en el caso del estudiante 4, pero cabe destacar que los textos poseditados por los estudiantes 1 y 2 presentan el mismo grado de calidad en términos de fidelidad que la TAN en bruto, lo que significa que para este evaluador, en el caso de dichos estudiantes, el proceso de posedición no mejoró el respeto del significado del texto fuente. La posedición desembocó en un aumento de la fidelidad en los textos de tres estudiantes según la evaluación del evaluador 1, y en el caso de dos estudiantes en las evaluaciones del evaluador 2.

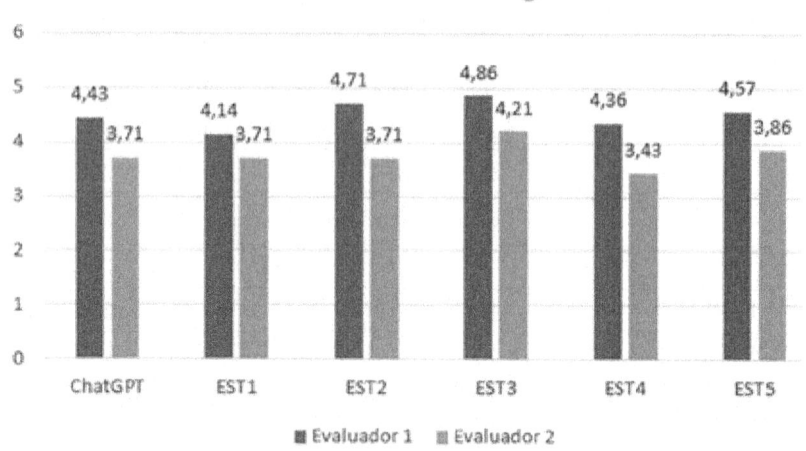

Imagen 4 - Fidelidad, evaluación general

En términos de fluidez del texto meta en francés (ausencia de errores lingüísticos, sintaxis correcta…), cabe destacar una eficacia más clara del proceso de posedición si comparamos con la fidelidad, aunque existan unas diferencias en función del evaluador. En el caso del evaluador 2, se observa sistemáticamente una mejora de la fluidez en las versiones poseditadas en comparación con la TAN en bruto de ChatGPT, aunque el grado de mejora depende del estudiante. En los textos evaluados por el evaluador 1, se percibe un aumento de la fluidez en 3 casos, una calidad igual en 1 caso, y una disminución mínima en un caso. Estos resultados nos permiten destacar que, tomando en cuenta el público limitado que participó en nuestro estudio, los beneficios del proceso de posedición de este texto literario parecen más grandes en términos de fluidez lingüística que en términos de fidelidad al texto fuente.

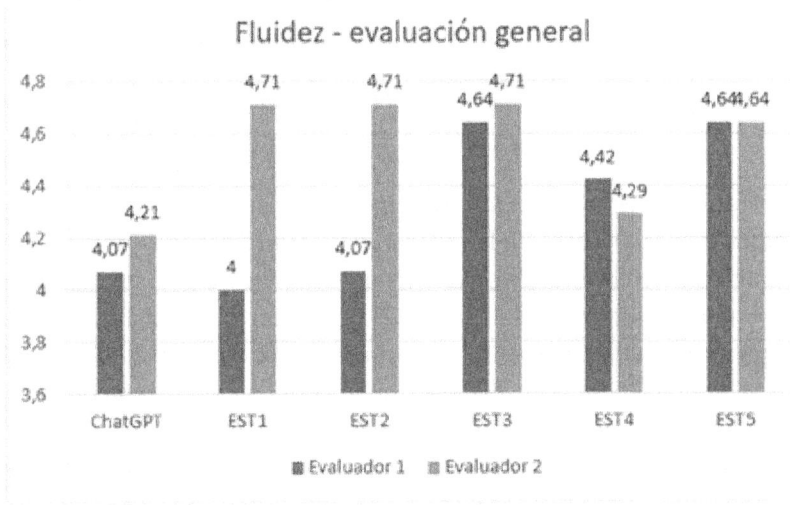

Imagen 5 - Fluidez, evaluación general

Finalmente, el criterio literario es el que provee los resultados más unívocos, pero se tendría que confirmar con una muestra más grande de participantes. En el caso de ambos evaluadores y para todos los estudiantes, se determinó que el respeto de las características literarias del texto era mejor en las versiones poseditadas que en la traducción auto-

Capítulo 9
ChatGPT y estudiantes de traducción: ¿Combinación ganadora o desastre artificial?
Estudio exploratorio de la calidad de textos poseditados de castellano a francés
por estudiantes de Máster a partir de ChatGPT   341

mática en bruto de ChatGPT, aunque con grados de mejora variables. Así pues, este criterio parece ser el que más se beneficia del proceso de posedición del texto literario traducido automáticamente.

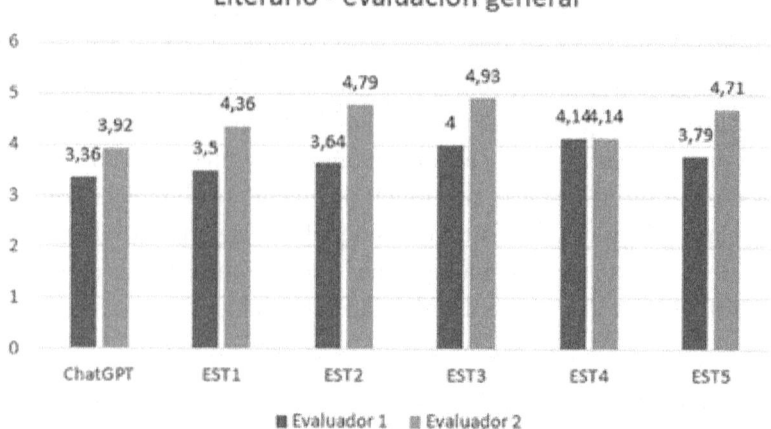

Imagen 6 - Literario, evaluación general

Para concluir esta sección, podemos destacar que el proceso de posedición llevado a cabo en la TAN propuesta por ChatGPT conlleva más beneficios en términos de calidad cuando se trata del respeto del carácter literario del texto traducido y de la fluidez lingüística del texto, en el contexto de nuestra muestra limitada de participantes. Los beneficios de la posedición parecen algo más moderados cuando se trata del criterio de fidelidad al texto fuente, por razones que intentaremos determinar en la discusión de estos resultados.

Tras este análisis de las evaluaciones generales de los tres aspectos investigados por los dos evaluadores, cabe analizar ejemplos concretos de problemas procedentes de la TAN en bruto y de las versiones poseditadas. Empezaremos dicho análisis cualitativo por errores causados por ChatGPT y su (ausencia de) corrección por parte de los estudiantes, antes de comentar fenómenos en los que la versión de ChatGPT fue transformada en un elemento erróneo por uno o varios estudiantes.

6.2 Análisis cualitativo (ChatGPT y posedición)

6.2.1 Errores causados por ChatGPT

Empezaremos la presente sección presentando los errores de posedición causados por ChatGPT, es decir las ocurrencias erróneas formuladas en la TAN en bruto del motor que los estudiantes no poseditaron. Sólo presentaremos los fenómenos más frecuentemente destacados, en los que concordaban ambos evaluadores. Procederemos en el orden de la sección precedente: comenzaremos por los fenómenos relacionados con la fidelidad, luego con los fenómenos de la categoría de la fluidez, y acabaremos con la categoría literaria. Los ejemplos se presentan en una tabla de cinco columnas: el texto fuente, la TAN en bruto propuesta por ChatGPT, uno o varios ejemplos de posediciones erróneas (en los casos en los que hay diferencias en las posediciones) el número de estudiantes que cometieron este error, y el tipo de error. No se presentará una lista exhaustiva de los errores, sino los más representativos, pues ya se ha analizado la calidad global en la sección precedente.

Con respecto a la fidelidad al texto fuente, se destacaron varios fenómenos. Puesto que los resultados de calidad general nos han permitido destacar que la fidelidad era la categoría más problemática por los estudiantes, se presentarán más ejemplos aquí que en las demás categorías.

Texto fuente	ChatGPT	Posedición	Cantidad	Tipo
Juraba en arameo	Il jurait en araméen	Il jurait en araméen (4)	5/5	Fidelidad
		Il lançait des insultes en araméen (1)		

Tabla 3 - Error ChatGPT fidelidad 1

Una primera ocurrencia interesante de pérdida del significado tiene que ver con la expresión "Jurar en arameo" presente en el texto fuen-

Capítulo 9
ChatGPT y estudiantes de traducción: ¿Combinación ganadora o desastre artificial?
Estudio exploratorio de la calidad de textos poseditados de castellano a francés
por estudiantes de Máster a partir de ChatGPT   343

te. En castellano, simplemente se trata de una locución coloquial en la que el conjunto de palabras significa "maldecir"[107]. Parece que ChatGPT no dispone de datos suficiente para inferir el sentido correcto de dicha locución, por lo que propone en francés el calco *"jurer en araméen"*, en vez de *"jurer"*, simplemente. Sin embargo, se trata de una expresión que no existe en francés (cuatro ocurrencias en Google, procedentes de traducciones literales de español a francés), por lo que se verifica aquí la tendencia destacada por Valdez y Lomeña Galiano (2021: 108), es decir la creación por parte del motor de elementos que no significan nada en lengua meta. Se puede observar que no se corrigió este error en ninguna de las versiones poseditadas por los estudiantes, lo que podría significar que confían demasiado en la TAN cuando desconocen un elemento particular, y que no llevan a cabo suficientes búsquedas documentales.

Texto fuente	ChatGPT	Posedición	Cantidad	Tipo
Era un poco esnob, incluso un poquito **gilipollas**, y le satisfacía que en la lista de países donde le publicaban traducido [...] figurase Uredakka	Il était un peu snob, même un peu **idiot** [...]	Il était un peu snob, même un peu **idiot** [...] Il était un peu snob, voire un peu **idiot** [...] Il était un peu modeste, voire légèrement **bête** [...]	5/5	Fidelidad

Tabla 4 - Error ChatGPT fidelidad 2

La traducción de las palabras malsonantes también parece plantearle problemas a ChatGPT, ya que tradujo el adjetivo "gilipollas" por *"idiot"* en francés, lo que plantea aquí un problema, ya que "neutralizar o generalizar las vulgaridades deja en el tintero lo que es explícito en el texto original" (Abdel-Latif, 2023: 30), y no es el efecto que se quiere alcanzar aquí. En español, la palabra "gilipollas" tiene una dimensión malsonan-

---

107   https://www.wordreference.com/definicion/arameo [última visita el 27 de junio de 2023]

te[108], aunque no es el caso por *"idiot"* o *"bête"* en francés. De manera bastante extraña, los estudiantes, que sin duda conocen la palabra "gilipollas" y sus matices, no la poseditaron y, de hecho, redujeron el impacto que la formulación tiene sobre el lector, aunque se hubiera podido usar el adjetivo *"con"* en francés, que expresa de manera más vulgar la idea de "idiota", y también permite resaltar el carácter algo arrogante del novelista al que se describe en esta frase, matiz que no aparece en *"bête"* o *"idiot"*. También se podría hipotetizar que los estudiantes prefirieron conservar un término menos injurioso, ya que ya se ha observado, en el marco de nuestras clases de traducción, un miedo de los estudiantes a traducir las palabras malsonantes a francés, que a veces desemboca en una neutralización de las palabrotas en sus traducciones.

Texto fuente	ChatGPT	Posedición	Cantidad	Tipo
Al recibir el ejemplar de cada edición **uredaka** contemplaba la bonita portada y abría el libro con avidez	En recevant un exemplaire de chaque édition **uredaka**, il contemplait la belle couverture et ouvrait le livre avec avidité	En recevant un exemplaire de chaque édition **uredaka**, [...] (2) En recevant un exemplaire de chaque édition **en langue uredakke**, [...] (1) En recevant un exemplaire de chaque édition **pour ce pays**, [...] (1) En recevant un exemplaire de chaque édition publiée **à Uredakke** [...] (1)	3/5	Fidelidad

Tabla 5 - Error ChatGPT fidelidad 3

Otro problema de fidelidad, que careció de una posedición en las versiones de tres estudiantes, tiene que ver con los adjetivos relativos a la lengua usada en Uredakke, país báltico imaginario descrito por Pérez-Reverte en eltexto origen. ChatGPT traduce "edición uredaka" por

108   https://dle.rae.es/gilipollas [última visita el 27 de junio de 2023]

"*édition uredaka*", pues usando un adjetivo calcado que conserva las características lingüísticas españolas y que no sale claro para el público francófon. Se podría haber podido adaptar con la forma "*urédaque*", por ejemplo, manteniendo la referencia al país y usando una palabra que suena francófona. Se observaque aquí, los estudiantes recurrieron a estrategias diferentes: uno usó el término "*langue uredakke*", que podría ser una buena solución si se adaptase el adjetivo. Dos mantuvieron el adjetivo "uredaka" en francés, manteniendo características hispanófonas en el texto meta, mientras que los dos últimos optaron por "*pour ce pays*" ["para ese país"], o simplemente "*chaque édition publiée à Uredakke*" ["cada edición publicada en Uredakke"], lo que también puede funcionar en términos de fidelidad.

Aunque existen otros problemas menores de significado en la versión de ChatGPT y en las posediciones de los estudiantes, estos tres son representativos de fenómenos recurrentes: invención de palabras/expresiones por parte de la TAN de ChatGPT, neutralización de términos connotados y calcos de palabras que no salen claras en francés.

Por lo que se refiere a la fluidez, cabe mencionar que los errores lingüísticos que se destacaron en el texto son mayoritariamente de índole tipográfico, dado que "En la actualidad, la traducción automática neuronal es capaz de generar traducciones de alta calidad en lo que respecta a la precisión gramatical y la fluidez" (Soler Uguet y Aranberri, 2023: 199).

Texto fuente	ChatGPT	Posedición	Cantidad	Tipo
«Le pago cien euros la hora si me lo traduce leyendo en voy alta», dijo.	"Je vous paie cent euros de l'heure si vous me le traduisez en le lisant à voix haute", a-t-il dit.	" " (3) « » (1) No comillas (1)	3/5	Fluidez

Tabla 6 - Error ChatGPT fluidez 1

Tal y como destacan Freitag et al. (2021: 1464) en su estudio, los errores de puntuación pertenecen a la categoría de los errores de fluidez, y a menudo tienen que ver con signos de puntuación y comillas. Eso ha ocurrido aquí, ya que las comillas que propone ChatGPT en su TAN no corresponden a las comillas latinas que se usan en francés en este tipo de textos (*Imprimerie nationale*, 2002: 63). En una ocurrencia, el estudiante restableció las comillas correctas, mientras que no fue el caso en tres ocurrencias. Finalmente, un estudiante decidió modificar la estructura de la frase para evitar el problema. Así pues, en tres ocurrencias sobre cinco, la posedición no permitió solucionar el problema.

Texto fuente	ChatGPT	Posedición	Cantidad	Tipo
[...] le satisfacía que en la extensa lista de países donde lo publicaban traducido –Taiwán, Birmania, Egipto, Croacia, Kazajistán– figurase Uredakke.	[...] où les traductions de son livre étaient publiées - Taïwan, Birmanie, Égypte, Croatie, Kazakhstan - Uredakke soit mentionné.	[...] où les traductions de son livre étaient publiées - Taïwan, Birmanie, Égypte, Croatie, Kazakhstan - (2) [...] (Taïwan, Birmanie, Égypte, Croatie, Kazakhstan) [...] (1) Reformulación (2)	2/5	Fluidez

Tabla 7 - Error ChatGPT fluidez 2

Un fenómeno similar aparece con los guiones. Aunque ChatGPT haya usado guiones cortos, se tiene que usar en francés un signo de puntuación llamado *tiret* (Imprimerie nationale, 2002: 149), que es más largo que el que propone ChatGPT (- vs. –). En este caso, dos estudiantes no cambiaron los guiones, uno los cambió por paréntesis, y los dos demás reformularon la frase. Así pues, se nota que, aunque la expresión sea correcta en francés, problemas tipográficos causados por ChatGPT pueden reducir la calidad de los contenidos poseditados por los estudiantes, ya que éstos no necesariamente corrigen dichos problemas.

Finalmente, se destacó que, aunque correcta, la formulación de ChatGPT a veces perjudica las características literarias del texto traducido, particularmente en términos de estilo. Aquí se presentan algunos ejemplos de estos fenómenos.

Texto fuente	ChatGPT	Posedición	Cantidad	Tipo
Salía en la tele y en todas partes.	Il apparaissait à la télévision et partout.	Il passait à la télévision, partout. (1) Il apparaissait à la télévision et à d'autres endroits. (1) Il apparaissait à la télévision et partout ailleurs. (2) Il apparaissant non seulement à la télévision, mais partout. (1)	1/5	Literario

Tabla 8 - ChatGPT fenómeno literario 1

Para este primer ejemplo, se eligió la frase "Salía en la tele y en todas partes", traducida literalmente por ChatGPT bajo la forma "*Il apparaissait à la télévision et partout*", lo que, según ambos evaluadores, constituye un calco sintáctico poco natural, aunque correcto desde un punto de vista sintáctico. Parece que los estudiantes no validaron esta traducción, puesto que todos la modificaron durante el proceso de posedición. En la mayoría de los casos se resolvió el problema, excepto quizás en el primer ejemplo de posedición que, además de no restablecer una formulación más elegante, introduce un error de significado, porque se podría entender en el sentido de "en todas partes en la tele".

Texto fuente	ChatGPT	Posedición	Cantidad	Tipo
El que más o el que menos, entre los escritores internacionales que conozco, se les ha visto alguna vez con un cabrón como el señor Vikavïskis.	Plus ou moins tous les écrivains internationaux que je connais ont été un jour confrontés à un salaud comme M Vikavïskis.	Plus ou moins tous les écrivains internationaux [...] (3) Presque tous les écrivains internationaux [...] (1) La plupart des écrivains internationaux [...] (1)	3/5	Literario

Tabla 9 – ChatGPT fenómeno literario 2

En este segundo ejemplo, ambos evaluadores consideraron que la TAN proporcionada por ChatGPT por la expresión "El que más o el que menos", es decir *"plus ou moins"*, reducía el carácter literario de la frase. Entre los estudiantes, tres decidieron no modificar la propuesta de la TAN, mientras que otro poseditó *"plus ou moins"* por *"presque"*, y otro por *"la plupart des"*, pues restableciendo un estilo literario más elevado.

6.2.2 Errores introducidos por los estudiantes

Aunque el presente estudio tenga como objeto los errores de posedición procedentes de la TAN en bruto proporcionada por ChatGPT, cabe destacar que se detectó un fenómeno que ya se ha destacado algunas veces en la literatura científica en posedición: una posedición incorrecta de elementos correctamente traducidos por la TAN. Por ejemplo, Loock et al. (2022: 131) mencionan dicho fenómeno y hacen hincapié en el hecho de que se tiene que desarrollar el dominio de la TA por los estudiantes (*MT literacy*, en inglés) para que éstos puedan identificar mejor los problemas que corregir en la TA en bruto. Aquí se presentan fenómenos identificados por ambos evaluadores y procedentes de distintos estudiantes, para hacer hincapié en la generalidad de estos problemas.

Texto fuente	ChatGPT	Posedición
A modo de ejemplo, el comienzo de *La sexadora de pollos de Auschwitz,* que en español era: *El día que sexó su primer pollo, la luz del alba iluminaba su feliz sonrisa* [...]	À titre d'exemple, le début de La Sexadora de pollos de Auschwitz, qui en espagnol était : Le jour où elle a sexé son premier poulet, la lumière de l'aube illuminait son sourire heureux [...]	Par exemple, le début de *La sexadora de pollos de Auschwitz*, qui voulait dire dans la version originale : « Le jour où elle a eu sa première relation sexuelle, la lumière de l'aube illuminait son sourire heureux » [...] (EST1) À titre d'exemple, le début de *L'avicultrice d'Auschwitz*, qui en espagnol était : Le jour où son premier poulet est né, la lumière de l'aube illuminait son sourire [...] (EST2) À titre indicatif, l'incipit de « La Sexadora de pollos de Auschwitz », qui, en français, donne : « le jour où elle a accouplé son premier poulet, la lumière de l'aube illumina son sourire heureux » [...] (EST5) À titre d'exemple, le début de son *livre Le sexe-linge des poulets d'Auschwitz*, qui en espagnol était : Le jour où elle a sexé son premier poulet, la lumière de l'aube illuminait son sourire heureux. (EST4)

Tabla 10 - Error estudiantes 1

Este párrafo del texto parece haberles planteado dificultades a los estudiantes, ya que cuatro de los cinco participantes introdujeron problemas en este fragmento de texto. No se debatirá aquí la necesidad de traducir el título del libro ficticio que se menciona, sino que hablaremos de la segunda parte del texto y, más particularmente, de la noción de "sexar" que, según la RAE, significa "Determinar o precisar el sexo de un animal"[109], lo que es el caso en este ejemplo. A pesar de que exista en francés el verbo *"sexer"* (que precisamente es lo que propone la TAN en bruto de ChatGPT), que significa exactamente lo mismo que en español[110], casi todos los estudiantes cambiaron dicha noción por propuestas

109   https://dle.rae.es/sexar [última visita el 27 de junio de 2023]
110   https://www.larousse.fr/dictionnaires/francais/sexer/188194 [última visita el 27 de junio de 2023]

erróneas. Empezando con el estudiante 1, observamos que formuló la idea de esta manera: *"Le jour où elle a eu sa première relation sexuelle, la lumière de l'aube illuminait son sourire heureux"* ("El día en que tuvo su primera relación sexual [...]"). Las dos posediciones siguientes también son incorrectas, ya que el estudiante 2 propone *"le jour où son premier poulet est né"* ("el día en que nació su primer pollo"), y que el estudiante 5 escribe *"le jour où elle a accouplé son premier poulet"* ("el día en que apareó su primer pollo"). Finalmente, el caso del estudiante 4 es algo peculiar, porque, por lo que deducimos, pensó que "La sexadora de pollos de Auschwitz", título ficticio del libro, era una mezcla de las palabras "sexo" y "secadora", por lo que reprodujo este supuesto juego de palabras y propuso una formulación graciosa, aunque incorrecta: *"Le sexe-linge des poulets d'Auschwitz"* (*"sexe"* + *"sèche-linge"*). Se puede, pues, observar que a pesar de que ChatGPT proponga una solución correcta, la falta de comprensión por parte de los estudiantes y su falta de búsquedas documentales causan la aparición de errores de este tipo.

Texto fuente	ChatGPT	Posedición
[...] aparecía así en la traducción: *Hizo ella, con el pollo en la mano, una rimbombante mueca de femineidad matutina pero falsa aunque tal vez no pero quizás.*	[...] apparaissait ainsi dans la traduction : Elle a fait, avec le poulet dans la main, une grimace ronflante de féminité matinale mais fausse bien que peut-être pas mais peut-être.	[...] la traduction donnait ceci : « Elle a fait, lors de l'acte, une grimace emplie de féminité matinale mais qui était fausse. Ou peut-être pas ... » (EST1)

Tabla 11 - Error estudiantes 2

El estudiante 1, que ya habló de relaciones sexuales en el ejemplo previo, siguió con su razonamiento y propuso *"lors de l'acte"* para "con el pollo en la mano". Aunque no exista ninguna referencia sexual en español, la formulación de su texto poseditado en francés deja pensar que se trata de un acto sexual, a pesar de que el texto fuente y la TAN propuesta por ChatGPT no dejen pensar esto. Así pues, cuando a menudo se habla

Capítulo 9
ChatGPT y estudiantes de traducción: ¿Combinación ganadora o desastre artificial?
Estudio exploratorio de la calidad de textos poseditados de castellano a francés
por estudiantes de Máster a partir de ChatGPT   351

de una confianza excesiva que le otorgan los estudiantes en traducción a la traducción automática, sería más lo contrario aquí.

Texto fuente	ChatGPT	Posedición
EL CASO DEL TRADUCTOR RECALCITRANTE	LE CAS DU TRADUCTEUR RECALCITRANT	L'AFFAIRE DU TRADUCTEUR REBEL (EST4)

Tabla 12 - Error estudiantes 3

Finalmente, el estudiante 4 también introdujo un error en la posedición del título, ya que el adjetivo *"rebelle"* (que puede funcionar en este contexto) no se puede escribir *"rebel"* en francés. Así pues, este ejemplo nos permite poner de relieve los potenciales errores ortográficos que cometen los estudiantes cuando poseditan. Gracias a estos ejemplos, se puede observar que la TAN no siempre es responsable de los problemas de posedición, y que la falta de confianza de los estudiantes hacia la propuesta de TAN puede constituir una fuente de errores con los que la TAN no tiene nada que ver.

7 DISCUSIÓN DE LOS RESULTADOS

Tras la exposición de estos resultados, cabe intentar identificar potenciales causas y razones que explicarían los fenómenos destacados. Con respecto a las tendencias en términos de fidelidad al texto fuente, los problemas identificados podrían tener que ver con la falta de experiencia de nuestros participantes que, por una parte, no tienen experiencia traductora profesional y, por otra parte, ni siquiera han practicado posedición en un contexto académico. Por estas razones, los estudiantes todavía no han podido desarrollar sus capacidades críticas hacia las propuestas de TAN, lo que desemboca en posediciones incorrectas o, al revés, en una falta de posedición cuando es necesaria. Además, los estudiantes tal vez no consultaron lo suficiente el texto fuente, como se destacó en muchos estudios (*cf.* Volkart *et al.,* 2022: 2), lo que provocó la falta de detección de unos errores presentes en la TA en bruto. Los resultados también nos conducen a cuestionar las búsquedas documentales llevadas a cabo por los estudiantes, dado que problemas como el de "sexar" se hubieran podido evitar con búsquedas idóneas. En este sentido, cabe cuestionarse sobre el hecho de que los estudiantes tal vez piensen que recurrir a una TAN les libra de llevar a cabo búsquedas documentales, aunque no sea el caso.

En cuanto a los resultados relativos a la fluidez del texto fuente, aunque ChatGPT propusiera una TAN en bruto con resultados correctos, se observó que el proceso de posedición mejoraba el nivel de fluidez en la mayoría de los casos. Se puede postular que los estudiantes están más acostumbrados a detectar problemas puramente lingüísticos como guiones erróneos que problemas de significado, que podrían requerir un esfuerzo cognitivo más grande.

También se pueden sacar tendencias interesantes de la evaluación relativa a las características literarias del texto, que no son nada generalizables y se tendrían que confirmar con estudios más representativos y profundos. En realidad, los motores genéricos gratuitos como los que se encuentran en línea no tienen ningún tipo de especialización literaria. Ahora bien, Hansen et al. (2022) subrayaron el aumento de calidad que permite un motor especializado, a pesar de que todos los autores no lleguen a las mismas conclusiones. Por ejemplo, es el caso de Kuzman et al. (2019: 8) que trabajaron de inglés a esloveno, concluyeron que la TAN de Google proporcionaba mejores resultados que el motor que entrenaron específicamente con textos literarios y destacaron la importancia de la cantidad de datos de entrenamiento. Nuestros estudiantes, por su parte, suelen redactar, y algunos de ellos incluso han seguido clases de traducción literaria, por lo que están sensibilizados a la cuestión del estilo en traducción/posedición de textos literarios. Los evaluadores están de acuerdo para decir que la plusvalía de la posedición fue más clara en esta categoría de análisis de la calidad.

8 CONCLUSIONES

En el marco del presente trabajo se llevó a cabo un estudio de posedición en el que participaron cinco estudiantes de primer año de Máster en traducción en la Universidad de Mons. Se les pidió poseditar un texto literario de un poco menos de 800 palabras en un plazo de dos horas, tomando como base la TAN en bruto propuesta por ChatGPT.

Para analizar sus producciones, dos evaluadores especializados en posedición español-francés y con experiencia en evaluación de la calidad en traducción analizaron la fidelidad al texto fuente de la TAN en bruto y de las posediciones de los estudiantes, así como la fluidez y la alteración de las características literarias del texto, usando una escala tipo Likert de 1 a 5.

Se destacaron varias tendencias: por lo que se refiere a la fidelidad, unos estudiantes proponen un texto poseditado más preciso que la TAN en bruto, pero otros reducen el grado de fidelidad durante el proceso de posedición e introducen errores que no existían en la TAN en bruto, como se destacó en la sección 7.2. Por lo que se refiere a la fluidez del texto meta y a las características literarias del texto, las tendencias que se destacan aquí indican que los beneficios que se pueden sacar de la posedición son más altos en el marco de ambas categorías, sin olvidar que se trabajó con un público estudiante y un texto literario. En otras palabras, es posible que estas tendencias no se observen en contextos profesionales o con otros tipos de textos. La falta de experiencia, de formación y de análisis crítico por parte de los estudiantes podría explicar los problemas destacados en las producciones de los estudiantes, aunque esto se tuviera que verificar con estudios empíricos de proporciones más grandes.

Varias limitaciones resaltan del presente trabajo. Cabe recordar que el presente estudio exploratorio se llevó a cabo con tan solo cinco participantes, en concreto cinco estudiantes de primer año de Máster en traducción sin práctica previa de posedición. Aunque sea interesante trabajar con estudiantes de este perfil para orientar las clases de posedición, no representan la mayoría del mercado laboral de traducción, por lo que las conclusiones que se han sacado aquí sólo se pueden aplicar, de momento, a la didáctica de la posedición español<>francés. Así pues, la cantidad reducida de participantes y el texto único con el que trabajamos no permiten sacar conclusiones definitivas, aunque sí nos permitieron destacar algunas tendencias que cabría verificar con estudios más grandes.

También cabe destacar que sólo se ha trabajado aquí con un texto literario, que no representa la mayoría de los textos con los que se trabaja en el aula de traducción, y aún menos la realidad de terreno del mercado laboral en traducción, ya que los textos literarios sólo representan una fracción ínfima de los textos que se traducen profesionalmente. No obstante, el interés científico cada vez más grande que se le dedica a la posedición de tales textos merece la realización de estudios en posedición literaria con la combinación lingüística castellano<>francés.

A nivel metodológico, hubiera sido apreciable trabajar con más evaluadores. A pesar de que los dos evaluadores que llevaron a cabo la evaluación cualitativa de los resultados presentaran un perfil muy relevante, sería necesario trabajar con más profesionales y calcular un acuerdo entre evaluadores para asegurarse que los resultados son fiables y generalizables. Fue por esa razón que se consideraron las evaluaciones de ambos por separado.

Finalmente, es necesario mencionar que sólo se trabajó con una herramienta de TAN, es decir ChatGPT. Aunque resulte interesante dicha herramienta, ya que se trata de un modelo de lengua de gran escala, a la diferencia de los demás motores comerciales, hubiera sido interesante tener un corpus de estudio basado en varios motores de traducción automática, y que incluyera otros motores de TAN con los que suelan trabajar los estudiantes, como por ejemplo DeepL y el traductor de Google.

En relación con las limitaciones que se acaban de mencionar, formulamos aquí algunas líneas investigadoras que nos permitirían profundizar y solidificar los resultados del presente estudio, así como explorar

Capítulo 9
ChatGPT y estudiantes de traducción: ¿Combinación ganadora o desastre artificial?
Estudio exploratorio de la calidad de textos poseditados de castellano a francés
por estudiantes de Máster a partir de ChatGPT   355

nuevos terrenos relacionados con el trabajo que se llevó a cabo aquí. En primer lugar, cabría llevar a cabo un estudio similar con más datos cuantitativos, solicitando a más evaluadores y a más participantes, de forma a poder elaborar recomendaciones pedagógicas útiles en el marco de la enseñanza de posedición de TAN de español a francés, sea con textos de índole literario u otros tipos de textos, ya que "gracias al avance de la tecnología, la traducción automática con posedición (TA con PE) ha irrumpido con fuerza en todos los ámbitos de la traducción" (Trujillos Yébenes, 2020: iiii). Asimismo, se podrían proponer cuestionarios a los estudiantes que participan en estos estudios, con el fin de determinar las razones por las que eligen confiar o desconfiar en la TAN.

También sería interesante recurrir a métricas automáticas (lo que no se ha podido hacer aquí debido a la ausencia de traducciones de referencia) con el fin de comparar dicha evaluación con las evaluaciones humanas, para ver en qué medida evaluación automática y humana concuerdan en este tipo de situación. Además, cabría investigar la relación entre evaluación automática de la calidad de una TAN en bruto (como la de ChatGPT) y la cantidad de operaciones de posedición necesarias para alcanzar un grado de calidad óptimo.

Con respecto a una potencial comparación de las posediciones llevadas a cabo tomando como base ChatGPT con posediciones de TAN procedentes de otros motores, dos propuestas de investigación se pueden mencionar. Es cierto que, como se ha dicho en la sección anterior, un estudio de este tipo se podría llevar a cabo comparando ChatGPT con motores comerciales como DeepL o Google, pero se podría ir más allá y comparar ChatGPT con un motor que se hubiera entrenado especialmente para contenidos de índole literario como el que se ha tratado aquí, lo que resulta de especial interés puesto que Hansen *et al.,* 2022, llegaron a la conclusión de que un motor de TAN específico puede desembocar en un nivel de calidad de TAN bastante interesante en contenidos literarios.

Finalmente, teniendo en cuenta que los estudiantes con los que se trabajó para la recopilación de datos nunca habían seguido ninguna forma de formación académica en posedición, cabría reproducir una experimentación de este tipo después de las clases de posedición que seguirán durante su segundo año de Máster, para determinar la eficacia de dicha clase sobre sus estrategias de posedición y la calidad de los textos que producen.

Para terminar, cabe destacar que no se produjo el "desastre tecnológico" resaltado en el título del presente artículo. No obstante, nuestro estudio exploratorio permitió destacar y analizar unos problemas de posedición que se podrían solucionar mediante una formación adecuada en el marco de la carrera universitaria de traducción. Por ejemplo, se podrían mejorar los resultados si los estudiantes aprendieran a detectar correctamente los problemas de cada categoría en la TA en bruto, y a no confiar demasiado en las sugerencias de traducción proporcionadas por la máquina en el marco de textos tanto generales como literarios. Dicha confianza puede desembocar en textos poseditados con problemas de fidelidad al texto fuente, registro inadecuado, tipografía incorrecta, etc. Estos problemas, que se producen con muchos tipos de textos, se podrían trabajar más en clase, con el objetivo de preparar a los estudiantes a poseditar todos tipos de texto cuando acaben su carrera.

9 REFERENCIAS BIBLIOGRÁFICAS

ABDEL-LATIF, A. M., "Erotismo, lengua y cultura en la traducción al árabe de La pasión turca, de Antonio Gala", *Hermēneus. Revista de Traducción e Interpretación*, 24, 2023, 17-40.

ANABERRI, N., "Posedición, productividad y calidad", *Tradumàtica*, 12, 2014, 471-477.

BRIVA IGLESIAS, V., O'BRIEN, S, & COWAN, B., "The impact of traditional and interactive post-editing on Machine Translation User Experience, quality, and productivity", *Translation, Cognition & Behavior*, 6(1), 2023, 60-86.

Capítulo 9
ChatGPT y estudiantes de traducción: ¿Combinación ganadora o desastre artificial?
Estudio exploratorio de la calidad de textos poseditados de castellano a francés
por estudiantes de Máster a partir de ChatGPT   357

CANDEL-MORA, M., "Adaptación de las escalas de calidad de la traducción automática a los nuevos géneros digitales: El caso del contenido generado por el usuario", *ELUA: Estudios de Lingüística*, 38, 2022, 117-136.

CASTILLO BERNAL, P., "La traducción literaria asistida por ordenador aplicada a la novela histórica (alemán-español): entrenamiento y comparación de sistemas de traducción automática", *Quaderns de Filologia: Estudis Lingüístics*, XXVII, 2022, 71-85.

CUADRADO REY, A., & NAVARRO BROTONS, L., "Aproximación a la traducción automática de culturemas gastronómicos en el ámbito turístico: estudio de caso (español, alemán, francés)", *Hikma*, 23(1), 2024, 111-139.

DE ALMEIDA, G., "Translating the post-editor: An investigation of post-editing changes and correlations with professional experience across two Romance languages" [Tesis de doctorado, Dublin City University], Enero de 2013. https://doras.dcu.ie/17732/1/THESIS_G_de_Almeida.pdf

EMT NETWORK, "EMT Competence Framework 2022", Octubre de 2022. https://commission.europa.eu/system/files/2022-11/emt_competence_fwk_2022_en.pdf

ESCUDERO MANCEBO, D., "ChatGPT y su impacto a la hora de elegir una profesión", *El Norte de Castilla*, Febrero de 2023. https://uvadoc.uva.es/bitstream/handle/10324/58709/ChatGPT.pdf?sequence=1

FERRAGUD FERRAGUD, M., "La traducción automática literaria: análisis de errores de la traducción automática y las traducciones de estudiantes del mismo texto original", *Tradumàtica*, 21, 2023, 184-232.

FREITAG, M., FOSTER, G., GRANGIER, D., RATNAKAR, V., TAN, Q., & MACHEREY, W., "Experts, Errors, and Context: A Large-Scale Study of Human Evaluation for Machine Translation", *Transactions of the Association for Computational Linguistics*, 9, 2021, 1460-1474.

GARCÍA-PEÑALVO, F. J., "La percepción de la Inteligencia Artificial en contextos educativos tras el lanzamiento de ChatGPT: Disrupción o Pánico", *Education in the Knowledge Society*, 24, 2023, 1-9.

GUERBEROF ARENAS, A., & MOORKENS, J., "Machine translation and post-editing training as part of a master's programme", *Journal of Specialised Translation*, 31, Enero de 2020, 217-238.

HANSEN, D., ESPERANÇA-RODIER, E., BLANCHON, H., & BADA, V. (2022). La traduction littéraire automatique : Adapter la machine à la traduction humaine individualisée. *Journal of Data Mining & Digital Humanities*, 1-19.

IMPRIMERIE NATIONALE, *Règles typographiques en usage à l'imprimerie nationale*, Massin, Lonrai, 2002.

KLIMOVA, B., PIKHART, M., DELORME BENITES, A., LEHR, C., & SÁNCHEZ-STOCKHAMMER, C., "Neural machine translation in foreign language teaching and learning: a systematic review", *Education and Information Technologies*, 28, Julio de 2020, 663-682.

KUZMAN, T., VINTAR, Š, & ARČAN, M., "Neural Machine Translation of Literary Texts from English to Slovene", *Proceedings of the Qualities of Literary Machine Translation (EAMT)*, 2019, 1-9.

LOOCK, R., LECHAUGUETTE, S., & HOLT, B., "Dealing with the 'Elephant in the Classroom': Developing Language Students' Machine Translation Literacy", *Australian Journal of Applied Linguistics,* 5(3), 2022, 118-134.

LÓPEZ PAN, F., "El articulista-personaje como estrategia retórica en las columnas personales o literarias", *Anàlisi*, 41, 2011, 47-68.

LOPEZOSA, C., CODINA, L., & FERRAN-FERRER, N.: "ChatGPT como apoyo a las systematic scoping reviews: Integrando la inteligencia artificial con el framework SALSA" [en línea], Universitat de Barcelona, (2023), <https://diposit.ub.edu/dspace/bitstream/2445/193691/1/chatgpt_scoping-reviews_CRICC_2023%20%282%29%20%282%29.pdf>. [Consulta: 13/06/2024.]

LÓPEZ TINEO, G. C., & MENDOZA ÁLVAREZ, A., "El ChatGPT en la traducción de textos especializados médicos por estudiantes de Traducción e Interpretación (estudio exploratorio)" [Trabajo de investigación - Bachiller en Traducción e Interpretación Profesional, Universidad Peruana de Ciencias Aplicadas], Enero de 2024. https://repositorioacademico.upc.edu.pe/bitstream/handle/10757/673007/Lopez_TG.pdf?sequence=1&isAllowed=y

MITCHELL, L., O'BRIEN, S., & DE ALMEIDA, G., "Quality evaluation in community post-editing", *Machine Translation,* 28, 2014, 237-262.

MOORKENS, J., CASTILHO, S., GASPARI, F., & DOHERTY, S., "Introduction", en MOORKENS, J., CASTILHO, S., GASPARI, F., & DOHERTY, S.,(Eds.) *Translation Quality Assessment - From Principles to Practice*, Volume 1, Springer, Cham, 2018, pp. 1-8.

MOSLEM, Y., HAQUE, R., KELLEHER, J., & WAY, A.: "Adaptive Machine Translation with Large Language Models" (2301.13294v3) [en línea], (2023), <https://arxiv.org/pdf/2301.13294.pdf>. [Consulta: 13/06/2024.]

NITZKE, J., TARDEL, A., & HANSEN-SCHIRRA, S., "Training the modern translator–the acquisition of digital competencies through blended learning", *The Interpreter and Translator Trainer*, 13(3), 2019, 292-306.

O'BRIEN, S., "Post-editing", en GAMBIER, Y. et VAN DOORSLAER, L., *Handbook of Translation Studies*, Volume 5, John Benjamins Publishing Company, Amsterdam/Philadelphia, 2021, pp. 177-184.

OLITE DIEGO, F. M., MORALES SUÁREZ, I. DEL R., & VIDAL LEDO, M. J., "Chat GPT: origen, evolución, retos e impactos en la educación", *Educación Médica Superior*, 37(2), 25 de mayo de 2023, 1-23.

POPOVIĆ, M., & BELZ, A., "A reproduction study of an annotation-based human evaluation of MT outputs", *14th International Conference on Natural Language Generation*, Septiembre de 2021, 293-300.

RAVINDRAN, S.; "Lost in translation", *Science*, 381(6655), 2023, 262-265.

ROBERT, A.-M., "La post-édition: L'avenir incontournable du traducteur ?", *Traduire*, 222, 2010, 137-144.

SÁNCHEZ RAMOS, M. DEL M., & CERASELA NODIS, R., "Los sistemas de traducción automática (TA) en los servicios públicos: El caso de la traducción jurídico-administrativa (francés-español)", *Onomázein*, 56, 2022, 1-18.

SOLER UGUET, C., & ARANBERRI, N., "Exploring politeness control in NMT: fine-tuned vs. Multi-register models in Castilian Spanish", *Procesamiento del Lenguaje Natural*, 70, 2023, 199-212.

TAVARES, C., TALLONE, L., OLIVEIRA, L., & RIBEIRO, S., "The Challenges of Teaching and Assessing Technical Translation in an Era of Neural Machine Translation", *Education Sciences*, 13, 2023, 1-11.

TRUJILLOS YÉBENES, L., "Aproximación al uso de la traducción automática con posedición en el ámbito de la traducción médica: Opinión de traductores médicos profesionales" [Trabajo Final de Máster Investigador, Universitat Jaume I], 30 de noviembre de 2020. https://repositori.uji.es/xmlui/bitstream/handle/10234/191218/TFM_2020_TrujillosYebenes_Lorena.pdf?sequence=1&isAllowed=y

VALDEZ, C., & LOMEÑA GALIANO, M., "Exploration de la Traduction automatique neuronale espagnol-français : pour une traductologie de corpus appliquée à l'analyse des outils de traduction", *Revue de Traduction et Langues,* 20(1), 2021, 85-111.

VOLKART, L., GIRLETTI, S., GERLACH, J., MUTAL, J.D., & BOUILLON, P., "Source or target first? Comparison of two post-editing strategies with translation students", *Journal of Data Mining & Digital Humanities*, 2022, 1-7.

WANG, L., LYU, C., JI, T., ZHANG, Z., YU, D., SHI, S., & TU, Z.: "Document-Level Machine Translation with Large Language Models" (2304.02210v1) [en línea], (2023), <https://arxiv.org/pdf/2304.02210.pdf>. [Consulta: 13/06/2024.]

Traducción neuronal entre el italiano y el español: estado y avance de ChatGPT como traductor y su comparación con DeepL

Rubén González Vallejo
r.gonzalez@uma.es
Universidad de Málaga

1 INTRODUCCIÓN

ChatGPT es un chatbot ideado por la empresa OpenAI. Lanzado en 2022, está basado en el uso de transformadores que desde su lanzamiento (Vaswani *et al.,* 2017) han revolucionado el campo del procesamiento del lenguaje natural (PLN). Concretamente, los transformadores, a partir de la importancia dada a cada elemento en la frase, reproducen una predicción específica. Asimismo, ChatGPT está basado en una arquitectura denominada transformador de solo codificador y ha sido entrenado previamente mediante la predicción de palabras ausentes en frases con contexto (EY Perú, 2023). Este chatbot funciona mediante *prompts* o preguntas que el usuario debe realizar respetando un diseño atento de las mismas para obtener del programa una mayor precisión y eficacia. Por ello, deben ser claras, relevantes, se debe otorgar el mayor contexto posible para la recreación de la interacción y proporcionar ejemplos para que el sistema pueda sopesar el estándar que se le requiere (Apoyo a la investigación, 2023). Entre las ventajas que ofrece ChatGPT, en cuanto al PLN se refiere, encontramos: mejor comprensión del lenguaje, mejor calidad de respuesta, mayor eficacia en el procesamiento de las tareas, soporte multilingüe, personalización de las respuestas del usuario, procesamiento de un gran número de datos y una notable accesibilidad lingüística al poder ser usado por personas no nativas o con discapacidad (Hariri, 2023).

Tal ha sido la espera de su lanzamiento, que, según Statista (Buchholz, 2023), ChatGPT consiguió en 2022 un millón de usuarios en 5 días, frente a otras plataformas de gran aceptación social, como Netflix (3,5 años), Twitter (2 años) o Instagram (2,5 meses). Desde entonces, ChatGPT ha sido objeto de numerosos estudios interdisciplinares (Choi *et al.,* 2022; Xiao *et al.,* 2023; Guo *et al.,* 2023) y su entrenamiento lingüístico, junto con la tecnología de vanguardia del PLN, ha producido una suma de comandos tanto útiles cuanto cuestionables. Principalmente, encontramos un uso de traducción automática, análisis de datos, resumen de textos, corrección automática, aprendizaje personalizado, análisis de sentimiento en los textos y comprensión del lenguaje natural. Como prueba de su versatilidad en diferentes campos científicos, resaltamos el estudio conducido por Kasai et al. (2023), en el que someten a ChatGPT a los exámenes de la carrera médica en Japón. Los autores afirman que, si bien se encuentra por debajo de los valores medios de los estudiantes, aprueba satisfactoriamente los exámenes, aunque no se encuentra exento de riesgos, ya que, a causa del sesgo hacia el inglés, ofrece como posibilidad opciones como la eutanasia, cuya práctica está prohibida en el país nipón. Por otra parte, Anderson et al. (2023) y Lyu et al. (2023) resaltan la potencialidad de ChatGPT para producir resúmenes comprensibles a partir de material académico y científico en sectores como la medicina y el medioambiente, lo cual facilita la accesibilidad del conocimiento científico, aunque afirman que puede producir textos imprecisos. No sin razón, Castillo-Gonzalez (2022) recuerda que, si bien permite ahorrar tiempo a los científicos en la lectura de resultados recientes, no produce nueva ciencia y tampoco posee conocimientos especializados concretos.

En el presente artículo nos centraremos en ChatGPT como traductor, ya que recientemente ha sido objeto de numerosas comparaciones con otros motores comerciales (Jiao *et al.,* 2023: Peng *et al.,* 2023; Hendy *et al.,* 2023; Gao, Wang y Hou, 2023), además de una gran atención mediática por el nuevo procesamiento del lenguaje natural que incorpora. Para ello, llevaremos a cabo un estudio analítico en la combinación italiano/español, ya que son escasas las investigaciones que han analizado los resultados de la traducción automática (TA, de aquí en adelante) entre ambas lenguas romance. Entre los escasos que encontramos, Vázquez y del Árbol (2007) realizan un análisis de la TA con cinco manuales de instrucciones de electrodomésticos del italiano al español. Resaltan la importancia de los textos paralelos y del proceso de documentación para paliar los abundantes errores de traducción, como omisiones y cambios de sentido. Por su parte, Minervini (2021) estudia el lenguaje inclusivo en la TA para la combinación español-italiano a través de los nombres de profesión, los pronombres y los desdoblamientos, entre otros, y concluye que los motores no muestran los esfuerzos inclusivos de las políticas lingüísticas actuales. En el plano didáctico, Rueda Álvarez y Álvarez Méndez (2022) realizaron un estudio cualitativo con estudiantes y docentes sobre el uso de la TA para la combinación italiano-español. En dicho análisis, los estudiantes afirmaron que era un modo útil de conocer las palabras en su contexto y los sinónimos, además de resaltar la necesidad de formación en terminología especializada. Los profesores, por su parte, mostraron poseer mayor conciencia del proceso de TA al considerar fundamental la posedición (PE) por sus beneficios. Por último, González Vallejo (2022) estudia la TA de textos jurídicos mediante el motor Apertium, basado en reglas. Concluye que en aplicación a la traducción jurídica los errores ortotipográficos no tienen relevancia; que en los errores léxicos los binomios no se transponen correctamente y algunas formas verbales se muestran inapropiadas al tenderse en el lenguaje jurídico italiano al presente y en español al futuro y al subjuntivo; que los errores semánticos corresponden a falsos amigos en la traducción, como *ipotesi*, *ovvero* o *legge*; y que entre los errores sintácticos aparecen errores de concordancia y estructuras asimétricas que no permiten una traducción literal.

A continuación, mostramos los recientes estudios sobre la relación entre la TA y la inteligencia artificial, el análisis de ChatGPT como traductor a través de la comparación realizada con otros motores comerciales, la evaluación de sus aspectos técnicos y los problemas éticos que se derivan de su uso.

2 LA TRADUCCIÓN AUTOMÁTICA Y LA INTELIGENCIA ARTIFICIAL (IA)

La irrupción la arquitectura de red neuronal basada en transformadores revolucionó el campo del procesamiento del lenguaje natural en 2017 con el artículo *Attention Is All You Need* (Vaswani *et al.,* 2017), y también el sector de la traducción, al ofrecer textos más cualitativos y unas prestaciones acordes al estilo de producción. Como consecuencia, los tiempos de procesamiento de la traducción automática se han agilizado, los programas tienen capacidad de autoaprendizaje y existe la posibilidad de traducir a varios idiomas de manera simultánea (Ibanez, 2023). Su capacidad para desarrollar un lenguaje más natural y otorgar autonomía al usuario ha sido utilizada como escaparate por las empresas, ya que han aprovechado sus atractivas características como lanzadera para interactuar con el comercio internacional. Asimismo, la traducción ha ido más allá del soporte tradicional en formato escrito para ofrecer traslaciones a través de la voz y de la imagen, además de ofrecer interacción artificial con ayuda del procesamiento del lenguaje natural mediante chatbots (García, 2022). Con todo, no hablamos de una nueva tecnología, sino de la combinación eficiente de las ya existentes. Al nuevo proyecto Translatroton, que traduce reproduciendo la misma tonalidad de la voz de origen, sumamos la función de Skype, que permite la traducción real por subtítulos en videollamadas o los traductores simultáneos con auriculares, como los Google Pixel Buds, los cuales traducen hasta en 40 idiomas. Sin embargo, los esfuerzos por eliminar barreras no solo se han centrado entre pares de idiomas, sino que también han dejado estudios dedicados a otros aspectos que podemos encuadrar en la esfera de la traducción intralingüística. Como ejemplo, piénsese en el proyecto de Castiblanco Franco y Montes Mora (2021), dedicado a la creación de una aplicación móvil que permite la traducción intralingüística del español al lenguaje de signos para la comunidad sorda, o el proyecto ReHabla (Huete, 2020), ideado para tratar la disfasia o la dispraxia, entre otros, a través de avatares que ofrecen un procesamiento automático del habla.

Por último, la fusión y evolución de la traducción y la inteligencia artificial se ha ido viendo en la combinación de tecnologías que conforman la base de los principales motores de traducción, como las basadas en reglas (Apertium, IdiomaX, OpenLogos); híbrida (Baidu Translate); estadística (Moses, NiuTrans); neuronal (ModernMT); basadas en reglas, estadística e híbrida (PROMT, SYSTRAN); basadas en redes neuronales y algoritmos de aprendizaje profundo (DeepL Translator); basadas en reglas, estadística y neuronal (IBM); y estadística y neuronal (Microsoft Translate) (Rincón Córcoles, 2020).

A continuación, por el interés que aporta en nuestro estudio, dedicaremos la atención a tratar los estudios que se han centrado en la traducción de ChatGPT, debido a su optimizada capacidad de procesamiento y a los numerosos análisis dedicados a sus prestaciones.

3 ESTUDIOS SOBRE LA TRADUCCIÓN CON CHATGPT

Inicialmente, algunos estudios han analizado la traducción de Chat-GPT en relación con otros motores comerciales para resaltar la potencia de los nuevos transformadores. Entre ellos, Jiao et al. (2023) estudian ChatGPT, en comparación con Google Translate y DeepL, y mencionan la dificultad de traducción entre pares de idiomas lejanos con pocos recursos lingüísticos (idea compartida por Peng *et al.,* 2023 y Hendy *et al.,* 2023), para los que el programa realiza la estrategia de traducción *pivot prompting*, por la cual se traduce la frase original a una lengua con muchos recursos lingüísticos para, posteriormente, traducirla a aquella con menos. Asimismo, indican algunas limitaciones, como las métricas automáticas de evaluación utilizadas, incapaces de reflejar algunas ca-

Capítulo 10
Traducción neuronal entre el italiano y el español: estado y avance de ChatGPT
como traductor y su comparación con DeepL   367

racterísticas, y la falta de fiabilidad en las respuestas cuando existen repeticiones de búsquedas, cosa que otorga aleatoriedad a la evaluación (también indicado en Lu *et al.,* 2023).

Otro análisis contrastivo lo llevan a cabo Gao, Wang y Hou (2023), quienes evalúan las traducciones de diferentes sectores que realiza ChatGPT con la herramienta BLEU. Afirman que es capaz de proporcionar un contexto pertinente y analizan las instrucciones de traducción que se deben indicar para explorar la potencialidad de su capacidad de traducción[111]. Mediante un análisis multirreferencial, concluyen que su traducción es superior a la de los motores profesionales si se concretan correctamente las indicaciones (idea compartida por Wang *et al.,* 2023) mediante una especificación del sector o si se introducen marcas de POS (*Part-of-Speech*) como información adicional.

En cuanto a su uso como traductor, Bang et al. (2023) realizan una evaluación técnica del programa mediante aspectos multitarea, multilingües y multimodales. Concretamente, y en cuanto al análisis traductológico, mediante la traducción de 30 frases paralelas en 8 lenguas con muchos recursos (francés, español, chino, árabe, japonés, indonesio, coreano y vietnamita) y en 3 con pocos recursos (javanés, sundanés y marathi), concluyen que el rendimiento de ChatGPT es más productivo en la traducción hacia el inglés y en lenguas con alfabeto latino, y que se comporta mejor en la comprensión de la frase que en su generación. Por su parte, Guerreiro et al. (2023) estudian la imprecisión de las traducciones de ChatGPT analizando 100 direcciones lingüísticas diferentes. Para ello, utilizan la clasificación de Raunak et al. (2021), que dividen los errores entre los «de baja perturbación» (*hallucinations under perturbation,* y que muestran una falta de robustez del motor de traducción,

---

111   Las instrucciones dadas no permanecen ajenas a la mayoría de los análisis efectuados, como el de Wang, Luy et al. (2023), quienes puntualizan la falta de estudios sobre cómo organiza y modela el discurso ChatGPT a través de diferentes fenómenos, como la coherencia o las expresiones utilizadas.

como en los errores ortográficos) y los «naturales» (*natural hallucinations*, que afectan a un cierto contenido del texto que se traduce y ello recae en una traducción completamente diferente o con errores en segmentos concretos). Como resultado final, los autores defienden el uso de parámetros externos para reducir notablemente los errores de baja perturbación y los naturales, y para aumentar la fiabilidad de la traducción entre lenguas con bajos recursos. Por último, Khoshafah (2023) ha estudiado la traducción especializada del árabe al inglés con ChatGPT, comparando la propuesta automática de la herramienta con la traducción humana, a partir de textos históricos, literarios, mediáticos, jurídicos y científicos. Si bien declara que para los textos sencillos se obtiene una gran calidad de traducción, aconseja la traducción humana para evitar sesgos e imprecisiones, sobre todo, en aquellos textos en los que la herramienta ha mostrado más dificultades, como los textos médicos, jurídicos, científicos y las obras literarias.

4 SOBRE LAS MÉTRICAS DE EVALUACIÓN Y LOS ESTUDIOS CON CHATGPT

La evaluación de la traducción ha recibido notable atención desde diferentes enfoques, debido a que se plantea como un reto para el que existen escasos criterios de automatización (Varela Salinas y Postigo Pinazo, 2006). De hecho, en el plano académico encontramos numerosas grillas de evaluación, como las dedicadas a la evaluación sumativa (Orozco-Jutorán, 2006) y al diagnóstico de habilidades empleadas (Rojas Campos, 2004), además de propuestas metodológicas dedicadas a las revisiones (Parra Galiano, 2007) o aplicadas a la evaluación de la interferencia lingüística (Cagnolati, 2015). A partir de dichas grillas, la didáctica de la traducción ha buscado concebir el texto no como un resultado, sino como un proceso con diferentes etapas, además de detenerse en la figura del traductor (Hurtado Albir, 2004). Sin embargo, los programas de evaluación dedicados a los resultados de la TA hacen solamente referencia al resultado desde un punto de vista mecánico a través de algoritmos y métricas matemáticas, omitiendo el factor humano que puede reformular, rehacer una frase o usar estrategias de ampliación para expresar mejor el concepto en la lengua de llegada. Si bien no existe un consenso entre las métricas de evaluación aplicables a la TA, numerosos estudiosos han centrado su atención en el desarrollo de sistemas de análisis numérico que permiten otorgar una correlación eficaz entre el texto automático y las valoraciones humanas.

La métrica más conocida es BLEU (Papineni et al. 2002), la cual parte del razonamiento que para un correcto análisis se necesita una traducción humana de calidad y una métrica numérica que calcule la proximidad entre textos. Por ello, mediante BLEU se opera el cálculo de los *n-grams* que coinciden en ambos documentos y se aplica una tasa de error y un factor de penalización relativo a las modificaciones. Otras métricas también se han basado en la comparación de *n-grams,* como ROUGE (Lin, 2004) o METEOR (Banerjee y Lavie, 2005), si bien esta última analiza los unigramas entre la traducción automática y la humana mediante las coincidencias existentes y otorga a estas una puntuación basada en precisión, recuperación y fragmentación.

Sin embargo, debido a que estos sistemas se basan más en la variación léxica que en la semántica o sintáctica, han ido apareciendo otras métricas de evaluación, como la propuesta por Popović (2017), que afirma que el uso de unigramas y bigramas, a los que se otorga una puntuación de caracteres n-gramas (CHRF), mejora la correlación con las evaluaciones directas; o la de Sellam et al. (2020), quienes proponen BLEURT, basada en BERT mediante en un entrenamiento a gran escala, lo cual le otorga solidez en la desviación de dominio y calidad.

En cuanto a las métricas aplicadas a ChatGPT, Wang et al. (2023) han estudiado si ChatGPT es una métrica eficiente de evaluación del lenguaje natural, afirmando que mantiene una gran competitividad con el juicio humano. Sin embargo, diversos estudiosos apuntan a la necesidad de idear nuevas métricas que recojan los últimos avances tecnológicos en traducción. Un ejemplo es el de Hendy et al. (2023), quienes destacan que se necesitaría una nueva métrica para la evaluación de la traducción automática producida por los modelos GPT, e indican algunos aspectos para mejorar en la TA. Concretamente, proponen una fusión de modelos para obtener más eficacia, aumentar la representatividad de corpus multilingües para reducir el sesgo hacia el inglés y centrarse en el aprendizaje en contexto, pues estos modelos se han destacado por su capacidad de interacción.

5 METODOLOGÍA

La revolución de ChatGPT en el mundo de la traducción está asociada a la capacidad de recibir instrucciones mediante *prompts*, los cuales permiten brindar un contexto específico o el uso de una terminología concreta a la traslación. Asimismo, en relación con otros motores, ha sido objeto recientemente de numerosas comparaciones técnico-traductológicas (Jiao *et al.,* 2023: Peng *et al.,* 2023; Hendy *et al.,* 2023; Gao, Wang y Hou, 2023). Por ello, nuestro objetivo es ofrecer una comparación de las traducciones generadas del italiano al español por ChatGPT y DeepL (basados en redes neuronales y algoritmos de aprendizaje profundo), ya que diversos estudios demuestran la superioridad de este último con respecto a otros motores comerciales (Yulianto y Supriatnaningsih, 2021; Ifeanyi Nwakanma et. al, 2022).

Para ello, utilizaremos la métrica VERTa al ofrecer, desde nuestro punto de vista, un análisis más cualitativo y detallado con respecto a otras métricas más comerciales[112]. Su sistema por módulos permite conocer por separado la extracción de los planos léxico, morfológico, semántico y de dependencias, y utiliza un módulo de *n-grams* y otro de modelo de lenguaje. Con esta métrica se intenta realizar consideraciones que sobrepasan las correlaciones con las valoraciones humanas y analizar más

---

112   La versión completa y la demo, respectivamente, se encuentran en https://github.com/jatserias/VERTa y http://grial.ub.edu:8080/VERTaDemo/

a fondo el fenómeno lingüístico, ofreciendo además diferentes ficheros *.xml* donde se puede observar el comportamiento de cada módulo. Todo ello con el objetivo de detectar errores desde un punto de vista cualitativo (Comelles, 2023). Si bien VERTa se ha creado inicialmente para cubrir las diferencias entre el inglés y el español (Comelles y Atserias, 2016), es ampliable a otras lenguas, por lo que realizaremos el experimento entre el italiano y el español. Con ello, otorgaremos una primera aproximación a los estudios contrastivos entre ambas lenguas, ya que, en comparación con otras combinaciones más dominantes, carecen de estudios dedicados a la combinación de TA e IA.

El corpus analizado está compuesto por noticias del periódico Voxeurop de la sección *Medioambiente, clima y ciencia*. Se trata de un periódico online que cuenta con traducciones hasta en 10 lenguas diferentes cubiertas por traductores especializados. Forma parte de la red de revistas y publicaciones culturales Eurozine, está constituido por periodistas de diferentes países europeos y tiene como estandarte que los desafíos actuales necesitan una visión global y no nacional. El corpus contabiliza 5 noticias de notable extensión escritas originalmente en italiano, junto con su traducción humana en español y las traducciones realizadas por ChatGPT y DeepL. La justificación del corpus se debe a que las noticias originales en italiano, disponibles en la página, cuentan también con traducciones humanas realizadas por profesionales o periodistas hacia diferentes lenguas. Por lo tanto, las traducciones humanas servirán como referencia para la valoración cualitativa de ambos motores a través de la métrica VERTa. Se han escogido diferentes escritores y traductores con el fin de evitar aspectos idiosincrásicos en el proceso de traslación, y la temporalización se refiere al año 2017-2022. En total, se contabilizan 26 119 *tokens*[113] en los textos fuente y el corpus,

---

113   Nótese que se han eliminado los gráficos en el vaciado del corpus, ya que ChatGPT por el momento no dispone de la tecnología OCR, la cual se encuentra disponible en algunos programas de traducción asistida y sirve para analizar y extraer el texto de las imágenes.

creado en abril de 2023, se encuentra disponible en Sketch Engine (consultable en https://ske.li/vnd).

6 ANÁLISIS

Con el fin de introducir el funcionamiento de la métrica VERTa, analizamos a continuación los resultados que arroja la traducción de Chat-GPT en comparación con la traducción humana de un breve segmento presente en el corpus. La frase de referencia (traducción humana) es "En la Unión Europea, la producción de alimentos es responsable por el 13 % de las emisiones de gases de efecto invernadero", y la creada por el programa, "En la Unión Europea, la producción de alimentos es responsable del 13 por ciento de las emisiones de gases de efecto invernader"". A continuación, exponemos en la Figura 1 algunos de los resultados arrojados por la métrica VERTa, para los que se aportarán sucesivamente algunas explicaciones sobre el funcionamiento de los módulos a partir de lo recabado en Comelles et. al (2012).

Capítulo 10
Traducción neuronal entre el italiano y el español: estado y avance de ChatGPT
como traductor y su comparación con DeepL   373

Figura 1. *Prueba de métrica de ChatGPT en comparación con la traducción humana*

Module # 1

F1	0.9259259259259259
Precision	0.8928571428571429
Recall	0.9615384615384616
Weighted F1	43.51851851851852
Weighted Precision	41.964285714285715
Weighted Recall	45.19230769230769

- VERTa final score: 0.8454303069397409
- VERTa global Prec.: 0.8149134199134199
- VERTa global Recall: 0.8783221719457014

Module # 2

F1	0.925925925925925
Precision	0.8928571428571429
Recall	0.9615384615384616
Weighted F1	2.7777777777777777
Weighted Precision	2.678571428571429
Weighted Recall	2.884615384615384

Module # 3

F1	0.8490566037735848
Precision	0.818181818181818 2
Recall	0.8823529411764706
Weighted F1	27.169811320754715
Weighted Precision	26.181818181818183
Weighted Recall	28.235294117647058

Module # 4

F1	0.6153846153846153
Precision	0.5925925925925926
Recall	0.64
Weighted F1	11.076923076923075
Weighted Precision	10.666666666666666
Weighted Recall	11.52

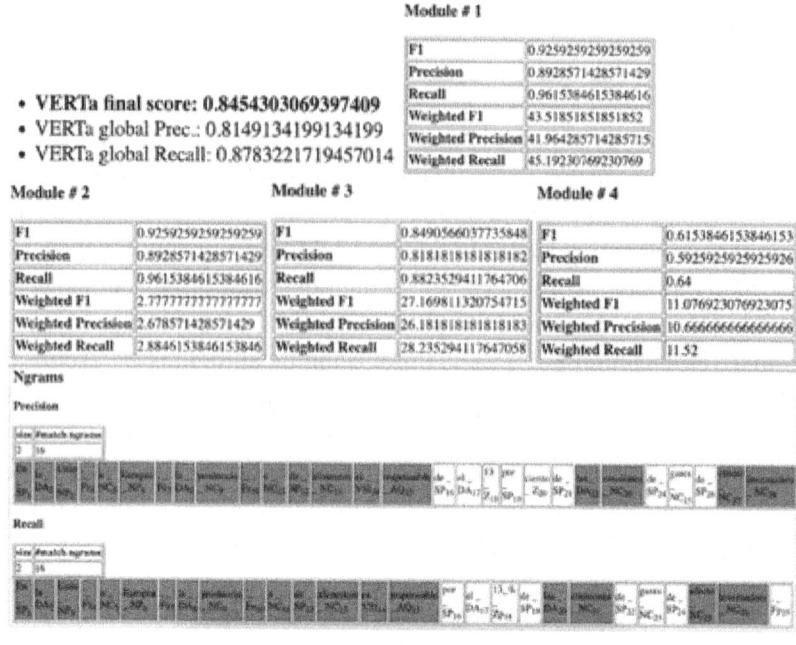

Nota: elaboración propia

El primer módulo analiza las coincidencias léxicas entre ambos fragmentos a partir de diferentes características lingüísticas. Concretamente, además de basarse en la forma de la palabra y en los sinónimos, analiza los hipónimos, los hiperónimos, los lemas y los lemas parciales. Todo ello mediante un sistema de peso.

El segundo módulo combina la información léxica y morfológica. Para ello, al igual que en el módulo anterior, se establecen coincidencias entre ambos segmentos y se aplica un conjunto de pesos, con la diferencia de que se realiza un análisis por pares de características y no elementos léxicos individuales.

Por su parte, en el módulo 3 se adaptan diferentes enfoques lingüísticos y se analiza el cambio de las palabras en la oración mediante cuatro tipos de dependencias, después de haber realizado, al igual que en el módulo 1, un análisis de coincidencias. Por ejemplo, aunque el elemento analizado se muestre en otro orden respecto al original, puede encuadrarse en el mismo nivel de dependencia, siempre que haga referencia a la palabra clave.

Por último, en el módulo 4 se alinean los fragmentos para buscar coincidencias entre los segmentos, pudiéndose encontrar desde bigramas hasta oraciones completas. Para ello, se utilizan las coincidencias que se han obtenido a nivel léxico, lo que hace que se pueda aceptar la sinonimia, la hiperonimia, la hiponimia, la forma de palabra y el lema.

A continuación, mostramos los datos totales que en nuestro corpus arroja la métrica VERTa en cuanto a la comparación de ChatGPT y DeepL con la traducción humana propuesta. Cabe resaltar que la calidad se establece mediante un sistema de progresión, por el cual a un aumento numérico le corresponde una calidad superior:

Figuras 2, 3 y 4. *Cálculos finales*

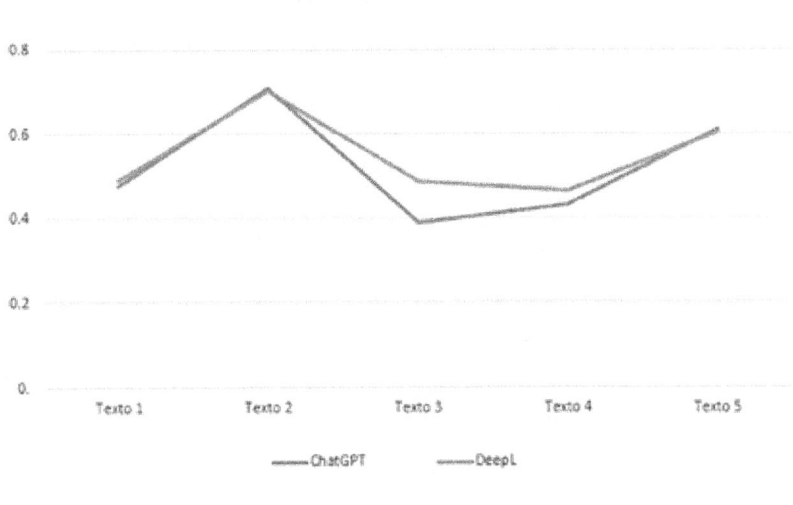

Nota: elaboración propia

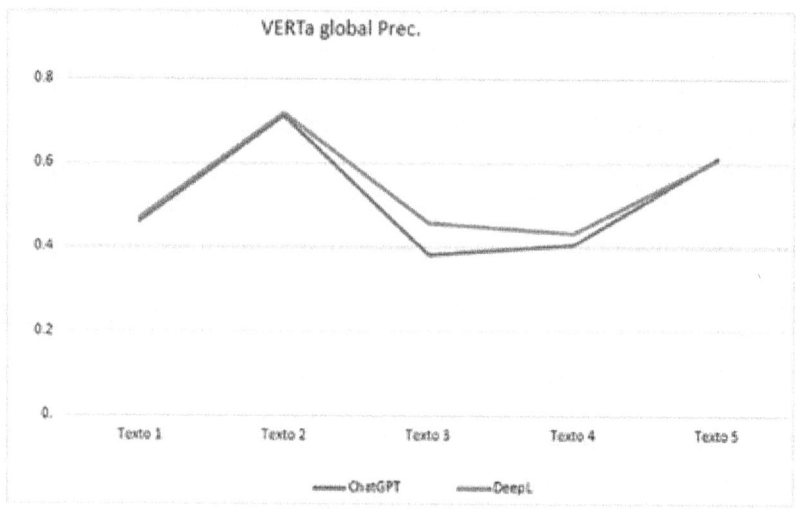

Nota: elaboración propia

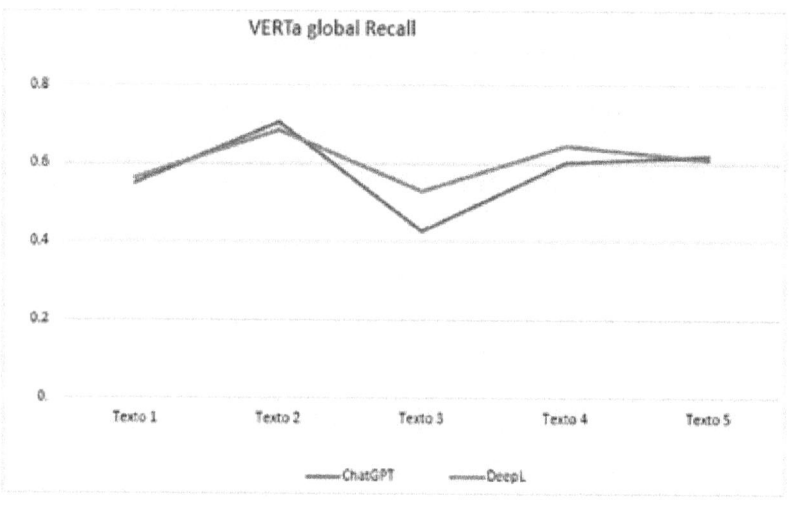

Nota: elaboración propia

A partir de los gráficos, se puede observar una gran similitud en los resultados de ambos motores, si bien DeepL mantiene datos más estables respecto a ChatGPT en los tres análisis. Ello puede justificarse, en parte, por los mecanismos lingüístico-discursivos que usa ChatGPT en las traducciones para ofrecer más naturalidad en los textos, que hace que se produzcan más reformulaciones y cambios sintácticos para ofrecer una mejor prestación. Por ello, a continuación, abogamos por ir más allá del plano numérico y analizar diversos factores que han podido incidir en las métricas y, por ende, en el resultado final. Recordemos que la traducción humana puede recoger un estilo y aplicar unos mecanismos lingüísticos que pueden no corresponder con los vectores matemáticos del programa de traducción, como en los siguientes casos:

- La paráfrasis de una frase en la que se mantiene el sentido, pero se cambia la dependencia de los elementos, puede alterar las métricas. Cabe destacar, entre otros muchos, el análisis de los segmentos "la creación de una red de recogida y eliminación eficaz y completa es un proceso largo y complicado", de la traducción humana, y "crear una red eficiente y amplia de recolección y eliminación es un proceso largo y complicado" de ChatGPT, que arroja los siguientes resultados:

VERTa final score: 0.4978947368421053
VERTa global Prec.: 0.59175
VERTa global Recall: 0.42974025974025976

  A tal respecto, la única palabra que cambia un poco el sentido es el uso de *amplio* por *completo*. Ahora bien, los datos se refieren, en gran medida, a la dependencia de los elementos en la frase, que al estar alterada provoca una disminución de la precisión.

- Paráfrasis con ampliación: mientras que en italiano encontramos "Parlamento europeo e governi hanno finalmente raggiunto un accordo su come spendere i 270 miliardi destinati alla nuova Pac fino al 2027", en español, en cambio, "hace algunos días, no obstante, el Parlamento Europeo y los Estados miembros han finalmente llegado a un acuerdo respecto de la utilización de los fondos destinados a la nueva PAC hasta 2027 (unos 270 000 millones de euros) (ChatGPT)".

- Síntesis, como la usada por ChatGPT en "La política agrícola común" ante la frase original "La Politica agrícola Comune dell'Unione Europea (Pac)", en donde se omite la sigla y se elimina el nombre de la institución al sobreentenderse.

- Omisión: en la frase original encontramos "ma secondo un documento pubblicato a maggio e firmato da BirdLife, ClientEarth, European Environmental Bureau e Greenpeace", mientras que en la traducción humana: "de acuerdo con un documento publicado en mayo por un grupo de distintas ONG medioambientales". Se ha optado por sintetizar las ONG participantes y omitir los nombres propios, lo cual crea disparidad por la falta de información para la métrica de evaluación.

- Amplificación de contenido: el texto fuente reza "dispositivi di protezione personale", mientras que, en español, "equipos de protección individual (EPI)", lo cual más adelante usa de apoyo, como en la traducción de "7 miliardi di dispositivi" por "7000 millones de EPI". Otro ejemplo sería "(come ad esempio l'agricoltura biológica)" por "(como la agricultura biológica que, tal como afirma el Tribunal de Cuentas Europeo, su impacto en la reducción de las emisiones es aún incierto)". Tal y como se puede apreciar, en la traducción humana se recoge la afirmación del Tribunal de otra parte del texto probablemente para recordar un dato importante al lector.

Asimismo, otro factor que puede alterar la valoración es el error. La traducción humana, en ocasiones, reproduce errores que, en cambio, no realizan los programas de traducción en sus versiones, como traducir "disimboscamento" por "reforestación" en vez de "deforestación", que sería lo correcto y que hacen ambos motores de TA; "quando un terreno viene coltivato" por "el drenaje de los suelos" o "reporte" por "report" (anglicismo ampliamente usado en italiano) en vez de "informe", entre otros. Asimismo, encontramos errores de sentido, como cuando en el texto italiano recita «Da anni gli imballaggi constituiscono la frazione più voluminosa dei rifiuti in plástica, e nell'Unione Europea assorbono ben il 40 per cento di tutta la domanda di plastica» y la traducción humana reproduce "Durante años, la mayor parte de los desechos plásticos estaban compuestos por envases, y en la Unión Europea los embalajes suponen el 40% de la demanda de plástico total". En este ejemplo, cabe destacar que el uso del pasado en la versión española elimina la opción de que los embalajes sigan representando el mayor volumen de desechos de plástico, y que los conceptos de "envase" y "embalaje" no significan lo mismo (conceptos que la lengua italiana también recoge por separado).

A continuación, nos centraremos en el análisis de la terminología especializada, que en las noticias de nuestro corpus se corresponde con el campo del medioambiente y con nombres propios relativos a organismos activos y directivas, ya que ambas cuestiones traductológicas se posicionan como uno de los escollos más discutidos en los estudios de TA. Concretamente, mediante un rastreo manual, nos encontramos con 79 términos, 62 especializados del campo del medioambiente y 17 nombres propios. En su tratamiento, ChatGPT presenta tres imprecisiones y DeepL cuatro. Concretamente, ChatGPT traduce "rifiuti ospedalieri" por "residuos hospitalarios", en vez de "desechos sanitarios", como en la traducción humana, ya que en el hospital se pueden acumular residuos de diversa naturaleza, además de los respectivos en el campo sanitario; la especificación de la sigla ENTSO-E, de aceptación en español con la traducción de "Red Europea de Gestores [...]", se ha traducido como "Red Europea de Operadores [...]"; y, por último, la traducción inalterada de "EAE" (Agenzia europea per l'Ambiente) que en español se corresponde con la AEMA.

En cuanto a DeepL, encontramos 4 imprecisiones. Inicialmente, la traducción de "residuos hospitalarios" anteriormente mencionada; la traducción de "Corte europea di giustizia" por "Tribunal de Justicia de las Comunidades Europeas"; la traducción de las siglas "EAE" por "EEAA", en vez de AEMA (de amplia aceptación), y "Associazione di settore" (se refiere al del plástico) con el propósito de señalar la empresa

Plastic Recyclers Europe a través del hiperónimo "Industria del sector". Esto resalta la dificultad del programa de disponer de sólidas bases de datos terminológicas en el caso de nombres propios.

Por otra parte, cabe resaltar la falta de homogeneidad terminológica de ambos motores. Piénsese en el término *Green Deal*, que aparece en el texto original, y en su traducción «Pacto Verde» (traducción humana). A tal respecto, ChatGPT y DeepL utilizan indistintamente las traducciones de "Green Deal" y "Pacto Verde" cuando el término aparece repetido reiteradamente en el texto. Lo mismo sucede con la sigla "AEA" anteriormente mencionada. En ocasiones, ambos traductores la traducen por "AEMA" y, en otras, optan por la forma inalterada "AEA".

En un análisis comparativo, ambos motores funcionan de manera similar: en cuanto a los mecanismos lingüístico-discursivos aparece por igual la expansión (ChatGPT traduce "PAC" por "La Política Agrícola Común (PAC)", mientras que DeepL utiliza la sigla) y la simplificación (DeepL traduce "Corte dei conti" por "TCE", mientras que ChatGPT lo hace por "Tribunal de Cuentas", y "anche detto 'inverdimento', dall'inglese greening" por "también 'greening'", mientras que ChatGPT calca la estructura).

En líneas generales, y contrariamente a ChatGPT, los nombres propios se han traducido con DeepL, como en "Alianza para la Salud y el Medio Ambiente (Heal)" (Health and Environment Alliance (Heal); Informe "Italia del Reciclaje" (Rapporto "Italia del Riciclo") o "Unión de Empresa de Economía Circular" (Unione Imprese Economia Circolare). Para todas ellas, ChatGPT ha optado por dejar las formas invariables.

Por último, se observa en ambas traducciones automáticas un número elevado de sinónimos, probablemente relativos a las diferentes bases con las que ambos motores se han preentrenado. Véanse los siguientes pares ampliamente aceptados usados por ChatGPT y DeepL, respectivamente: "sistemas de reciclaje" y "sistemas de reciclado", "tasas de reciclaje" y "tasas de reciclado", "sostenibilidad ambiental" y "sostenibilidad medioambiental", "producción energética" y "producción de energía", "producción alimentaria" y "producción de alimentos", "cadena de reciclaje" y "cadena de reciclado", "turbera" y "suelos de turba", "Convención de Basilea" y "Convenio de Basilea", y "Estrategia europea para el plástico" y "Estrategia Europea de Plásticos".

7 LIMITACIONES Y CONCLUSIONES

Los avances en traducción son constantes, y la aparición de la traducción automática y la combinación de diferentes tecnologías ha dado lugar a un nuevo paradigma de estudios y análisis. Si bien no existen métricas específicas para evaluar los resultados de la TA para el par italiano-español, hemos realizado una prueba con la métrica VERTa, cuya utilidad permite evaluar lenguas que disponen de una mayor riqueza morfológica, con el fin de aportar conocimiento a los estudios de TA entre ambos idiomas.

La comparación que hemos presentado es solo un primer paso de reflexión hacia la evaluación de la traducción automática de esta combinación de lenguas. En el estudio, ambos sistemas no proponen siempre la misma traducción al cambiar algunos segmentos ante los mismos *prompts*, y esto hace que, aunque mantienen el sentido de la frase original, se evidencie todavía una falta de robustez en el sistema. Asimismo, cabe resaltar la falta de homogeneidad terminológica de ambos motores DeepL y ChatGPT, como para los casos anteriormente mencionados de *Green Deal* y la sigla "AEA", en donde recurren indistintamente a diversas soluciones ante la reiteración del término.

Por otro lado, el error que se ha detectado en la traducción humana, si bien los motores lo han reflejado con acierto, la métrica lo valora negativamente de acuerdo con la primera. Por lo tanto, se requiere un esfuerzo humano para proponer una referencia precisa y para evaluar la percepción de la valoración, ya que, por ejemplo, en lenguas como las nuestras, en donde se tiende a la nominalización en algunos campos específicos, la evaluación entre un infinitivo y su sustantivo (véanse "crear" y "la creación de"), como se ha visto anteriormente, si bien son símiles, podrían crear disparidad en las métricas. Lo mismo podría aplicarse a la variación lingüística de las estructuras binomiales o de la fraseología en sectores como el jurídico o administrativo. Ello hace que se requieran métricas para evaluar sectores especializados a partir del lenguaje específico que contienen, de manera que puedan funcionar en un contexto específico y evitar, en la medida de lo posible, las ambigüedades y los sesgos. Asimismo, el uso de otras métricas y otros motores, no solo neuronales, sino también híbridos (basados en reglas, estadística y neuronal, y estadística y neuronal, entre otros) podría aumentar la eficacia para estudiar ciertos pares lingüísticos menos estudiados usando la TA.

Ello hace que sea patente la necesidad de divulgar los nuevos avances en el procesamiento del lenguaje natural en el campo de la traducción, con el fin de que tenga una transferencia tanto profesional, reflejándose en el mercado con los nuevos motores de TA, como en el campo de la didáctica, con la mejora de las nuevas competencias en TA. Todo ello porque es innegable la fuerza con la que la TA ha entrado debido a las mejoras de tiempo que propone, ya que los ritmos de producción obligan a dar salida inmediata a los servicios.

Por último, se resaltan dos líneas futuras de investigación: por un lado, la necesidad de estudiar exhaustivamente la influencia de los mecanismos lingüístico-discursivos que ofrece ChatGPT en sus traducciones, así como el modo en el cual adapta las diferentes traducciones al destinatario a partir de las instrucciones dadas en los *prompts*; por otro, incluir un análisis cualitativo para comparar los resultados presentados aquí con una evaluación humana.

8 REFERENCIAS BIBLIOGRÁFICAS

ANDERSON, L. B., KANNEGANTI, D., HOUK, M. B., HOLM, R. H. Y SMITH, T., "Generative AI as a Tool for Environmental Health Research Translation". *GeoHealth*, 7, 2023. https://doi.org/10.1029/2023GH000875

Apoyo a la Investigación, "Inteligencia artificial en la investigación y docencia universitaria". *Investiga*, 41, 2023, 1-12. https://bib.us.es/sites/bib3.us.es/files/investiga41.pdf

BANERJEE, S. Y LAVIE, A., "METEOR: An Automatic Metric for MT Evaluation with Improved Correlation with Human Judgments" en *Proceedings of the ACL Workshop on Intrinsic and Extrinsic Evaluation Measures for Machine Translation and/or Summarization*, 205, pp. 65–72. https://aclanthology.org/W05-0909

BANG, Y., CAHYAWIJAYA, S., LEE, N., DAI, W., SU, D., WILIE, B., LOVENIA, H., JI, Z., YU, T., CHUNG, W., V. DO, Q., XU, Y. Y FUN, P., "A Multitask, Multilingual, Multimodal Evaluation of ChatGPT on Reasoning, Hallucination, and Interactivity". *ArXiv*, 2023. [Preprint]. https://doi.org/10.48550/arXiv.2302.04023

BUCHHOLZ, K., "Threads Shoots Past One Million User Mark at Lightning Speed" *Statista*. 2023 https://www.statista.com/chart/29174/time-to-one-million-users/

CAGNOLATI, B. E., "Interferencia en la traducción francés/español de textos de ciencias sociales". *Hikma*, 14, 2015, 55–74. https://doi.org/10.21071/hikma.v14i.5200

CASTIBLANCO FRANCO, D. F. Y MONTES MORA, J., "Movilidad y aprendizaje: utilización de la inteligencia artificial para la traducción de textos en LSC". *Revista espacios*, *42*(4), 2021, 76-87. https://doi.org/10.48082/espacios-a21v42n04p07

CASTILLO-GONZALEZ, W., "ChatGPT y el futuro de la comunicación científica". *Metaverse Basic and Applied Research*, 1, 2022, 1-2. https://doi.org/10.56294/mr20228

CHOI, J. H., HICKMAN, K. E., MONAHAN, A. B. Y SCHWARCZ, D., "ChatGPT goes to law school". *Journal of Legal Education, 71(3)*, 2022, 387-400. https://dx.doi.org/10.2139/ssrn.4335905

COMELLES, E., ATSERIAS, J., ARRANZ, V. Y CASTELLÓN, I., "VERTa: Linguistic features in MT evaluation" en *Proceedings of the Eighth International Conference on Language Resources and Evaluation (LREC'12)*, 2021, pp. 3944-3950. http://www.lrec-conf.org/proceedings/lrec2012/pdf/763_Paper.pdf

COMELLES, E. Y ATSERIAS, J., "Through the Eyes of VERTa". *Procesamiento del Lenguaje Natural"*, 57, 2016, 181-184.

COMELLES, E., "VERTa: una métrica de evaluación de la traducción automática. Aplicaciones a la investigación sobre el español y el inglés como L2". *TEISEL. Tecnologías para la investigación en segundas lenguas*, 2, 2023, 1-19. http://doi.org/10.1344/teisel.v2.39307

EY PERÚ, "GPT: explorando los beneficios, la tecnología y el futuro de los modelos de lenguaje". *Revista Execution*, 16, 2023, 27-29. https://assets.ey.com/content/dam/ey-sites/ey-com/es_pe/topics/revista-execution/ey-revista-execution-chatgpt-.pdf

GAO, Y., WANG, R. Y HOU, F., "How to Design Translation Prompts for ChatGPT: An Empirical Study". *ArXiv* 2023 [Preprint]. https://doi.org/10.48550/arXiv.2304.02182

GARCÍA, M. Á., *Traducción con IA: el futuro del aprendizaje de idiomas*. 2022. https://blog.pangeanic.com/es/traduccion-ia-futuro-aprendizaje-idiomas

GONZÁLEZ VALLEJO, R., "De errores y erratas en el lenguaje jurídico: una reflexión acerca de la traducción automática (italiano-español)" en N. FERNÁNDEZ-QUESADA Y S. RODRÍGUEZ-RUBIO (Eds.), *Detención y tratamiento de las erratas: un diagnóstico para el siglo XXI*, Madrid: Dykinson, 2022, pp. 185-201.

GUERREIRO, N. M., ALVES, D., WALDENDORF, J., HADDOW, B., BIRCH, A., COLOMBO, P. Y T. MARTINS, A. F., "Hallucinations in Large Multilingual Translation Models". *ArXiv*, 2023 [Preprint]. https://doi.org/10.48550/arXiv.2303.16104

GUO, C., LU, Y., DOU Y. Y WANG, F. Y., "Can ChatGPT Boost Artistic Creation: The Need of Imaginative Intelligence for Parallel Art". *IEEE/CAA Journal of Automatica Sinica*, (10)4., 2023. https://www.doi.org/10.1109/JAS.2023.123555

HENDY, A., ABDELREHIM, M., SHARAF, A., RAUNAK, V., GABRHITOKAZU, M., MATSUSHITA, H., JIN, Y. K., AFIFY, M. Y HASSAN AWADALLA, H., "How Good Are GPT Models at Machine Translation? A Comprehensive Evaluation". *ArXiv* 2023 [Preprint]. https://doi.org/10.48550/arXiv.2302.09210

HUETE, J., "*Las patologás relacionadas con el habla tienen solución gracias a la IA*". Innovaspain. 2020. https://www.innovaspain.com/patologias-habla-inteligencia-artificial-rehabla-ia/

HURTADO ALBIR, A., Traducción y traductología. Introducción a la traductología. Madrid: Cátedra, 2004.

IBANEZ, F., "El impacto de la IA en la profesión de traductor". *Alphatrad Spain*, 2023.

https://www.alphatrad.es/noticias/impacto-inteligencia-artificial-traductor

IFEANYI NWAKANMA, C., NKECHINYERE NJOKU, J. Y DONG-SEONG, K., "Evaluation of Language Translator Module for Metaverse Virtual Assistant". *Conference 2022 Korean Institute of Communications and Information Sciences (KICS)*, 78. 2022. https://journal-home.s3.ap-northeast-2.amazonaws.com/site/2022s/abs/0087.pdf

JIAO, W., WANG, W., HUANG, J., WANG, X. Y TU, Z., "Is ChatGPT a Good Translator? Yes With GPT-4 As the Engine". *ArXiv, 2023* [Preprint]. https://doi.org/10.48550/arXiv.2301.08745

KASAI, J., KASAI, Y., SAKAGUCHI, K., YAMADA, Y. Y RADEV, D., "Evaluating Gpt-4 and Chatgpt on Japanese Medical Licensing Examinations". *ArXiv*, 2023 https://arxiv.org/abs/2303.18027

KHOSHAFAH, F., "Chatgpt for Arabic-English Translation: Evaluating the Accuracy". *Research Square*, 2023 [Preprint]. https://doi.org/10.21203/rs.3.rs-2814154/v2

LIN, C., "ROUGE: A Package for Automatic Evaluation of Summaries" en Association for Computational Linguistics (Eds.), *Text Summarization Branches Out*, 2004, pp. 74–81. https://aclanthology.org/W04-1013

LU, Q., QIU, B., DING, L., XIE, L. Y TAO, D., "Error Analysis Prompting Enables Human-Like Translation Evaluation in Large Language Models: A Case Study on ChatGPT". *ArXiv*, 2023 [Preprint]. https://doi.org/10.48550/arXiv.2303.13809

LYU, Q., TAN, J., E. ZAPADKA, M., PONNATAPURA, J., NIU, C., MYERS, K. J., WANG, G. Y WHITLOW, C. T., "Translating Radiology Reports into Plain Language using ChatGPT and GPT-4 with Prompt Learning: Promising Results, Limitations, and Potential." *ArXiv, 2023* [Preprint]. https://doi.org/10.48550/arXiv.2303.09038

MINERVINI, R., "La traducción automática del género (español-italiano): análisis de ejemplos traducidos con DeepL y Google Traductor". *Rivista Internazionale di Tecnica della Traduzione*, 23, 2021, 105-127.

OROZCO-JUTORÁN, M., "La evaluación diagnóstica, formativa y sumativa en la enseñanza de la traducción" en M. J. Varela Salinas (Ed.), *La evaluación en los estudios de traducción e interpretación*, Sevilla: Bienza, 2006, pp. 47-68.

PAPINENI, K., ROUKOS, S., WARD, T. Y WEI-JUNG, Z., "BLEU: a Mehod for Automatic Evaluation of Machine Translation" en *Proceedings of the 40th Annual Meeting of the Association for Computational Linguistics (ACL)*, 2022, pp. 311-318. 10.3115/1073083.1073135

PARRA GALIANO, S., "Propuesta metodológica para la revisión de traducciones: principios generales y parámetros". *TRANS: Revista de Traductología*, 11, 2007, 197-214. https://doi.org/10.24310/TRANS.2007.v0i11.3108

PENG, K., DING, L., ZHONG, Q., SHEN, L., LIU, X., ZHANG, M., OUYANG, Y. Y TAO, D., "Towards Making the Most of ChatGPT for Machine Translation". *ArXiv, 2023* [Preprint].https://doi.org/10.48550/arXiv.2303.13780

POPOVIĆ, M., "ChrF++: words helping character n-grams" en Association for Computational Linguistics (Ed.), *Proceedings of the Second Conference on Machine Translation,* 2017, pp. 612–618. 10.18653/v1/W17-4770

RAUNAK, V., MENEZES, A. Y JUNCZYS-DOWMUNT, M., "The curious case of hallucinations in neural machine translation" en *Proceedings of the 2021 Conference of the North American Chapter of the Association for Computational Linguistics: Human Language Technologies, 2021*, pp. 1172–1183. https://doi.org/10.48550/arXiv.2104.06683

RINCÓN CÓRCOLES, A., "La traducción científico-técnica en la encrucijada: tecnología y automatización. Informe 2020. *CEDRO*. https://www.acta.es/medios/informes/2020002.pdf

ROJAS CAMPOS, O. (2004). El portafolio y la evaluación del proceso en traducción". *LETRAS*, 36, 2020, 27-64. https://doi.org/10.15359/rl.1-36.2

RUEDA ÁLVAREZ, J. C. Y ÁLVAREZ MÉNDEZ, D. D., "El uso de traductores automáticos para la traducción técnica italiano-español". *Ciencia Latina Revista Científica Multidisciplinar, 6*(4), 2022, 4642-4657. https://doi.org/10.37811/cl_rcm.v6i4.2963

SELLAM, T., DAS, D. Y PARIKH, A., "BLEURT: Learning Robust Metrics for Text Generation" en Association for Computational Linguistics (Ed.), *Proceedings of the 58th Annual Meeting of the Association for Computational Linguistics, 2020*, pp. 7881–7892. 10.18653/v1/2020.acl-main.704

VARELA SALINAS, M. J. Y POSTIGO PINAZO, E., "La evaluación en los estudios de traducción" en M. J. VARELA SALINAS (Ed.), *La evaluación en los estudios de traducción e interpretación*, Sevilla: Bienza, 2006, pp. 113-131.

VASWANI, A., SHAZEER, N., PARMAR, N., USZKOREIT, J., JONES, L., GOMEZ, A. N., KAISER, L. Y POLOSUKHIN, I., "Attention Is All You Need". *ArXiv*, 2017 [Preprint]. https://doi.org/10.48550/arXiv.1706.03762

VÁZQUEZ Y DEL ÁRBOL, E., "Aspectos de la traducción científico-técnica. Errores en la traducción de manuales de instrucciones del italiano al español" en M. C. BALBUENA TOREZANO Y A. GARCÍA CALDERÓN (Eds.), *Traducción y mediación cultural: reflexiones interdisciplinares*, Granada: Atrio, 2007, pp. 369-380.

YULIANTO, A. Y SUPRIATNANINGSIH, R., "Google Translate vs. DeepL: A quantitative evaluation of close-language pair translation (French to English)". *AJELP: Asian Journal of English Language and Pedagogy*, 9(2), 2021, 109–127. https://doi.org/10.37134/ajelp.vol9.2.9.2021

WANG, J., LIANG, Y., MENG, F., SHI, H., LI, Z., XU, J., QU, J. Y ZHOU, J., "Is ChatGPT a Good NLG Evaluator? A Preliminary Study". *ArXiv*, 2023a [Preprint]. https://doi.org/10.48550/arXiv.2303.04048

WANG, L., LYU C., JI, T., ZHANG, Z., YU, D., SHI, S. Y TU, Z., "Document-Level Machine Translation with Large Language Models". *ArXiv*, 2023 [Preprint]. https://doi.org/10.48550/arXiv.2304.02210

XIAO, D., MEYERS, P., UPPERMAN, J. S. Y ROBINSON, J. R., "Revolutionizing Healthcare with ChatGPT: An Early Exploration of an AI Language Model's Impact on Medicine at Large and its Role in Pediatric Surgery", *Journal of Pediatric Surgery*, 58(12), 2023, 2410-2415. https://doi.org/10.1016/j.jpedsurg.2023.07.008

ANEXO I

Barbiroglio, Emanuela (2020, 23 de septiembre). *Un ambiente malato ammala gli europei*. Voxeurop. https://voxeurop.eu/it/ambiente-malato-ammala-europei-salute/

De Feo, Gianluca (2021, 7 de octubre). *I fondi agrícola europei per combattere il cambiamento climatico non hanno prodotto risultati*. Voxeurop. https://

voxeurop.eu/it/i-fondi-agricoli-europei-per-combattere-il-cambiamen-to-climatico-non-hanno-prodotto-risultati/

Ferrari, Lorenzo y De Feo, Gianluca (2021, 28 de octubre). *Più treni, meno CO2*. Voxeurop. https://voxeurop.eu/it/cop26-piu-treni-meno-co2/

Gjergji, Ornaldo (2021, 9 de febrero). *Da dove viene l'energia che consumano gli europei e quanto CO2 emette*. Voxeurop. https://voxeurop.eu/it/da-dove-vie-ne-lenergia-che-consumano-gli-europei-e-quanto-co2-emette/

Ranocchiari, Marco (2021, 17 de junio). *Il Covid-19 ha generato una pande-mia di plastica*. Voxeurop. https://voxeurop.eu/it/il-covid-19-ha-genera-to-una-pandemia-di-plastica/